우리가 성경을 오해했다

세움북스는 기독교 가치관으로 교회와 성도를 건강하게 세우는 바른 책을 만들어 갑니다.

우리가 성경을 오해했다

구속사적 관점으로 성경의 맥을 잡는 15가지 이야기

초판 1쇄 발행 2023년 3월 25일
초판 2쇄 발행 2023년 12월 25일

지은이 ㅣ 손재익
펴낸이 ㅣ 강인구

펴낸곳 ㅣ 세움북스
등 록 ㅣ 제2014-000144호
주 소 ㅣ 서울시 종로구 대학로19 한국기독교회관 1010호
전 화 ㅣ 02-3144-3500
이메일 ㅣ cdgn@daum.net

디자인 ㅣ 참디자인

ISBN 979-11-91715-71-2 (03230)

아래의 링크를 통해
본서의 주제와 관련한
저자의 설교를
들어 보세요

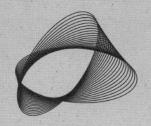

우리가
성경을
오해했다

구속사적 관점으로
성경의 맥을 잡는
15가지 이야기

손재익 지음

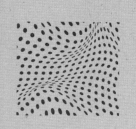

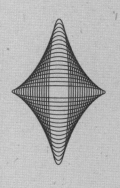

세움북스

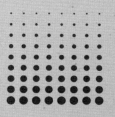

추천사

목사라면 교인들을 잘 가르치고 싶은 것이 당연하다. 그런데 현대 교회는 가면 갈수록 성경을 가르치기가 힘들어지고 있다. 많은 교인들은 주일 낮 예배를 전부라고 생각하기에 목사는 그 한 번의 설교에 모든 것을 건다. 아이러니한 것은 그렇게 목숨을 거는 그 설교가 점차로 성경에서 멀어지고 있다. 교인들이 성경을 잘 모르니 목사는 성경을 설교하지 않고, 목사가 성경을 설교하지 않으니 교인은 성경을 볼 필요를 느끼지 못하는 악순환이 계속된다.

이런 상황에서 친애하는 손재익 목사의 이 글을 받아 들고는 깜짝 놀랐다. 종종 저자를 통해 설교 내용에 각주를 단다는 이야기를 듣곤 했는데, 이 정도일 줄은 몰랐다. 다른 모임에서가 아닌 주일 낮 예배에서 이런 방식의 설교를 시도한다는 것은 상상하기 힘들다. 이런 설교는 성경신학적 설교라고 해야 할 것인데, 성경 전체를 하나로 꿰는 진수성찬을 맛볼 수 있다.

우리는 이 설교를 통해 설교단이야말로 신학의 자리라는 것을 분명하게 확인할 수 있다. 설교자도 설교자지만 한길교회 교인들이 대단하다는 생각이 든다. 그동안 말씀을 잘 먹었기 때문에 이런 설교를 듣고 있을 것이다. 부럽다. 이 책이 성경을 알아가는 데 큰 도움을 줄 수 있으리라 믿기에 꼭꼭 씹어 먹어 보기를 추천한다.

안재경 목사 _ 온생명교회 담임, 《직분자반》, 《예배, 무엇이든 물어보세요》 저자 성경은 다이아몬드처럼 다양한 측면을 가지고 있다. 그래서 성경의 맥을 잡고 성경이 그려 주는 큰 그림을 볼 수 있으려면, 먼저는 성경의 다양한 핵심 주제가 구속의 역사 가운데 어떻게 시작되고, 지금 어디에 와 있으며, 또 어디를 향해 나아가는지를 배우고 알아야 한다. 그런 다음에는 그 모든 것을 하나로 통합해서 성경이 보여 주고자 하는 하나님의 위대한 구원의 큰 그림을 선명하게 볼 수 있어야 한다. 그런데 이 두 가지 일은 우리가 혼자서 성경을 통독, 속독, 필사한다고 되는 일이 아니다. 성경의 맥을 이해하고 우리를 인도해 줄 탁월한 안내자가 필요하다.

그런 안내자 역할을 톡톡히 할 수 있는 책이 여기 있다. 이 책은 성경의 다양한 핵심 주제를 구속의 역사를 따라 깔끔하게 설명함으로써 성경의 맥을 잡게 해준다. 동시에 그 모든 것을 통합하여 하나님의 구속의 웅장한 그림을 보게 해준다. 한 권의 책에서 두 가지 일을 다 해주니 얼마나 훌륭한 안내자인가! 이 책은 믿을 만한 안내자이기도 하다. 기독교 신앙에 대한 오해를 걷어 내고 기독교 신앙의 진면목을 드러내려고 늘 애쓰는 성경 연구가, 설교자, 저술가인 저자가 참고한 책들까지 꼼꼼하게 표기하며 쓴 책이니 얼마나 믿음직스러운 안내자인가!

주변을 둘러보니 이 책이 꼭 필요한 분들이 보인다. 해마다 성경 통독만 반복할 뿐 성경에 대한 깊은 이해에 도달하지 못하는 분, 성경을 많이 아는데 아는 것이 서로 연결되지 않아 성경의 맥을 잡지 못하는 분, 성경에서 하나님의 크고 위대한 구원을 선명하게 보지 못해 감격 없이 살아가는 분, 부실한 설교나 책들 때문에 기독교 신앙을 많이 오해하는 분. 이런 분들에게 이 책을 선물하며 카드에 이렇게 적으려고 한다. "꼭 읽어 보세요. 생소한 설명을 듣기도 하겠지만 끝까지 읽어 보세요. 책장을 덮을 때는 성경을 보는 새로운 통찰력을 갖게 되실 겁니다."

이태복 목사 _ 새길개혁교회 담임, 《365 하이델베르크 요리문답 매일 묵상》 저자

손재익 목사의 글과 설교는 꼼꼼하기로 유명하다.《우리가 성경을 오해했다》에서도 이를 확인할 수 있다. 이 책이 설교문에서 비롯됐음에도 불구하고 책 뒤에 첨부된 미주가 무려 259개나 되는 것에서 알 수 있다. 마치 논문을 보는 듯하다. 이 책은 그의 목회의 결과물인 설교문이다. 감동적 예화 몇 개로 구성되는 설교와는 격이 다르다. 하나님의 말씀에 대한 경외감이 그로 하여금 이런 설교를 하게 만들었다. 하나님의 말씀에 대한 존중을 볼 수 있다. 나는 그가 얼마나 많은 시간을 설교 준비에 쏟아붓는지 안다. 그는 일주일이 7일밖에 되지 않는다는 것에 큰 불만(?)을 가지고 있다. 단 하루만 준비할 시간이 더 있다면, 더 나은 설교를 만들 수 있다는 엉뚱한 소망을 가질 정도다. 손재익 목사의 글과 설교는 무엇이든 곱씹으며 읽을 가치가 있다. 성경을 잘 강해할 뿐만 아니라, 종교개혁의 유산인 신앙고백과 요리문답도 잘 활용하기에 신학적 균형이 보장된다. 많은 분들이 이 책을 통해 유익을 얻길 바라며 일독을 권한다.

임경근 목사 _ 다우리교회 담임,《교리와 함께하는 365 가정예배》저자

목차

머리말

"성경을 아무리 읽어도 무슨 말인지 모르겠습니다. 신앙생활을 오래 했는데도 성
경을 펼치면 늘 새롭습니다. 성경이 무엇을 말씀하는지 알고 싶습니다. 성경을 이
해하려고 설교를 열심히 듣습니다. 하지만 소용없습니다. 설교를 들으면 성경 지
식이 쌓여야 하는데 그렇지 않습니다. 서당 개 3년이면 풍월을 읊는다는데, '설교
듣는 직분자'로서 수십 년을 살았는데도 성경을 모르겠습니다."

우리 시대 교회에서 흔히 볼 수 있는 모습입니다. 안타깝습니다. 성경을
읽어 주고(눅 4:16; 딤전 4:13) 풀어 주고(눅 24:32) 설명하여(눅 24:27) 가르쳐 주는
(행 2:42; 5:42; 15:35; 딤후 4:2) 것이 설교지만, 바르게 지도해 주는 사람이 없으
니 어찌 깨달을 수 있겠냐(행 8:31)고 하소연이 들리는 시대입니다. 설교를 듣
는 이유는 성경을 알기 위함인데, 들어도 알기 어려운 시대입니다. 누구의
책임일까요? 설교자는 물론 듣는 사람에게도 책임이 있습니다. 저는《설교,
어떻게 들을 것인가?》(좋은씨앗, 2018)라는 책을 썼습니다. 설교자뿐만 아니라
듣는 사람의 책임도 중요함을 지적했습니다. 듣는 이의 수준이 높아야 전
하는 자의 수준도 높아질 수 있음을 강조했습니다. 그 책을 통해 한국 교회
의 설교의 질이 높아지기를 기대했습니다.

5년여가 지난 현재, 한국 교회의 설교는 더 가벼워지고 있습니다. 참을

수 없는 설교의 가벼움이 마음을 아프게 합니다. '하나님이 무엇을 말씀하시는지'가 선포되어야 하는데, '설교자가 무엇을 생각하는지'를 듣는 시간이 되어 버렸습니다. 깊이 있는 주해와 구속사가 바탕이 된 설교는 찾기 힘들고, 설교자의 묵상이 주를 이루는 이른바 Q.T식 설교가 강단을 차지하고 있습니다. 다시금 성경을 가르치는 설교자의 책임을 생각합니다.

저는 강해 설교를 주로 합니다. 어느 날 문득 '지금 당장 내가 죽는다면, 내가 목양하는 교인들이 성경을 얼마나 배웠다고 말할까?' 하는 생각이 들었습니다. 해당 본문의 의미를 상세히 가르쳐 주는 장점은 있지만, 숲을 보게 하는 데는 부족하기 때문입니다. 본문을 자세히 살피다 보니 성경 전체를 살피려면 오랜 시간이 걸리기 때문입니다.

그래서 강해를 잠시 멈추고, 성경의 맥을 잡기 위한 설교를 했습니다. 창세기부터 요한계시록까지의 구속사를 바르게 이해할 수 있도록 오해하고 있을 법한 성경의 내용을 바로잡아 주고 싶었습니다. 그렇게 선포한 설교문의 일부를 취합해 독자들이 읽기 쉽게 다듬어 보았습니다. 이 책을 읽으시면 우리가 오해했던 성경을 바르게 이해할 수 있으면서, 성경 전체의 맥을 바로잡을 수 있을 거라 생각됩니다. 그런 목적으로 설교했기에 성경 전체를 두루 살폈습니다. 그래서 살짝 지루할 수도 있겠습니다만, 지루한 만큼 뼈와 살이 될 겁니다. 저는 매번 이런 식으로 설교하지는 않습니다. 하지만 가끔은 이런 단단한 음식을 먹는 것도 유익하다고 생각합니다(히 5:12-14). 성경 전반을 맥을 따라 살피면서 오해를 바르게 정립하는 것만으로도 하나님의 구원 계획, 구속사의 방대함을 쉽게 이해할 수 있을 것입니다.

많은 설교를 들어도 머리와 가슴에 남지 않는 시대에 들으면 차곡차곡 쌓여 하나님을 아는 지식이 자라는 설교가 많아지면 좋겠습니다. 설교의 질이 높아지면 좋겠습니다. 복음의 깊이와 넓이만큼이나 깊이 있는 주해에 근거한 말씀이 선포되면 좋겠습니다.

가끔 깊이 있는 설교를 듣고 싶을 때가 있습니다. 가끔 성경을 치열하게 주해하는 글을 읽고 싶을 때가 있습니다. 그럴 때 가끔 이 책이 여러분에게 도움이 되면 좋겠습니다.

아 참, 제 글에는 미주가 많습니다. 어느 글을 쓰던지 근거를 보다 명확히 하기 위함입니다. 체력이 다하는 날까지는 이렇게 하려고 합니다. 이 땅에는 이렇게 힘을 다해 한 땀 한 땀 글 짓는 사람도 있다는 것을 함께 기억해 주시면 좋겠습니다.

2023년 1월
한 해를 시작하는 즈음에 새로운 소망으로
저자 손재익

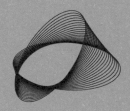

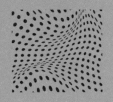

구속사적 관점

/

성경의 맥

/

15가지 이야기

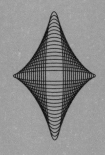

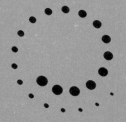
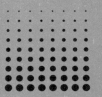

STORY 1
첫째 아담과 둘째 아담 이야기

창 1:26-28; 골 1:15

성경의 주인공은 하나님입니다. 성경은 하나님께서 행하신 일을 기록하고 있습니다. 성경을 펼치면 가장 먼저 나오는 창세기 1장 1절의 주체는 '하나님'입니다. "태초에 하나님이…" 성경은 하나님께서 하신 일을 기록하는 것으로 시작합니다. 그래서 성경을 읽는 사람은 누구든지 가장 먼저 하나님을 만납니다.

성경의 또 다른 주인공은 사람입니다. 하나님은 홀로 영원하신 분이시지만, 홀로 계시기를 원치 않으셨습니다. 그리하여 이 세상을 창조하셨습니다. 자신의 피조물과 관계하기를 원하시고, 무엇보다도 사람과 그러하기를 원하셔서 사람을 창조하셨습니다. 그래서 성경은 하나님의 말씀이지만, 사람이 한 일을 상당히 많이 기록하고 있습니다. 따라서 성경을 읽는 사람은 누구든지 하나님과 함께 사람을 만납니다.[1]

창세기 1장이 하나님을 주체로 이야기하고 있다면, 창세기 2장은 여전히 하나님을 주체로 이야기하면서 그 관심을 사람에게로 이동합니다.[2] 그리하여 창세기 2장 이후에 나오는 많은 내용은 사람에 관한 내용으로 가득차 있습니다.

이렇게 성경은 사람의 이야기, 즉 사람의 역사가 기록되어 있습니다. 그러면서 사람의 역사에 개입하시는 하나님의 역사(구속사)가 기록되어 있습니다. 그리하여 사람의 역사는 결국 하나님의 역사임을 보여 주며, 하나님은 사람의 역사라는 무대에서 하나님의 원대한 구원 역사를 이루어 가십니다.

이처럼 성경의 두 주인공은 하나님과 사람입니다. 그러므로 우리는 하나님도 이해해야 하지만, 사람도 이해해야 합니다. 하나님을 바르게 이해할 때 사람을 바르게 이해할 수 있고, 사람을 바르게 이해할 때 하나님을 바르게 이해할 수 있습니다. 그래서 칼뱅은 《기독교강요》에서 "하나님에 관한 지식과 우리에 관한 지식은 서로 연결되어 있다."라고 했습니다.[3]

우리는 지금 성경의 주인공 중의 하나인 사람에 대해 살펴보려고 합니다. 사람을 통해 궁극적으로 하나님을 보려고 합니다. 또한 성경 전체의 이야기가 사람에 관하여 어떻게 말하는지를 생각해 보려고 합니다.

첫 사람과 하나님의 형상

하나님의 형상을 따라 지음받은 사람

태초에 하나님께서 하늘과 땅을 창조하셨습니다. 하늘과 땅이라는 말은 그 두 대상을 말하기도 하지만, 또한 동시에 하늘과 땅에 속한 이 세상 모든 만물을 의미하기도 합니다. 즉 하나님은 이 세상에 존재하는 모든 것을 창조하셨습니다. 그 가운데 하나님은 사람을 창조하셨으니 사람은 모든 피조물 가운데 가장 마지막, 즉 여섯째 날에 창조되었습니다.

하나님께서 지으신 모든 것이 다 중요하지만, 그 가운데 사람은 특히 중요합니다. 왜 그럴까요? 여러 가지 이유가 있지만, 딱 하나를 말하라고 하면, 사람은 다른 피조물과는 조금 다르게 창조되었기 때문입니다.

창세기 1장 11, 12, 21, 24, 25절을 보시면, 식물과 동물은 "각기 그 종류대로" 창조되었는데, 26-27절을 보시면 사람은 "하나님의 형상과 모양을 따라" 창조되었다고 했습니다. 무심코 읽으면 잘 안 보이지만, 조금만 자세히 보면 금방 눈에 띄는 아주 중요한 차이입니다.

식물에게는 하나님의 형상이 없습니다. 동물에게도 하나님의 형상이 없습니다. 오직 사람에게만 하나님의 형상이 있습니다.[4] 하나님은 사람을 만드실 때만 어떻게 하실는지를 말씀하셨습니다. "우리의 형상을 따라 우리의 모양대로 우리가 사람(אָדָם)을 만들고 그들로 (바다의 물고기와 하늘의 새와 가축과 온 땅과 땅에 기는) 모든 것을 다스리게 하자"(창 1:26). "~하자" 이렇게 창조 의지를 밝히신 뒤에(26절) 비로소 사람을 창조하셨습니다(27절). 하나님의 형상대로.

하나님의 형상이란?

그렇다면 하나님의 형상을 따라 창조되었다는 말은 무슨 뜻일까요?[5] 하나님에게 우리와 같은 눈, 코, 입이 있을까요? 하나님에게 손과 발이 있을까요? 아니요. 왜냐하면 성경은 하나님을 '영'이라고 말씀하시기 때문입니다(요 4:24).

나중에도 말씀드리겠지만, 사람이 타락한 이후에 키가 작아졌다든지, 얼굴이 못 생겨졌다든지, 눈이나 코가 사라졌다든지 하지 않았습니다. 외모는 그대로였습니다. 그러니 하나님의 형상이란 외모를 말하는 것은 분명 아닙니다.

사람이 하나님의 형상을 따라 창조되었다는 말은 하나님의 성품이 사람에게 반영되었다는 의미입니다. 곧 하나님은 원형(原型, archetype)이시고, 사람은 하나님의 반영(反映, reflection)이라는 뜻입니다. 그렇다면 사람은 하나님의 어떤 점들을 반영했을까요? 창세기에서는 명확하게 설명하지 않지만, 신약 성경을 통해 그 내용을 유추해 볼 수 있습니다. 대표적인 구절이 에베소서 4장 24절과 골로새서 3장 10절입니다.

> 하나님을 따라 의와 진리의 거룩함으로 지으심을 받은 새 사람을 입으라 _ 엡 4:24

이 구절에 의하면 '하나님을 따라' 지으심을 받았다고 말하는데, 그것을 '의와 진리의 거룩함'이라고 표현하고 있습니다.

> 새 사람을 입었으니 이는 자기를 창조하신 이의 형상을 따라 지식에까지 새롭게 하심을 입은 자니라 _ 골 3:10

이 구절에 의하면 '창조하신 이의 형상을 따라'라고 이야기하면서 '지식'을 이야기합니다.

방금 본 에베소서 4장 24절과 골로새서 3장 10절, 이 두 구절에 따르면 구원받은 사람은 하나님의 형상을 따라 다시 새롭게 지으심을 받는데, 하나님에게 있는 '지식, 의, 거룩함'을 반영하는 존재가 됩니다. 그러니 하나님의 형상에는 '지식, 의, 거룩함'이 있습니다.

이 말씀을 근거로 다시 정리해 보면, 태초에 있었던 사람은 하나님의 형상대로 지음을 받았으므로, 그들은 하나님께 속한 지식, 의, 거룩함을 가졌습니다. 지, 정, 의가 온전한 사람, 전인격이 거룩한 사람이었습니다.

그러하기에 그들은 하나님 앞에서 도덕적으로 책임을 질 수 있는 피조물이었고, 옳고 그름에 대한 내적 감각도 가지고 있었으며, 하나님 앞에서 거룩하고 의로운 행동을 할 수 있는 존재였습니다. 지성은 완전한 이해력을 갖추어 있었고, 정서는 하나님의 정서를 소유하고 있었으며, 의지는 하나님의 뜻에 언제나 잘 복종하게 되어 있었습니다.[6] 점과 흠이 없는 깨끗한 존재였기에 에덴에 있는 동산에서 하나님과 교제할 수 있었습니다. 다른 피조물과 달리 하나님과 직접적이고 인격적인 교제를 나눌 수 있었습니다.

이처럼 원래의 사람은 하나님께서 그러하시듯 의롭고 거룩했습니다. 죄가 전혀 없었고 하나님께서 보시기에 심히 선했습니다(창 1:31). 왜냐하면 하나님의 형상대로 창조되었기 때문입니다.

대리 통치자

이렇게 사람은 다른 피조물과 달리 하나님의 형상대로 지음받았기에 나타나는 특성이 있습니다. 다른 피조물들을 다스릴 수 있는 권세를 부여받은 것입니다. 그래서 창세기 1장 26절을 보면 "하나님이 이르시되 우리의 형상을 따라 우리의 모양대로 우리가 사람을 만들고"라고 말한 뒤에 이어서 "그들로 (바다의 물고기와 하늘의 새와 가축과 온 땅과 땅에 기는) 모든 것을 다스리게 하자"라는 말씀이 나옵니다.

하나님께서 다른 피조물과 달리 사람을 하나님의 형상을 따라 창조하신 이유는 무엇일까요? 이 세상 모든 것을 다스리도록 하시기 위함이었습니다. 하나님은 자신이 창조하신 땅에 대한 통치의 권한, 즉 다스릴 수 있는 권세를 하나님의 형상을 따라 창조하신 사람에게 맡기셨습니다. 이렇게 하신 것을 조금은 어려운 말로 '하나님의 대리 통치자(vice-regent)로 세우셨다.'라고 합니다.[7]

하나님은 아담(사람)을 지식과 의와 거룩함을 가진 하나님의 형상으로 지으셨고, 이를 통해 아담을 대리 통치자로 세우셔서 창조 세계를 통치하고 다스리게 하셨습니다.[8]

웨스트민스터 소요리문답 제10문답의 정리

지금까지 살펴본 내용을 웨스트민스터 소요리문답 제10문답이 잘 요약해 주고 있습니다.

> **웨스트민스터 소요리문답 제10문답**
>
> **제10문**: 하나님께서는 사람을 어떻게 창조하셨습니까?
> **답**: 하나님께서는 사람을 남자와 여자로 창조하시되, 자기 형상대로 지식과 의(義)와 거룩함이 있게 하사, 피조물을 다스리게 하셨습니다(창 1:26-28; 골 3:10; 엡 4:24).

│ 타락으로 상실된 하나님의 형상 │

타락[9]

그러나 현재 사람의 모습은 어떻습니까? 의로운가요? 거룩한가요? 아니죠. 왜 그렇습니까? 첫 사람 아담의 범죄로 말미암아 원래 가졌던 하나님의 형상을 잃어버렸기 때문입니다.[10] 선악을 알게 하는 나무의 열매를 먹지 말라 하신 하나님의 명령을 어겨 높은 지위에서 낮은 지위로 떨어져 버렸기 때문입니다. 타락(墮落)한 것입니다. 떨어질 타(墮) 떨어질 락(落), 영어로 fall(떨어지다; 타락)입니다.

타락의 결과

타락의 결과 어떻게 되었습니까? 키가 작아진 것도 아니고, 얼굴이 못

생겨진 것도 아니고, 눈이나 코가 사라진 것도 아닙니다. 타락의 결과, 사람은 지식과 의와 거룩함이라고 하는 하나님의 형상을 잃어버렸습니다.

타락으로 인해 지, 정, 의가 모두 부패했습니다. 지성은 눈멀었고, 감정은 충동적이 되었고, 의지는 완고해졌습니다. 지성의 눈멂으로 인해 하나님의 살아 계심과 위대하심을 알지 못하고 자신이 죄인이라는 사실을 보지 못하게 되었습니다. 감정의 충동으로 인해 쉽게 정욕에 넘어지고 탐심에 빠지게 되었습니다. 의지의 완고함으로 인해 하나님의 뜻을 따르지 않게 되었습니다.

이렇게 사람은 하나님의 형상을 잃어버렸습니다. 죄가 사람의 본래 모습을 잃어버리게 했습니다. 죄로 인해 하나님의 형상을 상실한 사람은 이제 엄밀한 의미에서 '참사람'이라고 말할 수 없습니다. 현재의 모든 사람은 처음 하나님께서 창조하셨을 때의 그 사람이 아닙니다. 하나님께 속한 지식, 의, 거룩함이 없는 '잘못된 사람', '왜곡된 사람'입니다. 이것이 바로 이 세상에 존재하는 모든 자연인의 현재 모습입니다.[11]

이제 사람은 더 이상 하나님의 형상을 따라 지음받지 못하고, 타락한 아담의 형상을 따라 지음받습니다. 그렇기에 타락한 사람은 반드시 '하나님의 형상'을 회복하여 '참된 형상(reformed image)'[12]이 되어야 합니다(롬 8:29).[13] 자기를 창조하신 하나님의 형상을 따라 지식과 의로움과 거룩함으로 지으심을 받은 새 사람을 입어 참사람이 되어야 합니다(엡 4:24). 그러기 위해서 우리는 어떻게 해야 합니까?

어떻게 함으로써

창세기 3장 15절을 봅시다.

내가 너로 여자와 원수가 되게 하고 네 후손도 여자의 후손과 원수가 되게 하리니 여자의 후손은 네 머리를 상하게 할 것이요 너는 그의 발꿈치를 상하게 할 것이니라 하시고 _ 창 3:15

하나님은 약속하십니다. "여자의 후손은 네 머리를 상하게 할 것이요." 여자는 아담과 마찬가지로 '사람'입니다. 그러니 여자의 후손 역시 사람입니다. 하나님은 하나님의 형상을 잃어버린 사람을 구원하시는 일을 '사람'의 후손을 통해서 하시겠다고 하십니다. 사람이 하나님의 형상을 잃어버리자, 하나님은 사람을 회복시켜 주실 방법을 주시는데, 그것은 다름 아닌 '사람'을 통해서입니다.

둘째 사람과 하나님의 형상

여자의 후손

창세기 5장 1절을 봅시다. "이것은 아담의 계보를 적은 책이니라…" 여기서 '계보'라고 번역된 말은 히브리어로 '톨레도트'(תּוֹלְדֹת)라고 합니다.[14] 이 단어는 다양한 번역이 가능합니다. 그래서 개역개정 성경에서는 '계보, 내력, 족보'라고 번역했는데, '후손'이라고 번역할 수도 있습니다. 그러니 창세기 5장은 아담의 후손을 기록한 책입니다. 다르게 말하면 여자의 후손을 기록하고 있습니다. 하나님께서 약속하신 대로 여자의 후손이 오고 있습니다. 사람이 계속 오고 있습니다.

역대상 1장 1절을 봅시다. "아담, 셋, 에노스", 이렇게 시작해서 사람의 이름이 계속 나옵니다. 족보가 나옵니다. 5절 이하에는 "~의 자손은"이라는 말로 시작합니다. '자손(子孫)'은 다른 말로 '후손(後孫)'입니다. 그러므로 이 족보를 통해 성경은 우리에게 '여자의 후손'(창 3:15)이 오고 있음을 보여 줍니다. 이 후손들의 이야기는 아담으로부터 시작하고 있습니다.

우리가 갖고 있는 성경에서 역대기는 구약 중간쯤에 위치하지만, 히브리어 성경에서는 제일 마지막에 위치하고 있습니다. 바벨론 포로 생활을 마치고 돌아온 뒤에 기록한 것이 역대기입니다. 구약 성경의 저자이신 성령님은 구약을 마무리하면서 여자의 후손을 보내시겠다는 하나님의 약속이 이스라엘 역사 가운데 계속되고 있음을 보여 주고 있습니다.

마태복음 1장을 보면, 신약 성경의 시작은 아브라함과 다윗의 '자손' 즉 '여자의 후손' 이야기를 하고 있습니다. 이 후손은 결국 '예수 그리스도'입니다. 그래서 마태복음 1장 1절은 말합니다. "아브라함과 다윗의 자손 예수 그리스도의 계보라" 여자의 후손이 오고 오고 오고, 결국 왔음을 보여 줍니다.

그런데 누가복음 3장 23-38절은 이 여자의 후손인 예수님의 족보를 거꾸로 묘사합니다. 그러면서 마지막에 이렇게 마칩니다.

… 그 위는 아담이요 그 위는 하나님이시니라 _ 눅 3:38

여자의 후손인 예수님이 하나님으로부터 왔습니다. 아담(사람)을 통해 왔습니다. 하나님께서는 여자들의 후손을 통해 예수님을 보내셨고, 예수님은 때가 차매 여자에게서 나셨습니다(갈 4:4).

예수님, 하나님의 형상

이렇게 오신 예수님. 왜 그분이 창세기 3장 15절에서 약속한 여자의 후손입니까? 그냥 아담의 후손으로 왔기 때문에 예수님이 '여자의 후손'인가요? 골로새서 1장 15절을 봅시다.

그는 보이지 아니하는 하나님의 형상이시요 모든 피조물보다 먼저 나신 이시니 _
골 1:15

예수님은 하나님의 형상이십니다. 고린도후서 4장 4절을 봅시다.

그중에 이 세상의 신이 믿지 아니하는 자들의 마음을 혼미하게 하여 그리스도의
영광의 복음의 광채가 비치지 못하게 함이니 그리스도는 하나님의 형상이니라 _
고후 4:4

그리스도는 하나님의 형상이십니다. 히브리서 1장 3절을 봅시다.

이는 하나님의 영광의 광채시요 그 본체의 형상이시라 그의 능력의 말씀으로 만
물을 붙드시며 죄를 정결하게 하는 일을 하시고 높은 곳에 계신 지극히 크신 이
의 우편에 앉으셨느니라 _ 히 1:3

예수님은 하나님의 본체의 형상이십니다. 그러므로 그리스도 안에서 우
리는 완벽한 하나님의 형상을 봅니다(참조. 요 14:8-9).[15]
즉 예수님은 하나님이십니다. 사람의 후손으로 오셨지만 예수님은 하
나님의 형상으로 지음받은 분이 아닙니다. 그분 자체가 하나님의 형상입니
다.[16] 그러니 예수님이야말로 창세기 3장 15절에서 말한 여자의 후손이십니
다. 타락한 사람, 하나님의 형상을 잃어버린 사람을 회복시켜 주실 수 있는
약속의 성취자이십니다.
하나님의 형상을 잃어버려서 사실상 '참사람'이 아닌 자연인은, 하나님
의 형상이시며 참사람이시고 참하나님이신 예수 그리스도를 통해서만 '참
사람'이 될 수 있습니다. 오직 예수님을 통해서만 타락 이전에 가졌던 하나

우리가 성경을 오해했다

님의 형상으로 회복될 수 있습니다.

이를 누구보다 잘 아시는 하나님께서는 사람이 타락한 직후에 여자의 후손을 약속하셨습니다. 그 약속은 신실하여서 창세기 5장, 역대상 1장 이하, 마태복음 1장, 누가복음 3장의 족보를 통해 분명하게 드러났고, 결국 여자의 몸에서 하나님의 아들이시며 하나님의 형상이신 예수 그리스도께서 오심으로 성취되었습니다.

| 첫 사람으로의 회복 |

예수님의 형상으로

우리는 첫 사람과 동일한 사람이 되어야 합니다. 아니 그보다 더 나은 사람이 되어야 합니다. 이를 위해 참사람이시며, 하나님의 형상 그 자체이신 예수 그리스도를 믿어야 합니다. 예수님의 형상으로 덧입고, 예수님의 형상을 본받아야 합니다. 이것이 바로 믿음이고, 이것이 바로 우리가 구원 얻는 방법입니다.[17] 그래서 로마서 8장 29절은 이렇게 말씀합니다.[18]

하나님이 미리 아신 자들을 또한 그 아들의 형상을 본받게 하기 위하여 미리 정하셨으니 이는 그로 많은 형제 중에서 맏아들이 되게 하심이니라 _ 롬 8:29

하나님은 우리로 하여금 하나님의 형상이신 예수 그리스도를 본받게 하시려고 택하셨습니다. 또한 계속해서 그 일을 해 가시니 골로새서 3장 10절은 이렇게 말합니다.

새 사람을 입었으니 이는 자기를 창조하신 이의 형상을 따라 지식에까지 새롭게 아담의 타락으로 인해 잃어버린 하나님의 형상은 오직 예수님 안에서 회복됩니다. 왜냐하면 예수님이야말로 참하나님이시요, 하나님의 형상이신 참사람이시기 때문입니다.

오직 예수님으로 말미암아

예수님 안에 있지 않은 사람은 엄밀히 말해 '사람'이 아닙니다. 타락했으니까요. 하나님의 형상을 잃어버렸으니까요. 오직 예수님 안에 있는 자만이 참된 하나님의 형상으로 회복된 참사람입니다.

우리가 참사람이 되는 것은 전적으로 그리스도의 공로입니다. 우리의 지식, 우리의 의, 우리의 거룩함으로 되는 것이 아닙니다. 오직 예수님의 그것으로 됩니다.

> 너희는 하나님으로부터 나서 그리스도 예수 안에 있고 예수는 하나님으로부터 나와서 우리에게 지혜와 의로움과 거룩함과 구원함이 되셨으니 기록된 바 자랑하는 자는 주 안에서 자랑하라 함과 같게 하려 함이라 _ 고전 1:30-31

오직 예수님 안에서만 하나님의 형상으로 회복될 수 있습니다. 오직 예수님 안에서만 참사람이 될 수 있습니다.

첫 사람과 둘째 사람

성경 전체를 바르게 이해하려면 그 주인공 중 하나인 사람에 대해 바르게 이해해야 하고, 또한 동시에 사람에 대해서 성경 전체의 이야기가 어떻게 전개되는지를 알아야 합니다. 이때 지금까지 살펴본 것처럼 '사람'은 '아담과 예수님'이라는 관점에서 이해해야 합니다. 이 사실을 신약 성경 몇 군데에서 분명히 말하고 있습니다.

아담과 예수님

로마서 5장을 보면, 12-21절이 하나의 단락을 구성하고 있는데, 12절 위에 보면 '아담과 그리스도'라는 소제목이 달려 있을 것입니다. 12, 17, 21절을 보면 한 사람, 즉 아담을 통해 죄가 들어왔으나, 또 다른 한 사람, 즉 예수 그리스도를 통해 생명이 들어왔음을 말합니다. 이를 통해 진정한 사람 됨은 오직 예수님을 통해서 가능함을 우리에게 말씀하고 있습니다.

둘째 사람, 마지막 아담[19]

두 말씀을 비교해서 봅시다.

> 기록된 바 첫 사람 아담은 생령이 되었다 함과 같이 마지막 아담은 살려 주는 영이 되었나니 _ 고전 15:45
>
> 첫 사람은 땅에서 났으니 흙에 속한 자이거니와 둘째 사람은 하늘에서 나셨느니라 _ 고전 15:47

이 두 구절은 아담과 예수님을 비교합니다. 그러면서 아담을 '첫 사람'이라고 표현하고, 예수님을 '마지막 아담(45절)', '둘째 사람'(47절)이라고 표현합니다. 왜 어디에서는 마지막 아담이라고 하고, 어디서는 둘째 사람이라고 하죠? '아담'(אָדָם)이라는 말이 원래 '사람'이라는 뜻이기 때문입니다. '마지막 사람', '둘째 아담'이라고 해도 되는 것이죠.

그렇다면 왜 예수님을 마지막 아담 혹은 둘째 사람이라고 표현합니까? 예수님은 첫 사람의 타락으로부터 우리를 진정한 사람, 온전한 사람으로 회복시켜 주시기 위해 오신 참사람, 참아담이시기 때문입니다.

성경, 참사람의 역사

서두에서 말씀드린 대로 성경은 하나님의 역사를 담고 있지만, 또한 동시에 사람의 역사를 담고 있습니다. 타락한 사람의 역사, 그리고 그 타락한 사람을 구원하시기 위해 오신 사람의 역사를 기록하고 있습니다.

그러므로 성경 전체는 한편으로 아담과 예수님, 이 두 사람의 이야기를 하고 있습니다. 그런데 성경이 말하는 참사람은 궁극적으로 예수님이니, 결국 성경이 말하는 사람 이야기는 '예수님 이야기'라고 할 수 있습니다.[20] 즉 참사람이신 예수님이 오시기까지의 역사가 성경 이야기입니다.

이야기의 결론

하나님께서 창조하신 첫 사람 아담 이야기에서 시작해, 하나님께서 보내신 마지막 아담 예수님에 관한 이야기까지 살펴보았습니다. 우리는 타락한 아담에 속한 자들입니다. 이러한 우리는 마지막 아담이시요 (고전 15:45), 둘째 사람이신 예수님(고전 15:47)을 통해 비로소 온전한 사람이 될 수 있습니다(롬 5:12-21).[21]

성경은 이 거대한 구속의 드라마를 이야기하는 책입니다. 참사람이신 예수님이 이 세상에 오시기까지 하나님께서 일하신 역사를 기록하고 있는 책이 성경입니다. 이런 관점으로 성경을 읽을 때, 여러분은 하나님을 바르게 이해하고, 사람을 바르게 이해할 수 있습니다.[22]

마지막으로 한 가지만 덧붙이고 마치겠습니다. 왜곡된 하나님의 형상이 그리스도 안에서 회복되었지만, 아직 완성된 것은 아닙니다.[23] 우리 주님께서 다시 오실 때 완성될 것입니다. 이 사실을 고린도전서 15장 49절은 이렇게 말씀합니다.

우리가 흙에 속한 자의 형상을 입은 것같이 또한
하늘에 속한 이의 형상을 입으리라 _ 고전 15:49

STORY 2

유혹에 넘어진 아담,
유혹을 이긴 아담 이야기

창 3:1-6; 마 4:1-11

앞장에서 '하나님의 형상인 사람'이라는 주제를 다루었습니다. 하나님께서 첫 사람 아담을 하나님의 형상을 따라 지으셨죠? 하나님의 형상으로 지었다는 말은 지식과 의와 거룩함이 반영된 존재로 지었다는 의미입니다. 그러나 타락 이후 그 형상은 상실되거나 왜곡되었으니, 이 세상의 모든 사람은 첫 사람 아담이 타락하기 이전에 가졌던 수준의 하나님의 형상은 없습니다.

하나님의 형상이 왜곡되었고 상실된 우리를 위해 하나님은 여자의 후손을 보내 주기로 약속하셨습니다. 그렇게 오신 여자의 후손인 예수님은 하나님의 형상이십니다. 예수님은 하나님의 형상으로 지음받은 것이 아니라 그분 자체가 하나님의 형상입니다. 예수님에게는 하나님의 지식과 의와 거룩함이 있습니다. 그렇기 때문에 하나님의 형상을 잃어버려서 사실상 '참사람'이 아닌 자연인은, 하나님의 형상이시며 참사람이시고 참하나님이신 예수 그리스도를 통해서만 '참사람'이 될 수 있습니다. 오직 예수님을 통해서만 타락 이전에 가졌던 하나님의 형상으로 완전히 회복될 수 있습니다. 이런 점에서 예수님은 첫 사람 아담과 대비되는 둘째 사람이시요(고전 15:47), 마지막 아담이십니다(고전 15:45).

성경을 읽을 때, 그러한 말씀의 구도와 흐름으로 읽어야 합니다. 성경이 창조-타락-구속의 관점에서 이야기하고 있고, 첫 사람 아담의 죄로 인해 왜곡된 모든 것을 회복하시기 위해 오신 둘째 사람, 마지막 아담 예수 그리스도를 이야기하고 있다는 사실을 기억해야 합니다.

이번 장에서도 역시 마찬가지입니다. 이번 장에서는 성경을 창조-타락-구속의 관점에서 이해하고, 첫 사람 아담의 죄로 인해 왜곡된 모든 것을 회복하시기 위해 오신 둘째 사람, 마지막 아담 예수 그리스도의 관점에서 이해해야 한다는 사실을 한 예로써 들려 드리겠습니다.

이번 장에서 택한 두 성경 말씀은 어떻게 보면 아무런 연관성이 없어 보입니다. 두 말씀은 시기적으로 엄청난 간격이 있습니다. 한 사건은 창조 직후의 이야기요, 한 사건은 예수님께서 공생애를 시작하시면서 경험하셨던 사건입니다. 두 사건은 수천 년 혹은 수만 년의 시간적 간격을 두고 있습니다. 두 사건의 장소도 다릅니다. 한 사건은 에덴의 동산에서, 한 사건은 광야에서 일어난 사건입니다. 그럼에도 불구하고 왜 이 두 말씀을 택했을까요? 이 두 말씀에는 공통점이 있고, 함께 생각해 볼 만한 이야기가 있기 때문입니다.

| 창 3:1-6; 마 4:1-11 |

두 말씀의 공통점들

이 두 말씀에는 몇 가지 공통점이 있습니다.[24]

STORY 2 · 유혹에 넘어진 아담, 유혹을 이긴 아담 이야기

유혹(시험)을 받음

먼저, 이 두 말씀은 모두 다 유혹을 당했다는 점에서 '공통적'입니다. 창세기 3장에서는 아담과 여자가 뱀의 유혹을 받습니다. 뱀이 여자에게 찾아와서 선악을 알게 하는 나무의 열매를 먹도록 유혹합니다. 그리고 마태복음 4장에서는 예수님께서 마귀의 시험을 받습니다. 그런데 여기에서의 '시험'이라고 번역된 단어는 'test'가 아니라 'tempt'입니다. 시험이 아니라 '유혹'입니다. 그러니 창세기는 뱀이 아담과 여자를 '유혹'한 이야기, 마태복음은 마귀가 예수님을 '유혹'한 이야기입니다. 이처럼 둘 다 유혹을 받는다는 점에서 공통적입니다.

마귀의 유혹을 받음

둘째로, 두 말씀 모두 유혹의 주체가 마귀라는 점에서 '공통적'입니다. 마태복음 4장에서 예수님을 '유혹'한 주체는 '마귀'입니다. 마태복음 4장 1, 5, 8절에 각각 마귀가 언급되어 있습니다. 창세기 3장에서 아담을 '유혹'한 주체는 누구입니까? 창세기 3장 1절에 보면 '뱀'입니다. 마태복음은 마귀, 창세기는 뱀. 언뜻 보면 공통적이지 않은 것처럼 보입니다. 하지만 우리는 다른 성경을 통해서 이 뱀이 과연 누구인지를 볼 필요가 있습니다.[25] 요한계시록 12장 9절을 봅시다.

> 큰 용이 내쫓기니 옛 뱀 곧 마귀라고도 하고 사탄이라고도 하며 온 천하를 꾀는 자라… _ 계 12:9

여기에서 말하는 '옛 뱀'이란 바로 옛날에 있었던 뱀을 말합니다. 그 옛날이란 다름 아닌 창세기 3장 때의 일입니다. 이 뱀을 가리켜서 "옛 뱀 곧 마귀라고도 하고 사탄이라고도 하며"라고 표현합니다. 그러므로 아담과 여자를 유혹한 뱀은 '마귀'요 사탄입니다. 한 구절 더 봅시다. 요한계시록 20장 2절입니다.

> 용을 잡으니 곧 옛 뱀이요 마귀요 사탄이라… _ 계 20:2

마찬가지로 창세기 3장의 뱀을 마귀 또는 사탄이라고 부릅니다. 그렇다면 예수님을 유혹한 것도 '마귀' 혹은 사탄이요, 아담과 여자를 유혹한 것도 '마귀' 혹은 사탄입니다. 이렇게 예수님이나 아담과 여자 모두 마귀의 유혹을 받았다는 점에서 두 말씀은 공통점이 있습니다.

유혹받은 대상: 첫째 아담과 둘째 아담

셋째로, 유혹을 받은 대상인 아담이나 예수님이나 둘 다 '사람'이라는 점에서 '공통적'입니다. 우리가 잘 아는 대로 창세기 3장에서 마귀의 유혹을 받은 사람은 '아담'입니다. 그런데 이 '아담(אָדָם)'[26]이라는 말은 히브리어상으로는 '사람'이라는 뜻을 갖고 있습니다(창 1:26). 예수님도 역시 '아담' 혹은 '사람'이십니다. 고린도전서 15장 45, 47절을 봅시다.

> 첫 사람 아담은 생령이 되었다 함과 같이 마지막 아담은 살려주는 영이 되었나니
> _ 45절
>
> 첫 사람은 땅에서 났으니 흙에 속한 자이거니와 둘째 사람은 하늘에서 나셨느니라 _ 47절

45절에서는 아담을 '첫 사람'이라고 표현하고, 예수님을 '마지막 아담'이라고 표현합니다. 47절에서는 아담을 '첫 사람'이라고 표현하고 예수님을

'둘째 사람'이라고 표현합니다. '아담'이라는 말과 '사람'이라는 말이 같은 뜻이기 때문에 사람과 아담이라는 표현을 병행해서 사용하고 있고, 예수님을 마지막 아담 혹은 둘째 사람이라고 표현합니다.

이처럼 마귀가 유혹한 대상은 첫 아담과 마지막 아담이요 또한 첫 사람과 둘째 사람입니다.

두 말씀의 공통점

잘 모르는 사람들은 '아담과 여자가 선악을 알게 하는 나무의 열매를 먹은 사건'(창 3:1-6)과 '예수님께서 40일 동안 금식한 이후에 마귀로부터 시험을 받은 사건'(마 4:1-11)을 아무 관련 없는 별개의 사건으로 이해할 것입니다. 하지만 좀 더 생각해 보면 그렇지 않다는 것을 알 수 있습니다. 두 말씀은 서로 밀접한 관련이 있습니다. 마귀가 사람을 유혹했다는 점에서 두 말씀은 공통점이 있습니다. 그래서 이 두 말씀을 함께 보려는 것입니다.

두 말씀의 차이점

유혹에 대한 반응

이러한 '공통점'이 있는 두 말씀이지만, 두 말씀에는 또한 분명한 '차이점'이 있습니다. 기본적인 차이점은 첫 사람 아담은 마귀의 유혹에 넘어갔지만, 둘째 사람 예수님은 유혹에 전혀 넘어가지 않으시고 유혹을 이겨 내셨다는 것입니다. 아담과 여자는 선악을 알게 하는 나무의 열매를 먹으라는 마귀의 유혹에 넘어갔습니다. 하지만, 예수님은 마귀의 유혹에 전혀 넘어가지 않으셨습니다.

두 말씀의 마지막 부분을 각각 보십시오. 창세기 3장 6절에서 "여자가 그 나무를 본즉 먹음직도 하고 보암직도 하고 지혜롭게 할 만큼 탐스럽기도

한 나무인지라 여자가 그 열매를 따먹고 자기와 함께 있는 남편에게도 주매 그도 먹은지라"라고 말씀합니다. 그러나 마태복음 4장 11절에서 "이에 마귀는 예수를 떠나고 천사들이 나아와서 수종드니라"라고 말씀합니다.

유혹에 대한 대처 방법

자 그렇다면, 이 두 사람이 유혹에 대해 어떻게 반응했기에 한 사람은 유혹에 넘어갔고, 한 사람은 유혹을 이겼습니까?

먼저 아담은 하나님의 말씀을 왜곡하는 마귀의 유혹에 대해서 그냥 넘어가 버립니다. 아무런 대응도 하지 않습니다. 자기의 아내 여자가 뱀의 말에 조금씩 조금씩 넘어가는 동안에도 그저 가만히 지켜보고 있을 뿐입니다. 뱀은 하나님의 말씀을 왜곡하여 "너희가 결코 죽지 아니하리라"(창 3:4)라고 말하고, 더 나아가 "먹는 날에는 눈이 밝아 하나님과 같이"(창 3:5) 될 것이라고 유혹했는데, 아담은 "먹지 말라 네가 먹는 날에는 반드시 죽으리라"(창 2:17)고 말씀하신 하나님의 말씀으로 대응하지 않았습니다. 말씀을 왜곡하는 마귀의 유혹에 대해 아무런 대처를 하지 못했습니다.

예수님도 똑같이 마귀의 유혹을 당하셨습니다. 말씀을 왜곡함으로 아담을 유혹했던 사탄은 예수님에게도 동일하게 말씀을 가지고 유혹했습니다. 마귀는 예수님을 총 세 번에 걸쳐서 유혹합니다. 첫 번째 유혹이 기록되어 있는 마태복음 4장 3절을 보면 마귀가 이렇게 말합니다.

네가 만일 하나님의 아들이어든 명하여 이 돌들로 떡덩이가 되게 하라 _ 마 4:3

이에 대해서 예수님은 4절에서 "기록되었으되"라는 말로 시작하십니다. 즉, 하나님의 말씀을 인용하시는 것으로 대처하고 계신 것입니다. 그러면서 말씀하시기를 "⑤사람이 떡으로만 살 것이 아니요 하나님의 입으로부터 나오는 모든 말씀으로 살 것이라 하였느니라"라고 하십니다. 그런데 "사람이"
라는 말 앞에 나오는 성경 난외주 ㉠을 보시면 예수님은 자기의 말을 하신
것이 아니라 신명기 8장 3절 말씀을 인용하셨음을 알 수 있습니다.

　두 번째 유혹이 기록되어 있는 마태복음 4장 6절을 보면 마귀가 이렇게
말합니다. "네가 만일 하나님의 아들이어든 뛰어내리라 기록되었으되 [ⓒ]그
가 너를 위하여 그의 사자들을 명하시리니 그들이 손으로 너를 받들어 발
이 돌에 부딪치지 않게 하리로다 하였느니라" 지금 사탄의 이 말은 "그가"
라는 말 앞에 난외주 ⓒ으로 표시된 부분을 보면 시편 91장 11-12절 말씀
을 인용한 것임을 알 수 있습니다. 사탄은 과거에 아담과 여자에게 한 것처
럼 지금 예수님에게 하나님의 말씀을 사용하여 유혹하고 있습니다. 이에
대해서 7절에서 예수님은 "기록되었으되 [ⓒ]주 너의 하나님을 시험하지 말라
하였느니라"라고 하셨습니다. "기록되었으되"라는 말 뒤에 나오는 난외주
ⓒ을 보시면 예수님은 자기의 말을 하신 것이 아니라 신명기 6장 16절 말씀
을 인용하여 말씀하신 것임을 알 수 있습니다.

　마지막으로 세 번째 유혹이 기록되어 있는 마태복음 4장 8절을 보면 마
귀가 예수님을 데리고 지극히 높은 산으로 가서 천하만국과 그 영광을 보
여 줍니다. 그리고는 9절에서 말하기를 "만일 내게 엎드려 경배하면 이 모
든 것을 네게 주리라"라고 말합니다. 이에 대해서 예수님은 10절에서 "사탄
아 물러가라 기록되었으되 [ⓔ]주 너의 하나님께 경배하고 다만 그를 섬기라
하였느니라"라고 말씀하십니다. "기록되었으되"라는 말 뒤에 나오는 난외
주 ㉣을 보면 예수님은 자기의 말을 하신 것이 아니라 신명기 6장 13절 말
씀을 인용하여 말씀하셨습니다.

유혹을 이기신 예수님

　지금까지의 말씀을 보면 첫 사람 아담과 둘째 사람이며 마지막 아담이

신 예수님 간에는 엄청난 차이가 있습니다. 둘 다 마귀로부터 하나님의 말씀을 통한 유혹을 받았다는 점에서 공통점이 있지만, 아담은 그 유혹에 쉽게 넘어갔고 예수님은 그렇지 않다는 점에서 엄청난 차이가 있습니다. 게다가 예수님은 하나님의 말씀을 가지고 대처하심으로 마귀의 유혹을 능히 이기셨습니다.

말씀이 가르치는 바

그렇다면, 이번 장의 성경 말씀이 우리에게 가르치는 바가 무엇입니까? 제목에 잘 나타나 있는 것처럼, 유혹에 넘어진 첫 사람 아담과 유혹을 이긴 둘째 아담 예수님을 통해서 우리가 과연 누구에게 속한 존재여야 하는지를 가르쳐 줍니다. 또한 우리가 어떻게 유혹을 이길 수 있는지를 보여 줍니다. 앞서 본 적이 있는 고린도전서 15장 47절에서 이어지는 48-49절을 보면 이렇게 말합니다.

> 무릇 흙에 속한 자들은 저 흙에 속한 자와 같고 무릇 하늘에 속한 자들은 저 하늘에 속한 이와 같으니 우리가 흙에 속한 자의 형상을 입은 것 같이 또한 하늘에 속한 이의 형상을 입으리라 _ 고전 15:48-49

우리는 첫 사람 아담에게 속한 자들입니다. 그러하기에 흙에 속한 자 아담과 같습니다. 그러나 우리는 또한 동시에 둘째 아담이신 예수님께 속한 자들입니다. 그러하기에 하늘에 속한 자이신 예수님과 같습니다.

흙에 속한 자 아담은 마귀의 유혹에 넘어갔습니다. 그럴 수밖에 없는 연약한 존재였습니다. 그러나 똑같은 아담이신 예수님은 유혹을 이기셨습니다. 하늘에 속한 자로서 마귀의 유혹에 지혜롭게 대처하셨습니다. 말씀으로 유혹하는 사탄에게 말씀으로 응수하셨습니다.

우리가 살펴본 창세기 3장과 마태복음 4장은 똑같은 아담의 다른 두 이야기를 기록하고 있습니다. 한 아담은 말씀으로 유혹하는 사탄의 시험에 넘어졌고, 또 다른 아담은 말씀으로 그 유혹을 이기셨습니다. 땅에 속한 아담이 비록 유혹에 넘어졌으나 하늘에 속한 아담이신 예수님이 유혹을 이기셨으니, 우리는 마침내 하늘에 속한 이의 형상을 입게 될 것입니다.

| 아담, 예수님 그리고 우리 |

아담에게 속한 우리들의 모습

'아담(אָדָם)'이라는 말은 히브리어로 '사람'이라는 뜻이라고 했습니다. 그렇기에 '아담'이라는 말 자체가 '사람'이라는 뜻입니다. 이 말의 의미는 첫 사람 아담은 단순히 한 개인으로 존재하는 것이 아니라, '모든 인류를 대표하는 존재'라는 뜻입니다. 장차 이 세상에 있게 될 모든 사람을 대표하는 사람이 곧 아담입니다.

그런데 우리의 대표가 유혹을 받았습니다. 그 유혹에 넘어가 버렸습니다. 아주 쉽게 그냥 속수무책으로 당해 버렸습니다. 이렇게 아담이 범죄 했을 때 그는 우리의 대표자로서 죄를 범했던 것이요, 그렇게 해서 우리는 모두 그 죄의 죄책에 연루되었습니다. 그렇기에 아담이 유혹에 넘어갔다는 것은 곧 저와 여러분이 유혹에 넘어갔다는 것을 의미합니다.[27] 그래서 로마서 5장 12절은 이렇게 말합니다.

그러므로 한 사람으로 말미암아 죄가 세상에 들어오고 죄로 말미암아 사망이 들어왔나니 이와 같이 모든 사람이 죄를 지었으므로 사망이 모든 사람에게 이르렀

느니라 _ 롬 5:12

그리고 14절에서 이렇게 말합니다.

그러나 아담으로부터 모세까지 아담의 범죄와 같은 죄를 짓지 아니한 자들까지
도 사망이 왕 노릇하였나니 아담은 오실 자의 모형이라 _ 롬 5:14

실제로 아담에게 속한 우리는 삶 전체를 통해 사탄의 유혹을 받으며 살
아갑니다. 마귀는 언제든지 우리를 유혹합니다. 여기에 대해 우리는 아무런
대처를 하지 못합니다. 이런 면에서 우리는 매우 비참한 존재입니다.

또한 동시에 예수님께 속한 우리
그러나 우리에게는 소망이 있습니다. 왜 그렇습니까? 우리는 예수님에
게 속한 자들이기 때문입니다.

우리가 흙에 속한 자의 형상을 입은 것 같이 또한 하늘에 속한 이의 형상을 입으
리라 _ 고전 15:49

우리의 대표인 아담이 비록 유혹에 넘어졌으나, 우리의 또 다른 대표이
신 예수님께서 그 유혹을 이기셨습니다. 첫째 아담의 부족함과 약함을 마
지막 아담께서 극복해 주신 것입니다.

둘째 사람, 마지막 아담으로 오신 예수님
예수님은 하나님이시지만 이 세상에 오셔서 우리와 똑같이 되셨습니다.
우리와 같이 아기의 모습으로 태어나셨고, 어린 시절을 보내셨으며, 우리와

똑같이 식사도 하셨습니다. 오랫동안 걸어 다니면 피곤하셔서 쉬기도 하셨습니다. 종종 배탈도 나셨을 것이고, 감기에도 걸리셨을 것입니다.

이렇게 우리 사람과 똑같이 하심으로써 우리의 대표자가 되어 주셨습니다. 둘째 사람, 마지막 아담이 되어 주셨습니다. 그 예수님께서 인간을 대표하는 아담과 마찬가지로 유혹을 당하신 것입니다.

우리의 대표자인 아담은 유혹을 이기지 못했습니다. 말씀으로 유혹하는 사탄에게 그냥 넘어졌습니다. 그러나 마지막 아담이신 예수님은 유혹을 이기셨습니다. '말씀'으로 유혹하는 사탄에게 '말씀'으로 대응하셨습니다. 첫째 아담이 이기지 못한 시험을 마지막 아담께서 이겨 주심으로서 우리에게 힘을 주신 것입니다.

예수님이 받으신 유혹은 구속사적인 의도적 사건

한 가지 생각해 볼 것이 있습니다. 성경을 자세히 읽어 보면 특이한 면을 볼 수 있습니다.

> 그때에 예수께서 성령에게 이끌리어 마귀에게 시험을 받으러 광야로 가사 _ 마
> 4:1

이 말씀을 보면, 예수님께서 누구에게 이끌리어 시험을 받았다고 말하고 있습니까? 다름 아닌 '성령님의 이끌림'으로 유혹을 받으셨다고 합니다.

사실 예수님은 하나님이시기에 절대로 마귀의 유혹을 받을 수 없는 분입니다. 그러나 삼위일체 가운데 세 번째 위격이신 성령님의 의도적인 이끌림으로 유혹을 받으신 것입니다. 사람은 자기 욕심에 미혹되어 유혹을 받습니다. 하지만 예수님은 사람과 같으시면서도 죄는 없으시기에 순전히 성령님의 이끌림으로 마귀의 유혹을 받으신 것입니다.

이 사실을 통해서 알 수 있는 것은 마태복음 4장의 사건은 철저히 삼위일체 하나님의 의도적인 사건이라는 것입니다. 자기의 욕심에 따라 유혹받으실 수 없는 예수님이 성령님의 이끌림을 받아 마귀에게 유혹을 받으셨으니 이 사건은 구속사적인 의도가 있는 사건입니다. 삼위 하나님은 의도적으로 이 사건을 예수님의 공생애 중 첫 사건에 두심으로 유혹에 넘어진 첫째 아담과 대조되는 둘째 아담의 모습을 보여 주고 계십니다. 이렇게 함으로써 첫째 아담 아래에 있어서 항상 유혹에 넘어지는 우리를 위로하시며, 둘째 사람이자 마지막 아담에게 속한 자는 마귀의 유혹을 이길 수 있음을 우리에게 알려 주고 계십니다.

하늘에 속한 아담에게도 속했으므로

우리는 원래 땅에 속한 아담에게 붙어 있는 사람입니다. 우리의 본성은 땅의 아담에 속해 있습니다. 우리의 원래 상태는 유혹에 쉽게 넘어지는 연약한 존재입니다. 우리를 대표하는 아담이 사탄의 유혹에 쉽게 넘어진 것처럼 우리는 늘 넘어지기 쉬운 존재입니다.

그러나 우리는 또한 첫째 사람 아담뿐만 아니라 둘째 사람이신 예수님에게 속한 존재입니다. 이 둘째 사람은 하늘에 속한 분이시니, 우리 역시 땅에 있으나 한편으로 하늘에 속한 자들입니다. 우리가 그저 땅에 속한 아담에게 속해 있다면 우리는 늘 부족한 자요 흠 많은 존재이겠지만, 참된 인간이시며 하늘의 아담이신 예수 그리스도께 접붙임받은 자들이기에 우리는 늘 그리스도 안에서 성령으로 말미암아 유혹을 이길 수 있습니다.

말씀으로 유혹을 이기라

그리스도 안에 있는 여러분, 사탄은 예수님이라도 유혹하여 넘어뜨리려 하는 악독한 성질을 가지고 있습니다. 그러니 우리도 언제든지 유혹하여 넘어뜨리려고 기회를 엿보고 있습니다. 아담을 유혹하였고, 예수님을 유혹한 사탄은 우리를 말씀으로 유혹합니다. 성경을 오해하게 만듭니다. 이러한 사실을 알고 우리는 늘 경계해야 합니다.

그리고 우리를 대신하여 마귀의 유혹을 이기신 예수님을 믿어야 합니다. 그 예수님을 닮아야 합니다. 그러면 그 예수님이 우리를 도와주실 것입니다. 유혹을 능히 이길 힘을 주실 것입니다. 히브리서 2장 18절에서 사도는 이렇게 말씀합니다.

그가 시험을 받아 고난을 당하셨은즉 시험받는 자들을 능히 도우실 수 있느니라
_ 히 2:18

주님의 도우심을 따라 시험을 능히 이기십시오. 말씀을 왜곡하여 유혹하는 마귀에 대하여 바른 말씀으로 그 유혹을 이기신 주님을 닮으십시오.

이야기의 결론

첫째 아담에게 속한 우리 인간은 연약하여서 늘 유혹에 넘어집니다. 그러나 이제 예수를 믿는 우리의 대표자는 예수님입니다. 예수님께서는 모든 인간의 대리자, 대표자로서 유혹을 이겨 주셨습니다. 유혹에 넘어간 아담이 아니라 유혹을 이기신 예수님이 우리의 대표자시니, 모든 사람은 오직 예수님 안에서만 유혹을 이길 수 있습니다.

예수님은 공생애 사역 처음부터 시험을 당하셨습니다. 그러나 그 시험을 완전하게 이기셨습니다. 결국 그 생애의 마지막 때에 십자가에서 모든 사망 권세를 이기셨으니 예수님은 자기 삶 가운데 모든 시험을 이기셨습니다.

이러한 예수님이 우리의 주님이십니다. 우리의 구원자이십니다. 시험을 이기신 예수님은 오늘도 우리의 산 소망이 되시고, 우리가 유혹을 당할 때에 그 유혹을 이길 수 있는 힘을 주시며, 혹 우리가 시험에 넘어질지라도 일으켜 주시고, 잠시 죄에 빠지더라도 용서해 주시는 크신 주님이십니다. 이것이 바로 복음입니다.

STORY 3
여자의 후손 이야기

창 3:15

나무를 보고 숲을 보는

"나무만 아니라 숲도 보아야 한다."라는 말이 있죠? 부분을 보는 것도 중요하지만, 전체를 보는 것도 중요합니다. 그 반대도 마찬가지입니다. 전체를 보는 것도 중요하지만, 부분도 볼 수 있어야 합니다. 둘이 조화를 이뤄야 합니다.

성경 역시 마찬가지입니다. 성경에는 수많은 구절이 있습니다. 그 많은 구절의 의미를 아는 것이 중요합니다. 하지만 거기에만 집중하다 보면 성경 전체가 무엇을 말하는지를 생각하지 못할 수 있습니다. 성경을 오해할 수 있습니다. 그래서 우리는 성경 전체가 말하는 바를 알아야 합니다. 두 가지가 조화를 이뤄야 합니다.

그런데 일반적인 설교에서는 짧은 구절을 본문으로 삼아 그 의미를 살필 수밖에 없습니다. 그러다 보면, 나무는 보지만 숲을 보기 어려운 경우가 많습니다. 물론 성경이라는 게 전체가 긴밀하게 연결되어 있기 때문에 자연스럽게 다른 부분도 살펴보는 경우가 많지만, 그럼에도 불구하고 창세기부터 요한계시록까지의 전체적인 맥락까지 다 이야기하는 것은 쉽지가 않습니다.

창세기 3장 15절 말씀은 창세기 3장뿐만 아니라 성경 전체를 이해하는데 매우 도움을 주는 구절입니다. 창세기 3장 15절 말씀만 잘 이해하신다면, 성경 전체를 다 일일이 해석하지는 못해도 성경 전체를 이해하는 데 도움이 될 수 있습니다. 창세기 3장 15절이라는 나무 한 그루만 제대로 이해하시면 창세기부터 요한계시록까지의 성경 전체라는 숲도 이해할 수 있습니다. 왜냐하면 이 한 구절 속에 하나님의 복음이 풍성하게 담겨 있고, 이 한 구절 속에 성경 전체를 바라보게 하는 복음의 씨앗이 심겨 있기 때문입니다.

그렇다면 창세기 3장 15절 말씀은 과연 무엇을 이야기하고 있기에, 이 말씀을 이해하면 성경 전체를 이해할 수 있을까요?

| 타락과 형벌 |

창조와 타락

태초에 사람을 창조하신 하나님은 그들에게 수많은 자유를 허락하시되 한 가지를 금하십니다. "선악을 알게 하는 나무의 열매는 먹지 말라"(창 2:17)입니다. 하지만 그들은 하나님의 말씀을 어깁니다. 이로 인해 첫 창조 때의 높은 상태에서 낮은 상태로 타락합니다.

심판하시고 형벌을 내리시는 하나님

첫 사람 남자와 여자가 타락한 직후 하나님께서 찾아오셔서 그들을 재판하십니다. 피고(被告)를 부르시는데, 먼저 남자를 부르십니다. "네가 어디 있느냐?" 자초지종을 물으시며 심문(審問)하십니다. 아담은 이 일의 책임이 여자에게 있다고 말합니다(12절). 그래서 하나님은 여자를 부르십니다(13절). 그런데 여자는 자신이 아니라 뱀에게 책임이 있다고 말합니다(13절). 그래서 하나님은 뱀을 부르십니다(14절).

뱀에게는 자초지종을 묻지 않으십니다. 뱀을 향해서는 바로 판결(判決)을 내리십니다. 이렇게 시작된 판결 선고는 14절에서부터 19절까지 이어지는데, 이때 하나님은 심문하셨던 순서 '남자 → 여자 → 뱀'의 순서가 아닌 반대 순서 '뱀 → 여자 → 남자'의 순서로 형벌을 내리십니다.

뱀에게 내려진 형벌

창세기 3장 15절은 그 판결문 중 일부입니다. 그중에서도 사람에게 내리신 판결이 아니라 뱀에게 내리신 판결입니다. 하나님은 뱀에게 두 가지 형벌을 내리십니다. 첫째, "네가 모든 가축과 들의 모든 짐승보다 더욱 저주를 받아 배로 다니고 살아 있는 동안 흙을 먹을지니라"(14절). 둘째, "내가 너로 여자와 원수가 되게 하고 네 후손도 여자의 후손과 원수가 되게 하리니 여자의 후손은 네 머리를 상하게 할 것이요 너는 그의 발꿈치를 상하게 할 것이니라"(15절). 이 두 형벌은 여러분들이 잘 아는 내용이라고 생각할 수 있지만, 자세히 읽어 보면 사실 생각보다 결코 쉬운 내용이 아닙니다.

먼저 14절에서 뱀에게 내려진 벌은 크게 3가지입니다.

> ① 다른 모든 짐승보다 더욱 저주를 받음
> ② 그 결과 배로 다니게 됨
> ③ 살아 있는 동안 흙을 먹어야 함

그런데 세 형벌 모두 한결같이 이상합니다. ① 일단 뱀이 다른 모든 짐승보다 비참한 짐승인가요? ② 그리고 배로 다닌다고 했는데, 뱀만 배로 다니는 것은 아니죠. 파충류들은 거의 다 기어 다닙니다. 파충류(爬蟲類)의 파

(爬) 자가 '기어 다닐 파'입니다. ③ 흙을 먹을 것이라고 했는데, 사실 뱀은 흙을 먹지 않습니다.[28] 흙을 먹는 동물은 지렁이입니다. 뱀은 육식 동물입니다.

무엇보다도 여기에서의 '뱀'은 지난 장에서 살펴본 대로 '사탄'입니다(계 12:9; 20:2).[29] 그런데 이 벌의 내용을 보면 사탄이 아닌 동물로서의 뱀에게 내려진 벌이라 이해하기 어렵습니다. 우리가 무심코 읽는 말씀이지만 참 어려운 내용입니다. 또 이것 못지않게 어려운 말이 있습니다. 이번 장에서 살펴보고 있는 15절입니다.

> 내가 너로 여자와 원수가 되게 하고 네 후손도 여자의 후손과 원수가 되게 하리니 여자의 후손은 네 머리를 상하게 할 것이요 너는 그의 발꿈치를 상하게 할 것이니라 _ 창 3:15

이 말은 도무지 무슨 말인지 이해가 되지 않습니다. 수수께끼 같은 말씀입니다.

창세기 3장 15절 간단 스케치

이 수수께끼 같은 말씀을 먼저 간단하게 생각해 봅시다. 이 말씀에는 크게 3가지 내용이 있습니다.

첫째, 사탄과 여자가 원수가 된다는 내용입니다. 15절을 보시면 "내가 너로 여자와 원수가 되게 하고…"라고 했습니다. 둘째, 사탄의 후손과 여자의 후손이 원수가 된다는 내용입니다. 15절을 보시면 "내가 너로 여자와 원수가 되게 하고…"라고 말한 뒤에 "… 네 후손도 여자의 후손과 원수가 되게 하리니…"라고 말씀하십니다. 셋째, 사탄과 여자의 후손 사이에 싸움이 있을 것이라는 내용입니다. 15절의 후반부는 좀 더 주의 깊게 보아야 하는데요. 바로 앞부분에는 "네 후손도 여자의 후손과 원수가 되게 하고"라고 해서 사탄의 후손과 여자의 후손 사이의 원수 됨이었는데, 여기에서는 "… 여자의 후손은 너의 후손의 머리를 상하게 할 것이요 너의 후손은 그의 발꿈치를 상하게 할 것이니라"라고 하지 않고, "… 여자의 후손은 네 머리를 상하게 할 것이요 너는 그의 발꿈치를 상하게 할 것이니라"라고 해서 사탄과 여자의 후손 사이를 이야기합니다. 그리고 누가 누구를 상하게 한다는 말은 서로를 공격한다는 것입니다. 즉 싸움이 있다는 것입니다.[30]

왜 이 말씀이 중요한지 이해하기 쉽지 않음

간단하게 살펴보았는데요. 이 말씀이 왜 중요할까요? 서두에서 "이 한 구절 속에 하나님의 복음이 풍성하게 담겨 있고, 이 한 구절 속에 성경 전체를 바라보게 하는 복음의 씨앗이 심겨 있다."라고 했는데, 그게 보이십니까?

이 말이 무슨 뜻인지, 이 말 자체만으로 이해하는 것은 사실 쉽지가 않습니다. 창세기 3장 15절은 이해하기 힘든 내용으로 가득합니다. 게다가 내용도 표면적으로 볼 때는 그다지 좋아 보이는 내용이 아닙니다. 뭘 이야기하는지는 모르겠지만 서로 원수가 된다고 말하고, 누가 누구를 상하게 한다고 말하니 나쁜 이야기처럼 보입니다. 무엇보다도 이 말씀은 사람에게 주신 말씀이 아닙니다. 사탄에게 주신 말씀입니다.[31]

창세기 3장 15절 분석

그럼에도 불구하고 이 말씀을 좀 더 구체적으로 따져 봐야 합니다. 뭔가 그래도 있지 않겠나 하는 마음으로 말입니다. 이 말씀 속에는 크게 3가지가 있다고 했습니다.

① 사탄과 여자가 원수가 됨
② 사탄의 후손과 여자의 후손이 원수가 됨
③ 사탄과 여자의 후손 사이에 싸움이 있을 것임

사탄과 여자가 원수가 됨

첫 번째 내용에 따라 사탄과 여자는 서로 원수 관계가 될 것입니다. 여기에 왜 복음이 있을까요?

사람은 원래 하나님과 친밀한 관계였습니다. 하나님은 창조주요, 사람은 피조물이니 당연히 친밀합니다. 사람은 하나님의 형상대로 창조된 존재입니다. 그러니 당연히 하나님을 닮았고 하나님과 친밀한 관계였습니다.

그러나 사람과 하나님의 사이를 사탄이 갈라놓았습니다. 사탄의 유혹으로 인해 여자는 사탄에게 호감(好感)을 갖게 되었고, 그리하여 하나님보다는 오히려 사탄과 더욱 가까워졌습니다. 하나님을 따르는 것보다 사탄을 따르는 것이 더 자연스러워졌습니다. 여자는 죄를 짓는 일에 있어서 사탄과 친구(親舊)가 되었습니다. 그 결과 가장 친밀해야 할 하나님을 오히려 두려워합니다.

> … 동산에 거니시는 여호와 하나님의 소리를 듣고 아담과 그의 아내가 여호와 하나님의 낯을 피하여 동산 나무 사이에 숨은지라 _ 창 3:8

사탄에게 친밀하게 대한 여자가 하나님에 대해서는 두려움을 갖게 되었습니다.[32] 이렇게 여자가 사탄에게 호감을 갖고 사탄과 친구가 되었을 때, 하나님은 직접[33] 여자와 사탄 사이를 벌려 놓으십니다. 두 사람을 친구가 아닌 원수가 되게 하십니다. 한글 성경은 개역개정이든 표준새번역이든 모두 다 원수(怨讐)라고 번역했는데요. 이 번역이 틀린 것은 아닙니다만, 히브리어로는 '에이바(אֵיבָה)'라고 해서 좀 더 구체적으로는 '증오심(enmity)', '적대감(敵

49

對感)', '적개심(敵愾心)'이라고 번역할 수 있습니다.[34] 하나님은 원래 호감(好感)을 가졌던 사탄과 여자 사이에 적대감(敵對感)을 심어 주셨습니다. 이렇게 하여 여자와 사탄과의 관계를 갈라놓으셨습니다.

여러분, 만약 하나님께서 이 구절에서 "이제 너와 여자가 영원한 친구가 되어라."라고 하셨다면 어떻게 되겠습니까? 사람에게는 아무런 희망이 없습니다. 사람은 영원토록 사탄과 친구가 되어야 할 것입니다. 그렇다면 참으로 비참합니다.

그러나 다행히도 하나님은 그렇게 하지 않으셨습니다. 여자와 사탄 사이의 관계를 벌려 놓으심으로, 여자를 다시 자기편으로 삼으십니다. 그 결과 사탄은 처음으로 자기편으로 만들려고 했던 대상을 잃어버렸습니다. 이제 친구는커녕 원수가 되었습니다. 이로써 사단의 계획엔 큰 균열이 일어났습니다. 그러니 이 형벌은 사람에게 분명 복음입니다.

사탄의 후손과 여자의 후손이 원수가 됨

이 적개심은 사탄과 여자 사이에만 있지 않습니다. 다시 말해 그 당대에서 끝나지 않습니다. 두 번째 내용에 따라 그들의 후손으로 계속해서 이어집니다.

> 내가 너로 여자와 원수가 되게 하고 네 후손도 여자의 후손과 원수가 되게 하리니 _ 창 3:15

사탄과 여자만 아니라 사탄의 후손과 여자의 후손도 적대감, 적개심을 갖습니다. 그런데 여러분, 사탄의 후손이란 무엇일까요? 사탄에게 자녀와 손자가 있다는 말일까요? 그렇지 않습니다. 사탄에게는 자녀가 없습니다(막 12:25). 그렇다면 사탄의 후손이란 무슨 말일까요?

요한복음 8장 44절을 보시면, "너희는 너희 아비 마귀에게서 났으니 너희 아비의 욕심대로 너희도 행하고자 하느니라…"라고 합니다. 이 구절에 비춰보면, 사탄의 후손이란 사탄에 속하는 존재, 사탄을 따르는 무리를 의미합니다.[35] 여자의 후손 역시 마찬가지입니다. 여자에게서 태어나는 모든 후손을 의미하지 않고, 여자가 낳은 사람 중에서 여자를 따르는 사람, 하나님께 속한 사람을 의미합니다.[36]

적개심은 사탄과 여자 사이에서 끝나는 것이 아니라 계속해서 이어집니다. 사탄에게 속하는 존재와 여자에게 속한 존재가 서로 간에 계속해서 원수가 될 것입니다. 적개심이 계속될 것입니다. 여러분, 만약 하나님께서 처음 사탄과 여자 사이에만 적개심을 두셨다면, 그 이후에는 사탄이 또다시 여자의 후손들을 괴롭힐 것입니다. 그러나 하나님께서는 사탄의 후손과 여자의 후손 사이에도 적개심을 두셨습니다. 이는 첫 사람 여자에 대해서만 아니라 여자의 후손으로 오게 되는 하나님의 백성들 모두에게도 그러합니다. 그러니 이 형벌은 분명 사람에게 복음입니다.

성경 전체에서 실현된 두 번째 형벌

앞서 본 창세기 3장 15절은 복음을 담고 있을 뿐만 아니라 성경 전체를 이해하는 데 도움이 된다고 했는데요. 실제로 이 두 번째 형벌의 내용은 성경 전체에서 성취됩니다. 사탄의 후손이 여자의 후손에게 적개심을 품고, 여자의 후손이 사탄의 후손에게 적개심을 품습니다.

바로 다음에 나오는 창세기 4장에서 가인이 아벨을 죽입니다. 사탄의 후손이 여자의 후손에게 품은 적개심입니다. 아벨을 통해서 여자의 후손이 와야 하는데, 사탄은 가인을 통해 여자의 후손을 죽입니다. 가인 사건은 사탄의 후손의 적개심이 드러난 첫 사건입니다. 이에 대해 하나님은 여자의 후손으로 '셋'을 다시 주십니다.

또한, 이스라엘 백성들이 이집트에 살 때 이집트 왕 파라오가 히브리 산파들에게 명령을 내렸습니다.

> 히브리 백성들 중 아들이 태어나거든 너희는 그를 나일강에 던지고 _ 출 1:22

사탄의 후손이 여자의 후손에 대해 적개심을 드러낸 것입니다. 그 가운데 여자의 후손 모세가 무사히 건짐을 받습니다. 이스라엘 백성들이 이집트를 떠나려 하지만, 이집트 왕 파라오는 온갖 훼방을 놓습니다. 사탄의 후손과 여자의 후손 사이의 적개심입니다.

그리고 이스라엘 백성이 출애굽 한 이후에 가나안 땅으로 가기까지 온갖 어려움이 있는데, 그 가운데 아말렉 사람들이 이스라엘을 공격했습니다. 아말렉 족속은 출애굽 이후 다윗 시대에 이르기까지 이스라엘을 계속 괴롭히는데(출 17:8-16; 민 14:45; 신 25:17-19; 삿 3:13; 삼상 30:1-20), 이 또한 사탄의 후손이 여자의 후손을 괴롭히는 예입니다.

이 외에도 더 많이 있습니다만, 분명한 사실은 창세기 3장 15절은 성경 전체를 이해하는 데 도움이 되고, 성경 전체는 창세기 3장 15절의 관점에서 이해할 때 바르게 해석할 수 있습니다.

사탄과 여자의 후손 사이에 싸움이 있을 것임
더 중요한 것은 세 번째 내용입니다.

> … 여자의 후손은 네 머리를 상하게 할 것이요 너는 그의 발꿈치를 상하게 할 것이니라 _ 창 3:15

이 말씀은 사탄과 여자의 후손이 서로 싸울 것이라는 내용입니다. 두 번째 형벌대로, 사탄의 후손과 여자의 후손이 끊임없이 적대 관계에 있는 가운데, 마침내 사탄과 여자의 후손이 마지막 싸움을 하게 될 것입니다. 마지막 싸움의 결과는 어떻게 될까요? 여자의 후손은 사탄의 머리를 상하게 할 것이요 사탄은 여자 후손의 발꿈치를 상하게 할 것입니다.

그렇다면 머리를 상하게 한다는 것은 어떤 의미일까요? ⓐ '머리'를 상하게 한다는 말만 있다면 그 의미를 이해하기 어려운데, '발꿈치'를 상하게 한다는 말이 함께 있으니 짐작할 수 있습니다. 머리를 상하게 하는 것은 완전히 정복한다는 것입니다. 반면에 발꿈치를 상하게 한다는 것은 조금 다치게 한다는 것입니다. ⓑ '머리'에 대한 일반적인 생각을 통해서도 해석이 가능합니다. '머리'는 지위나 장소에 있어서 '최고 높은 것'(대하 13:12; 애 1:5)이라는 의미를 담고 있습니다. 그에 반해 '발꿈치'는 신체 기능 면이나 지위 면에서 그다지 중요하지 않은 것을 가리키는 말입니다. 따라서 사탄은 도저히 회복될 수 없는 치명적인 손상을 입게 될 것이지만, 여자의 후손은 비록 해(害)를 당하더라도 그것이 치명적이지 못할 것임을 의미합니다.[37]

그렇다면 이 세 번째 벌의 내용은 결국 어떤 의미이겠습니까? 이렇게 설명할 수 있습니다. "사탄아, 네가 지금 이 여자를 죄에 빠뜨렸고, 네 후손도 계속해서 그 여자의 후손을 공격할 것이다. 그러나 네가 아무리 그렇게 해도 여자의 후손은 가벼운 상처만 입을 뿐이다. 오히려, 이 모든 싸움의 마지막에 여자의 후손이 너를 완전히 이기게 될 것이다."[38]

이 세 번째 벌이 왜 복음일까요? 두 번째에서 말하기를 "네 후손도 여자의 후손과 원수가 되게 하리니"라고 해서 사탄의 후손과 여자의 후손이 계속된 다툼을 벌인다고 했습니다. 그런데 그 다툼이 계속되기만 할 뿐이라면 어떨까요? 그 역시 지난한 싸움이 되어 버릴 것입니다. 비참할 것입니다. 그러나 감사하게도 그 싸움의 마지막은 여자의 후손이 이긴다는 것입니다. 게다가 여자의 후손이 '사탄의 후손'을 이기는 것이 아니라 '사탄'을 이깁니다. 그렇게 되면 결국 이 싸움은 최종적인 싸움이 됩니다. 그러니 이 세 번째 벌 역시 복음입니다.

아담의 반응에서 본 벌의 의미

지금까지 살펴본 내용이 곧 '복음'이라는 사실을, 이 말을 들은 다른 존재의 반응을 통해서도 알 수 있습니다.

하나님께서 뱀에게 벌을 내리신 뒤(14-15절)에 여자에게 벌을 내리십니다 (16절). 그다음 아담에게 벌을 내리십니다(17절). 이 벌의 내용이 19절까지 이어지는데, 마지막 부분에 보면 "너는 흙이니 흙으로 돌아갈 것이니라"라고 하면서 벌이 마칩니다. 뱀도 여자도 저주를 들었지만 아무 반응이 없었는데, 아담은 반응합니다.

> 아담이 그의 아내의 이름을 하와라 불렀으니 그는 모든 산 자의 어머니가 됨이더
> 라 _ 창 3:20

아담 아내의 원래 이름은 '여자'였습니다(창 2:23). 히브리어로 잇솨(אִשָּׁה)였습니다. 그런데 이제 '하와(חַוָּה)'라고 바꿔 줍니다. 왜 하필이면 '하와'라는 이름일까요? 개역개정 성경의 난외주가 잘 설명해 줍니다. '하와'라는 말의 뜻은 '생명'입니다. 이 생명으로부터 모든 산 자가 태어날 것입니다. 하와는 모든 산 자의 어머니입니다. 죽은 자가 아니라 산 자의 어머니입니다.

아담이 들은 벌은 19절 마지막에 보면 "너는 흙이니 흙으로 돌아갈 것이니라"입니다. 간단하게 말하면 "너는 죽는다"라는 말입니다. 죽는다는 말을 들은 아담의 반응은 무엇이어야 합니까? 아담은 두려워해야 합니다. 그러나 아담은 오히려 자기 아내의 이름을 '생명'이라고 바꾸어 줍니다. 죽는다는 말을 듣고는 오히려 여자를 '산 자'라고 생각합니다.

아담은 지금 "너는 죽는다"라는 하나님의 말씀에 반항하는 것일까요? "하나님은 저에게 흙으로 돌아가라고 하시지만, 저는 이 여자를 통해 계속 살 겁니다."라는 말일까요? 아니요. 아담의 반응은 17절부터 19절까지에 나오는 자신을 향한 벌에 대한 반응이 아닙니다. 15절에서 사탄에게 내리신 벌에 대한 반응입니다.

아담은 사탄에게 내려진 벌이 자신에게는 복음이라는 사실을 알았습니다. 비록 지금은 자신들의 범죄로 말미암아 벌을 받지만, 사탄에게 내리신 벌을 통해 하나님께서 자신들에게는 은혜를 베풀고 계시다는 사실을 알았습니다. 비록 지금은 범죄 하여 벌을 받지만, 아내의 후손, 여자의 후손을 통해 오는 그 누군가가 사탄과 싸워 승리할 것이라는 사실을 알았습니다. 그래서 아담은 "너는 흙이니 흙으로 돌아갈 것이니라"라는 말을 들었음에도 불구하고, 아내의 이름을 하와(생명)로 바꿔 주는 일을 통해 자신들에게 주어진 소망을 드러내었습니다.

| 여자의 후손, 예수 그리스도 |

이 세 번째 내용이 복음인 이유는 또 있습니다. 이 내용이 실제 역사 속에서 성취되었기 때문입니다.

아담은 자기 아내를 '생명'이라고 바꿔 주었지만, 그렇다고 해서 그 의미를 완전하게 이해한 것은 아니었습니다. 사탄의 머리를 상하게 할 여자의 후손이 누구일지 아담은 몰랐습니다. 그가 이해할 수 있는 범위 안에서만 이해할 뿐이었습니다. 아내에게 '생명'이라는 이름을 붙여 줄 정도만큼만 알았습니다.

아담과 하와는 가인일 줄 알았습니다. 그래서 가인을 낳고 말합니다.

"내가 여호와로 말미암아 득남하였다"(창 4:1) 그러나 가인이 아니었습니다. 오히려 가인은 뱀에게 속한 자였습니다. 가인이 아벨을 죽여서 이제 여자의 후손이 끊기는 것 아닌가 싶을 때, 하나님은 아벨을 대신하여 셋을 주셨습니다. 그렇게 해서 여자의 후손은 이어집니다. 여자의 후손이 이어지게 하신 하나님, 여자의 후손에 대해 말씀하신 하나님은 계속해서 '후손'과 관련된 약속을 주십니다. 아브라함에게 주십니다.

> 내가 네 자손이 땅의 티끌 같게 하리니 사람이 땅의 티끌을 능히 셀 수 있을진대
> 네 자손도 세리라 _ 창 13:16

아직 자녀가 한 명도 없는데, 자손을 주신다고 할 뿐만 아니라 엄청나게 많이 주신다고 합니다. 하나님은 아브람과 사래를 각각 아브라함과 사라로 바꾸어 주셨는데, 그 뜻은 각각 여러 민족의 아버지(창 17:5)와 여러 민족의 어머니(창 17:15-16)입니다. 또한 창세기 22장 17-18절에서는 이렇게 말씀합니다.

> 내가 네게 큰 복을 주고 네 씨가 크게 번성하여 하늘의 별과 같고 바닷가의 모래
> 와 같게 하리니 네 씨가 그 대적의 성문을 차지하리라 또 네 씨로 말미암아 천하
> 만민이 복을 받으리니 이는 네가 나의 말을 준행하였음이니라 하셨다 하니라 _
> 창 22:17-18

여기에 '씨'(יָרַע)라고 번역된 말은 '후손'(יָרַע)이라는 말과 같은 말입니다. 17절에 보면 "네 씨가 그 대적의 성문을 차지하리라"라고 말씀하시니 "여자의 후손이 사탄의 머리를 상하게 한다"는 내용과 비슷합니다.[39] 이러한 약속은 이삭, 야곱에게도 주어지고 계속해서 이어져서 다윗에게까지

이릅니다.

다윗 언약

사무엘하 7장 12절을 봅시다.

네 수한이 차서 네 조상들과 함께 누울 때에 내가 네 몸에서 날 네 씨를 네 뒤에

세워 그의 나라를 견고하게 하리라 _ 삼하 7:12

이 구절에 보면 "네 몸에서 날 네 씨"라는 표현이 나옵니다. 하나님은 다
윗의 '후손'을 통해 그 나라를 영원히 세울 것을 약속하십니다(참. 행 13:23).[40]
창세기 3장 15절의 약속을 계속 반복하십니다.

아브라함과 다윗의 '후손' 예수 그리스도

이렇게 다윗에게 주신 하나님의 약속은 구약 역사 가운데 계속 이어집
니다. 그러다가 구약 역사가 막을 내리고 신약 역사가 시작될 때 마태복음 1
장 1절은 이렇게 시작합니다.

아브라함과 다윗의 자손 예수 그리스도의 계보라 _ 마 1:1[41]

여기서 '자손'이라고 번역된 말을 헬라어로 보면 '아들(υἱός)'입니다. 그런
데 '자손'이라고 번역했습니다. 헬라어로는 '아들', '자손', '후손'이 다 같은
뜻으로 사용되기 때문입니다. 예수님은 아브라함과 다윗의 후손으로 오셨
습니다. 씨로 오셨습니다.

그의 아들에 관하여 말하면 육신으로는 다윗의 혈통에서 나셨고 _ 롬 1:3

예수님을 다윗의 혈통에서 나신 분이라고 하는데, '혈통'이란 난외주의 설명대로 '씨(σπέρμα)'라는 단어를 의역한 것입니다. '씨'라는 말은 '자손', '후손', '혈통' 등으로 번역할 수 있습니다.

> 때가 차매 하나님이 그 아들을 보내사 여자에게서 나게 하시고 율법 아래에 나게
> 하신 것은 _ 갈 4:4

이 구절들을 종합해 보면 예수님은 여자의 후손으로 오신 분이십니다. 그렇다면 예수님은 여자의 후손의 수많은 사람들 중 하나입니까? 아니면 사탄과 마지막 결투를 하실 여자의 후손이십니까?

여자의 후손 예수 그리스도를 공격하는 사탄

예수님께서 여자의 후손으로 오시니 사탄의 적개심이 극에 달했습니다. 그래서 헤롯 왕은 베들레헴과 그 근처에 있는 2세 이하의 남자아이를 모두 죽이라고 명령합니다(마 2:16). 그 옛날 모세를 향했던 사탄의 적개심이 예수님께로 향했습니다. 하지만 그 일에 있어서 사탄은 실패했습니다. 예수님은 그 부모의 품에서 이집트로 도망하셨고 그곳에서 목숨을 건졌습니다(마 2:13-18).

하지만 사탄은 쉽게 포기하지 않습니다. 사탄의 적개심은 여전합니다. 계속해서 예수님을 공격합니다. 예수님이 장성하여 공생애를 시작하실 때 사탄은 광야에서 예수님을 유혹합니다. "네가 만일 하나님의 아들이어든 명하여 이 돌들로 떡덩이가 되게 하라"(마 4:3)라고 유혹하고, "네가 만일 하나님의 아들이어든 뛰어내리라…"(마 4:6)라고 유혹하며, "만일 내게 엎드려 경배하면 이 모든 것을 네게 주리라"(마 4:9)라고 유혹합니다.

하지만 예수님은 사탄의 유혹에 넘어가지 않으십니다. 말씀으로 유혹을

모두 이기십니다. 여자의 후손이신 예수님은 사탄에게 머리를 내어놓지 않으십니다.

십자가와 부활을 통한 창세기 3장 15절의 성취

여자의 후손에 대한 적개심을 품고 있는 사탄은 끝까지 몸부림을 칩니다. 가룟유다와 대제사장과 서기관들을 사용하여 예수님을 죽이려고 합니다. 사탄은 로마 병정들을 사용하여 여자의 후손인 예수님을 채찍질합니다. 여자의 후손인 예수님을 십자가에 매답니다. 여자의 후손인 예수님의 몸에서 피를 흘리게 만들고 물을 쏟게 만듭니다. 마침내 여자의 후손인 예수님을 죽입니다.

아~! 이제는 끝난 것 같습니다. 사탄의 후손과 여자의 후손 간의 기나긴 싸움이 끝난 것처럼 보입니다. 안타깝게도 여자의 후손이 아니라 사탄이 승리한 것처럼 보입니다. 사탄이 여자 후손의 머리를 상하게 한 것처럼 보입니다.

하지만, 창세기 3장 15절의 예언은 분명 하나님의 예언입니다. 신실하신 하나님은 자신의 약속을 반드시 지키십니다. 십자가에서 죽으신 예수님이 장사되신 지 3일째에 다시 살아나십니다. 여자의 후손의 머리가 상한 것처럼 보였으나 아니었습니다. 여자의 후손은 머리가 상하지 않았습니다. 발꿈치만 상했을 뿐입니다. 여자의 후손은 멀쩡히 살아나셨습니다. 승리하셨습니다. 자신은 발꿈치만 상하시고 사탄의 머리를 상하게 하셨습니다.[42] 이 사실을 신약 성경 몇 군데서 분명히 설명합니다.

… 죽음을 통하여 죽음의 세력을 잡은 자 곧 마귀를 멸하시며 _ 히 2:14

통치자들과 권세들을 무력화하여 드러내어 구경거리로 삼으시고 십자가로 그들을 이기셨느니라 _ 골 2:15

예수님은 십자가에서 죽으셨으나, 그 죽음을 통해 오히려 죽음의 세력을 잡은 자 곧 마귀를 멸하셨습니다. 그리고는 죽은 자들 가운데서 다시 살아나셨고, 하늘로 오르셨고, 하나님의 오른쪽에 앉으셨으니 그분은 승리하셨습니다.

둘째 사람, 마지막 아담이신 예수님은 이 모든 일을 이루시기 위해 여자의 후손으로 오셨습니다. 그래서 요한일서 3장 8절은 이렇게 말씀합니다.

> … 하나님의 아들이 나타나신 것은 마귀의 일을 멸하려 하심이라 _ 요일 3:8

이처럼 세 번째 벌의 내용은 예수 그리스도를 통해 성취되었습니다. 그러니 세 번째 내용은 곧 복음입니다.

'원복음'이라고 부르는 이유

복음의 씨앗

서두에서 "이 한 구절 속에 하나님의 복음이 풍성하게 담겨 있고, 이 한 구절 속에 성경 전체를 바라보게 하는 복음의 씨앗이 심겨 있습니다."라고 말씀드렸습니다. 그렇습니다. 창세기 3장 15절이 씨앗이라면, 성경 전체 이야기는 그 씨앗이 자라 나무가 되어 열매를 맺는 과정이며, 열매는 바로 십자가와 부활 사건입니다.

씨앗만 보고는 어떤 열매가 될지 정확하게 알 수 없습니다. 그러나 씨앗 속에는 열매의 에너지가 다 담겨 있습니다. 창세기 3장 15절이라는 씨앗은 예수 그리스도라는 열매의 모든 에너지를 담고 있었습니다. 창세기 3장 15절이라는 씨앗을 통해서는 정확하게 알 수 없었지만, 우리는 예수 그리스도라는 열매를 통해 그 씨앗의 정체를 분명히 알 수 있습니다.

창세기 3장 15절 = 원복음

첫 범죄 후 곧바로 하나님께서는 구원을 약속하셨습니다. 그래서 이는 첫 복음입니다.[43] 그러하기에 지금 우리가 읽은 창세기 3장 15절을 가리켜서 '원복음(protoevangelium)'이라고 부릅니다.

과거에는 '원시복음(原始福音)'이라고도 번역했는데, 요즘에는 그런 번역이 맞지 않다고 해서 '원복음(原福音)'이라고 번역합니다. 또는 '근원적인 약속(mother promise)'이라고 표현하기도 합니다.[44] 원복음, 근원적인 약속. 이 말씀은 이후에 나오는 모든 성경을 해석하는 기초가 됩니다. 이 말씀은 성경 전체가 말하고 있는 복음을 다 담고 있습니다.[45]

│ 아직 남은 싸움 │

이미와 아직의 관점에서

창세기 3장 15절의 세 번째 내용 "… 여자의 후손은 네 머리를 상하게 할 것이요 너는 그의 발꿈치를 상하게 할 것이니라"라는 부분을 설명해 드리면서, '마지막 싸움'이라고 했습니다. 예수님께서 십자가에서 사탄을 이기셨다고 했습니다. 그런데 왜 지금 우리는 여전히 사탄의 유혹을 받습니까? 왜 지금도 여전히 죄에 빠집니까? 이미와 아직의 관점에서 이해합시다. 복음이 이미 성취되었으나 아직 완성되지 않았기 때문으로 이해합시다.

계속되는 싸움

그래서일까요? 사탄의 후손이 우리를 향한 적개심을 계속해서 드러냅니다. 예수님께서 부활하신 이후에도 사탄이 예수님께 속한 백성들을 공격합니다. 예배드리러 올 때도 사탄이 우리를 유혹합니다. 예배를 마치고 문을 나서는 순간부터 사탄이 우리를 유혹합니다.

교회사를 보면 온통 핍박과 박해당하는 교회의 역사입니다. 교회가 왜 어려움을 당하는가? 아직 사탄의 후손이 적개심을 드러내고 있기 때문입니다. 신자와 사탄 사이의 적개심은 지금도 여전히 유효합니다. 그래서 요한일서 3장 13절은 이렇게 말씀합니다.

형제들아 세상이 너희를 미워하여도 이상히 여기지 말라 _ 요일 3:13

사탄에 속한 이 세상은 우리를 끊임없이 공격합니다. 요한이 말한 것처럼 세상이 우리를 미워하는 것은 너무나 당연한 일입니다(참고. 요 15:18-19).

사탄과 친구가 되지 말고

그렇다고 해서 사탄과 친구가 되어서는 안 됩니다. 사탄과 우리 사이는 원수입니다. 그 원수를 대적해야 합니다. 원수와의 싸움을 계속해야 합니다. 사탄은 우리가 호감을 가져야 할 대상이 아니라 적개심을 가져야 할 대상입니다.

우리가 사탄과 친해지려 할 때, 사탄은 우리에게 친한 척하지만, 사실 사탄은 우리를 향해 적개심을 품고 있습니다. 만약 우리가 여자의 후손이라면 말입니다(약 4:4).

승리하신 그리스도로 말미암아

오히려 우리는 사탄과 원수 된 자로서, 이미 승리하신 그리스도를 바라보며 마침내 완전히 승리하실 주님을 바라봐야 합니다. 십자가에서 승리하

우리가 성경을 오해했다

신 예수님은 반드시 사탄을 완전히 멸하실 것입니다.

이 사실을 성경이 분명하게 말씀하고 있습니다. 로마서 16장 20절을 봅시다.

> 평강의 하나님께서 속히 사탄을 너희 발아래에서 상하게 하시리라 우리 주 예수
> 의 은혜가 너희에게 있을지어다 _ 롬 16:20

십자가 위에서 뱀의 머리를 상하게 하신 예수님. 평강의 하나님께서 속히 사탄을 우리의 발아래에서 상하게 하실 것입니다. 그 예수님의 은혜가 여러분들에게 있습니다.

> 사망이 한 사람으로 말미암았으니 죽은 자의 부활도 한 사람으로 말미암는도다
> 아담 안에서 모든 사람이 죽은 것 같이 그리스도 안에서 모든 사람이 삶을 얻으
> 리라 그러나 각각 자기 차례대로 되니니 먼저는 첫 열매인 그리스도요 다음에는
> 그가 강림하실 때에 그리스도에게 속한 자요 그 후에는 마지막이니 그가 모든 통
> 치와 모든 권세와 능력을 멸하시고 나라를 아버지 하나님께 바칠 때라 그가 모든
> 원수를 그 발아래에 둘 때까지 반드시 왕 노릇 하시리니 맨 나중에 멸망 받을 원
> 수는 사망이니라 _ 고전 15:21-26

그 예수님은 성경의 가장 마지막 책 마지막 장인 요한계시록 22장 20절에서 말씀하셨습니다. "내가 진실로 속히 오리라" 이 사실을 기억하면서 우리는 인내할 수 있습니다.

창세기 3장 15절은 사탄을 향한 하나님의 저주이지만, 또한 동시에 우리를 위한 위대한 약속과 복음입니다.[46] 이 저주 안에 우리를 위한 하나님의 복이 담겨 있습니다. 이 짧은 구절 속에 성경 전체의 모든 메시지가 다 담겨 있습니다. 온 인류의 역사가 요약되어 있습니다.[47]

그렇기에 원복음입니다. 이 원복음은 예수 그리스도로 말미암아 완전히 성취되었습니다. 그 예수님께서 이 세상에서 이렇게 말씀하셨습니다.

… 세상에서는 너희가 환난을 당하나 담대하라

내가 세상을 이기었노라 _ 요 16:33

STORY 4
하나님의 임재와 영광 이야기

왕상 8:10-13; 마 28:20; 계 21:3

임재하시는 하나님

하나님은 영원 전부터 홀로 존재하셨습니다. 그 무엇에도 의존하지 않으셨고, 그 누구와도 함께하지 않으셨습니다. 이때 하나님은 한 분이시면서도 동시에 삼위로 존재하셨습니다. 그 누구도, 아무것도 없었지만, 한 분 하나님께서 삼위로 계셨기에 삼위는 영원 전부터 서로 교제를 나누셨습니다.

하나님은 삼위 하나님의 교제가 삼위 바깥으로도 이어지기를 원하셨습니다. 하나님은 이 세상을 창조하기를 원하셨습니다. 이 세상뿐만 아니라 자기의 형상과 모양을 따라 사람을 창조하길 원하셨습니다. 이를 통해 세상과 관계하시고, 사람과 교제하기를 원하셨습니다. 하나님은 독야청청(獨也靑靑)하신 분(God in Himself)이 아니라, 사람과 함께하시고 사람과 교제하는 분이 되기를 원하셨습니다.[48] 간단하게 표현하면, 하나님은 사람에게 임재 (臨在)하기를 원하셨습니다.

'하나님은 어떻게 사람과 함께하시는가?' 성경 전체의 중요한 주제입니다. 창세기부터 요한계시록까지 성경 전체는 하나님께서 자기 백성과 함께하심을 보여 주고 있습니다. 아담부터 계속해서 이어지는 언약은 하나님께서 그 백성과 함께하심을 보여 줍니다. 그러한 가운데 그 임재를 깨닫지 못하는 연약한 사람의 모습도 보여 줍니다. '하나님의 임재', '하나님께서 우리와 함께 계시다.' 이 사실이 극치에 드러난 때는 예수님께서 오셨을 때입니다.

> 보라 처녀가 잉태하여 아들을 낳을 것이요 그의 이름은 임마누엘이라 하리라 하
> 셨으니 이를 번역한즉 하나님이 우리와 함께 계시다 함이라 _ 마 1:23

예수님께서 태어나신 때의 일을 기록한 마태가 이사야 7장 14절을 인용하면서 설명하는 구절입니다. 성경은 예수님의 오심을 기준으로 구약과 신약에서 하나님의 임재를 이야기합니다. 하나님은 첫 사람 아담과 함께하셨고(창 3:8), 아브라함(창 21:22), 이삭(창 26:3, 24), 야곱과 함께하셨고(창 28:15; 31:3; 46:4), 모세(출 3:12; 18:19), 여호수아(신 31:23; 수 1:5, 9; 3:7), 다윗(삼하 7:9)과도 함께하셨습니다. 이렇게 개개인에게도 함께하셨지만, 무엇보다 자기 백성 전체와 함께하셨으니(출 2:25), 하나님은 분명 '임마누엘'이십니다.

보이지 않으시는 하나님의 임재

그런데, 하나님은 영이십니다. 영이시기에 눈에 보이지 않습니다. 함께하시지만, 그 사실이 만져지지 않고 보이지 않고 몸으로 느껴지지 않습니다. 오늘날에만 그런 것이 아니라 구약 시대에도 마찬가지입니다. 성경의 기록이 실제로 일어나던 시대라고 해서 하나님은 영이 아니라 다른 존재였던 것이 아닙니다.

그때라고 해서 하나님을 눈으로 볼 수 있던 것이 아닙니다. 그렇기에 성경 시대를 살았던 사람들에게도 하나님의 임재라는 것은 현재 저와 여러분이 경험하는 하나님의 임재와 같습니다. 아니 좀 더 분명하게 말하면 우리보다 덜 느껴지는 시대를 살았습니다. 왜냐하면 하나님은 하나님께서 우리

가운데 거하신다는 사실을 계시 역사 가운데 점진적으로 드러내셨기 때문입니다.

하나님은 어떠한 역사의 흐름을 통해서 계시하셨을까요? (에덴의) 동산 → 성막 → 성전 → 그리스도 → 성령 → 교회입니다. 이 내용을 자세히 살펴보도록 하겠습니다.

동산과 성소

사람을 지으시고 함께하신 하나님

하나님은 태초에 자기 형상과 모양대로 사람을 창조하셨습니다(창 1:26; 2:7). 이를 통해 하나님은 사람과 관계하는 분이심을 드러내셨습니다.

동산을 지으신 하나님

사람을 지으신 하나님은 사람을 그냥 두지 않으셨습니다. 창세기 2장 8절을 보면 사람을 동산에 두셨다고 말씀합니다. 좀 더 자세히 보면, 하나님은 세상을 지으셨고, 그 세상 중에서 동방이라는 곳에 에덴이 있고, 에덴이라는 곳에서도 그 일부 지역에 동산을 창설하셨습니다. 그리고 거기에 사람을 두셨습니다. 뿐만 아닙니다. 창세기 2장 15절을 보면 하나님은 그 사람으로 하여금 동산을 경작하며 지키게 하셨습니다.

하나님은 왜 동산을 지으셨을까요? 그냥 세상만 만들면 되지 않습니까? 왜 하나님은 하필이면 사람을 동방 중에서도 에덴, 에덴 중에서도 동산에 두셨습니까? 다른 곳에 두셔도 되지 않았을까요? 하나님은 왜 사람을 그냥 두지 않으시고 동산을 경작하며 지키게 하셨을까요?

동산 = 성소

우리는 계속해서 성경 전체를 하나의 일관된 관점에서 살피는 일을 하고 있는데요. 동산이 어떤 곳인지에 대해서도 바르게 이해하려면 성경 전체를 통해서 생각해야 합니다.

정답을 먼저 말씀드리면 '에덴에 있는 동산'은 '성소'(聖所, Holy Place)를 의미합니다.[49] 동산은 하나님께서 거하시는 거룩한 장소입니다. 그 이유는 크게 6가지로 생각해 볼 수 있습니다.

동산이 성소인 6가지 이유[50]

첫째, 동산에 흐르는 '강'의 이미지 때문입니다. 창세기 2장 10절을 보시면 "강이 에덴에서 흘러나와 동산을 적시고 거기서부터 갈라져 네 근원이 되었으니"라고 말씀합니다. 왜 강이 흘러 동산을 적셨을까? 단순하게 생각하면 사람이 살기 위한 조건입니다만, 이 이미지(창 2:10-14)는 성경 전체에 근거해 볼 때 성소의 이미지입니다.[51]

시편 46편 4절을 보면, "한 시내가 있어 나뉘어 흘러 하나님의 성 곧 지존하신 이의 성소를 기쁘게 하도다"라고 해서 성소에 시내(물)가 있고 그것이 나뉘어 흐르고 있음을 말하는데, 이 이미지는 '에덴에 있는 동산'의 이미지와 비슷합니다.

에스겔 47장 1-12절을 보면, 성전에서 물이 흘러나오는 내용이 기록되어 있습니다. 1절을 보면 "그가 나를 데리고 성전 문에 이르시니 성전의 앞면이 동쪽을 향하였는데 그 문지방 밑에서 물이 나와 동쪽으로 흐르다가 성전 오른쪽 제단 남쪽으로 흘러내리더라"라고 말씀하고, 8절을 보면 물이 흘러나오는 성전의 모습을 묘사하고 있습니다. 그래서 제가 가진 성경의 경우 에스겔 47장의 제목이 '성전에서 나오는 물'이라고 되어 있습니다. 이처럼 물이 흐르는 성소의 이미지가 에덴에 있는 동산의 이미지와 같습니다.

둘째, 동산의 입구가 '동쪽'이기 때문입니다. 방금 보았던 에스겔 47장 1절을 보면 성전의 앞면이 동쪽을 향하고 있습니다. 즉 성전의 입구가 동쪽입니다. 성막도 동쪽이 입구입니다. 동쪽에서 서쪽 방향으로 성막 뜰, 성소, 지성소로 이어집니다.

그런데 창세기 3장 24절을 보시면 아담과 하와가 범죄 한 이후에 하나님께서는 그들을 동산에서 쫓아내시고 동산의 '동쪽'에 '그룹들'과 '두루 도는 불 칼'(화염검)을 두셔서 지키게 하십니다. 바로 에덴에 있는 동산의 입구가 동쪽입니다.[52] '에덴의 동쪽'이라는 영화 제목도 있지요? 이처럼 동쪽을 입구로 하는 성소의 이미지가 에덴에 있는 동산의 이미지와 같습니다.

한 가지 덧붙이면, '그룹들'은 천사지요? 성경에 보면 하나님께서 그룹들 위에 앉아 계신다는 표현이 많이 나옵니다(민 7:89; 삼하 6:2; 시 80:1; 99:1).[53] 시편 99편 1절에 "여호와께서 다스리시니 만민이 떨 것이요 여호와께서 그룹 사이에 좌정하시니 땅이 흔들릴 것이로다"라고 말씀합니다. 동산은 그룹이 있고, 하나님의 임재가 있는 곳입니다.

셋째, 동산에 나오는 '보석'의 이미지 때문입니다. 창세기 2장 11절을 보시면 "… 금이 있는 하윌라 온 땅을 둘렀으며"라는 표현이 나오고, 12절에는 "그 땅의 금은 순금이요 그곳에는 베델리엄과 호마노도 있으며"라는 표현이 나옵니다.

먼저 '금'이 있습니다. 다음으로 '베델리엄'이라고 번역된 말을 보시면 개역개정 난외주에 "진주"라고 표현되어 있으니 보석입니다.[54] '호마노' 역시 보석입니다. 이렇게 동산에는 보석들이 있었는데, 이 보석들은 성소에도 있었던 보석들입니다.

출애굽기 25장 1-9절을 보면 성소를 짓는 내용이 나오는데, 성소를 무엇으로 짓습니까? 3절에 '금'이 나옵니다. 7절에 '호마노'가 나옵니다. 동산에 있었던 보석인 금과 호마노는 성막과 성전을 장식하는 데도 사용됩니다

(출 25:7; 28:9, 20; 35:9, 27; 39:6, 13). 이처럼 성소를 장식한 보석과 동일한 보석들이 에덴에 있는 동산을 장식하고 있습니다.

넷째, 동산 중앙에 있는 '나무들'의 이미지 때문입니다. 창세기 2장 9절을 보면 동산에는 아름답고 먹기 좋은 나무가 많았고 동산 가운데에는 생명 나무와 선악을 알게 하는 나무가 있었습니다. 동산 가운데 있는 두 나무는 다른 나무들과 달리 상징적인 나무였습니다.[55] 각각 생명과 선악을 상징하는 나무입니다. 게다가 이 나무는 함부로 접근해서는 안 되었으니, 이 나무들의 성격은 마치 지성소에 있는 언약궤와 같은 것이라고 할 수 있습니다. 이처럼 함부로 들어갈 수 없는 성소의 이미지가 에덴에 있는 동산 가운데의 이미지와 같습니다.

다섯째, 동산에 나오는 '하나님의 거니심 혹은 임재하심'의 이미지 때문입니다. 창세기 3장 8절을 보면 "··· 동산에 거니시는 여호와 하나님의 소리를 듣고···"라고 되어 있습니다. 여기에 "거니시는"이라는 표현은 히브리어로 '미트할렉(מִתְהַלֵּךְ)'인데, 이 단어의 원형은 '걷다'라는 뜻의 '하라크(הָלַךְ)'로서, '미트할렉'은 분사형(hithpael)으로 반복적이고 습관적인 행동을 나타냅니다. 그러니까 하나님께서 늘 동산에서 거닐고 계셨다는 것입니다.

하나님에게 발이 있습니까? 아니죠? 동산을 거니셨다는 것은 무엇입니까? 신인동형론적 표현입니다. 예를 들어, 하나님에게는 손이 없지만 '하나님의 손이 우리를 일으켜 세우신다.'라고 표현합니다. 마찬가지로 하나님께서 늘 거니셨다는 것은 비록 하나님에게 발이 없지만, 임재를 의미합니다. 항상 거니시니 곧 임재인 것입니다. 출애굽기 25장 8절을 보면 성소는 하나님이 거하시는 곳으로서 하나님의 임재를 상징하는 장소인데, 에덴에 있는 동산 역시 하나님의 임재가 있던 곳이었으니 동산은 곧 성소였습니다.

여섯째, 동산에 있던 아담은 제사장의 이미지를 갖고 있기 때문입니다. 창세기 2장 15절을 보면, 하나님께서 사람으로 하여금 동산을 경작하며 지키게 하셨다고 말씀합니다. 경작하다(עָבַד)와 지키다(שָׁמַר)라는 말이 함께 있어서 뭔가 어색한데요. 개역개정 성경은 많은 면에서 좋지만, 가끔씩 안타까운 번역이 있습니다. 바로 이 부분입니다. 오히려 이전 번역인 '개역한글 성경'을 보면 "경작하며" 대신에 "다스리며"[56]라고 번역되어 있습니다. "경작하며"라는 번역보다는 "다스리며"라는 번역이 좀 더 낫습니다. 하지만 그럼에도 좀 더 분명하게 번역하면 "섬기며"라고 하는 것이 좋습니다. 이 '섬기다'라는 표현은 제사장이 성소에서 봉사한다는 의미를 갖고 있기 때문입니다. '섬기다'라는 표현이 더 바람직한 이유는 바로 이어지는 "지키게 하시고"라는 표현을 통해서 더욱 분명해집니다. 15절에 사용된 '지키다(שָׁמַר)'라는 말은 '섬기다'라는 말과 함께 성막에서 봉사하던 '제사장'의 사역에 대해 사용된 표현이기 때문입니다.

민수기 1장 53절에 "… 레위인은 증거의 성막에 대한 책임을 지킬지니라 (שָׁמַר)하셨음이라"라고 되어 있는데 여기에 '지킬지니라'라는 말이 창세기 2장 15절의 아담이 맡았던 사명과 같습니다. 민수기 3장 7-8절에 "그들이 회막 앞에서 아론의 직무와 온 회중의 직무를 위하여 회막에서 시무하되(עֲבֹדָה) 곧 회막의 모든 기구를 맡아 지키며(שָׁמַר) 이스라엘 자손의 직무를 위하여 성막에서 시무할지니(עֲבֹדָה)"라고 되어 있는데, 여기에 "시무하되 (עֲבֹדָה)"라는 말이 위에 "경작하며(עָבַד)"라는 말과 같고, '지키다'는 말이 '지키다(שָׁמַר)'라는 말과 같습니다.[57] 이처럼 첫 사람 아담은 하나님의 임재가 있는 상징적인 장소인 동산이라는 성소를 섬기며 지키는 제사장이었습니다.

지금까지 말씀드린 여러 이유 때문에 성경을 연구하는 대부분은 '에덴에 있는 동산'이 곧 '성소'를 상징하는 곳이라고 보았습니다. 정리하면, 하나님은 사람을 지으신 뒤에 동산을 창설하시고 거기에 두셨으니, 동산은 하나님께서 거하시고 임재하시는 '성소'요, 하나님은 동산을 통해서 사람과 늘 함께하신다는 사실을 기억하게 하셨습니다.[58]

실패한 아담, 쫓겨나는 아담

아담은 동산에서 하나님의 임재를 경험할 뿐만 아니라, 그 임재를 확장시켜 하나님의 영광을 더욱 드러내는 자여야 했습니다. 하나님의 영광이 땅끝까지 미치게 해야 했습니다.

동산이라는 거룩한 성소를 악으로부터 지키고 보호해야 했습니다.[59] 그러나 아담은 거룩한 성소를 뱀으로부터 지키지 못했습니다.[60] 결국 하나님은 사람을 동산에서 쫓아내십니다(창 3:23-24). 쫓겨난 것은 하나님의 임재에서 벗어난 것입니다. 하나님께서 그들과 함께하시지 않음을 드러냅니다. 하나님은 이제 성소로서의 동산을 지키는 다른 문지기를 허락하십니다. 창세기 3장 24절에 보니 '그룹들'[61]과 '두루 도는 불 칼'이 생명 나무의 길을 지킵니다.[62]

| 성막 |

언약을 맺으신 하나님

우리 하나님은 자비의 하나님이십니다. 우리 하나님은 용서의 하나님이십니다. 우리 하나님은 여전히 임마누엘의 하나님이십니다. 사람의 범죄로 인하여 하나님의 임재가 떠났지만, 하나님께서는 다시금 자기 백성과 함께하기를 원하십니다. 다시 자기 백성과 언약을 맺으십니다. 노아, 아브라함(창 21:22), 이삭(창 26:3, 24), 야곱과 함께하셨고(창 28:15; 31:3; 46:4), 그 임재를 계속해서 풍성하게 드러내기를 원하십니다.

성막을 만들라고 하신 이유

이스라엘 백성들을 출애굽 시키신 뒤에 성막을 만들게 하십니다. 왜 성

우리가 성경을 오해했다

막을 만들라고 하셨을까요? 출애굽기 25장 8절은 "내가 그들 중에 거할 성소"라고 표현합니다. 성막과 그 안에 있는 성소는 하나님의 임재를 상징하는 장소입니다. 하나님께서 자기 백성과 함께하신다는 표시입니다. 그렇기에 하나님은 성소에서 자기 백성을 만나십니다. 출애굽기 25장 22절에 "거기서 내가 너와 만나고…"라고 말씀합니다. 출애굽기 29장 45-46절을 봅시다.

내가 이스라엘 자손 중에 거하여 그들의 하나님이 되리니 그들은 내가 그들의 하나님 여호와로서 그들 중에 거하려고 그들을 애굽 땅에서 인도하여 낸 줄을 알리라 나는 그들의 하나님 여호와니라 _ 출 29:45-46

이 말씀을 보면 하나님께서 성막을 건축하라고 하신 이유는 하나님께서 이스라엘 백성 중에 거하시기 위해서입니다. 하나님의 임재를 드러내시기 위해서입니다. 사실 성막을 뜻하는 히브리어 미쉬칸(מִשְׁכָּן)은 기본적인 뜻이 '거주, 주택, 거처, 거주지'입니다. 이 뜻에서 '성막, 성소, 장막'이라는 뜻이 파생(派生)되어 나왔습니다. 하나님께서 이런 의도를 갖고 계셨음은 이미 출애굽을 시작하는 즈음에도 말씀하신 적이 있습니다.

주께서 백성을 인도하사 그들을 주의 기업의 산에 심으시리이다 여호와여 이는 주의 처소를 삼으시려고 예비하신 것이라 주여 이것이 주의 손으로 세우신 성소로소이다 _ 출 15:17

에덴의 동산이 아담의 실패로 인하여 성소로서의 기능을 다하지 못하자, 하나님은 출애굽 한 이스라엘 백성들에게 자기의 임재를 온전히 드러낼 성소로서의 성막을 지으라고 하셨습니다.

무소부재하시지만

하나님께서 문자적으로 성소에만 머무신다는 것은 아닙니다. 우리가 잘 알다시피 하나님은 영이십니다. 우리 하나님은 무소부재의 하나님이시며, 어느 한 곳에만 계시는 분이 아니십니다. 그럼에도 불구하고 하나님은 성소에서 함께하셨으니, 성소는 실제로 그곳에만 머무신다는 것보다는 하나님께서 이스라엘과 함께하신다는 상징입니다. 하나님의 임재하심을 눈에 보이게 나타내는 것입니다. 이집트를 떠나 가나안 땅으로 이동하는 광야 생활 가운데 있는 이스라엘 백성들에게, 하나님께서 너희와 항상 함께하신다는 사실을 눈에 보이는 어떤 구조물을 통해 가르쳐 주시기 위함이었습니다.

성막을 구성하는 기구들

성막 안에 있던 수많은 기구 역시 하나님의 임재를 상징했습니다. 그 기구들을 장식하던 금(출 25:18; 창 2:11-12), 보석(출 25:7; 창 2:12), 그룹(출 25:18, 22; 창 3:24)은 동산에도 있었던 것입니다. 특히 '법궤', '증거궤'라고도 불리는 언약궤는 하나님의 임재의 초점입니다. 출애굽기 25장 22절을 보면 언약궤 위에는 그룹들이 서로 마주 보고 있습니다. 앞서도 이미 보았지만, 시편은 "그룹 사이에 좌정하신 하나님"이라는 표현을 종종 사용합니다(시 80:1; 99:1). 그렇기에 언약궤는 하나님의 임재가 이스라엘 백성 가운데 거하시는 장소를 나타냅니다.[63]

성막이 완성된 후, 하나님의 영광이 가득

출애굽기 제일 마지막 장인 40장 제일 마지막 부분(33-38절)을 보면 성막 건축이 모두 끝나는데, 이때 구름이 성막을 덮습니다. 여호와의 영광이 성막에 충만합니다(34절). 모세가 성막 안에 들어갈 수 없을 정도로 여호와의 영광이 충만합니다(35절). 구름과 불이 밤낮으로 성막을 보호합니다(38절).

성막을 지었을 뿐인데 왜 여호와의 영광이 가득합니까? 여호와의 임재가 있기 때문입니다.[64] 성막은 왜 구름과 불이 보호합니까? 구름기둥과 불기둥은 여호와께서 이스라엘과 함께하신다는 것을 드러내는 것이기 때문입니다(출 13:21).

이러한 장면은 성막이 궁극적으로 무엇을 상징하는지를 아주 잘 보여 줍니다. 성막은 하나님의 임재를 드러내는 상징이었습니다. 성막은 하나님께서 우리 가운데 거하심을 의미합니다(참조. 요 1:14). 이스라엘 백성들은 성막을 보고 생각할 때마다 하나님은 저기 멀리 하늘에 계신 분이 아니라 우리와 늘 함께하시는 분이라는 사실을 깨달았습니다. 비록 눈에 보이지 않는 분이라 하더라도 말입니다.

| 성전 |

성막은 그 자체가 최종적인 것이 아니었습니다. 성막은 광야 생활을 위한 임시적인 조치였습니다. 성막은 이동이 편리하게 만든 것으로서, 이제 가나안 땅에 정착하면 굳이 이동할 필요가 없습니다. 이스라엘이 약속의 땅 가나안에 정착한 뒤 시간이 흘러 하나님께서는 성막을 대신할 성전을 건축하라고 명령하십니다.

내가 살 집
먼저 하나님은 다윗에게 말씀하셨습니다.

그 밤에 여호와의 말씀이 나단에게 임하여 이르시되 가서 내 종 다윗에게 말하기를 여호와께서 이와 같이 말씀하시되 네가 나를 위하여 내가 살 집을 건축하겠느

"내가 살 집", 즉 하나님께서 거하실 처소입니다. 성전을 의미하는 히브리어 '바이트(בַּיִת)'는 기본적으로 '집'을 뜻합니다. 집은 '거처(居處)'라고도 할 수 있지요. 하나님께서 거하실 처소입니다.

영원히 거하실 처소 성전

하나님은 처음에 다윗을 통해 성전을 건축하려고 하셨지만, 다윗의 범죄로 인하여 그의 아들 솔로몬 시대에 비로소 성전을 건축합니다(왕상 5:1-5).[65] 성막과 성전은 외형은 달랐지만, 본질은 같았습니다. 바로 하나님의 임재입니다. 하나님께서 이스라엘과 함께하심을 나타내는 상징이라는 점은 성막이나 성전이나 모두 같았습니다. 그래서 솔로몬이 성전을 건축하는 중에 하나님께서 솔로몬에게 말씀하십니다.

> 여호와의 말씀이 솔로몬에게 임하여 이르시되 네가 지금 이 성전을 건축하니 네가 만일 내 법도를 따르며 내 율례를 행하며 내 모든 계명을 지켜 그대로 행하면 내가 네 아버지 다윗에게 한 말을 네게 확실히 이룰 것이요 내가 또한 이스라엘 자손 가운데에 거하며 내 백성 이스라엘을 버리지 아니하리라 하셨더라 _ 왕상 6:11-13

솔로몬이 성전을 다 건축한 뒤에도 동일한 말을 합니다.

> 내가 참으로 주를 위하여 계실 성전을 건축하였사오니 주께서 영원히 계실 처소로소이다 하고 _ 왕상 8:13

무소부재하시지만

앞에서도 말씀드렸습니다만, 하나님께서 성전에 계신다고 해서 성전에만 머무신다는 말은 아닙니다. 하나님의 임재는 이스라엘 백성들이 있는 곳이라면 어디에나 있지만, 하나님께서 눈에 보이지 않으시기에 그 임재를 느낄 수 없으니, 성전을 통해 이스라엘 백성들이 늘 생각할 수 있도록 하신 것입니다. 이 사실이 성전을 건축한 뒤에 솔로몬이 열왕기상 8장 27절에서 한 말을 통해 알 수 있습니다.

> 하나님이 참으로 땅에 거하시리이까 하늘과 하늘들의 하늘이라도 주를 용납하지 못하겠거든 하물며 내가 건축한 이 성전이오리이까 _ 왕상 8:27

무소부재하신 하나님을 성전이라는 한정된 장소에 가둘 수 없습니다. 솔로몬은 그 사실을 분명히 하면서도 성전이 참으로 하나님의 임재를 나타낸다는 사실을 다시 말합니다.

> 우리 하나님 여호와께서 우리 조상들과 함께 계시던 것 같이 우리와 함께 계시옵고 우리를 떠나지 마시오며 버리지 마시옵고 _ 왕상 8:57

영광이 가득한 성전

앞서 보았던 성막 건축 완성 때 여호와의 영광이 성막에 가득했습니다. 성전 건축 완성 때 역시 마찬가지입니다.

> 제사장이 성소에서 나올 때에 구름이 여호와의 성전에 가득하매 제사장이 그 구름으로 말미암아 능히 서서 섬기지 못하였으니 이는 여호와의 영광이 여호와의 성전에 가득함이었더라 _ 왕상 8:10-11

하나님께서 이스라엘과 함께하심을 나타내는 상징이라는 점은 성막이나 성전이나 같습니다. 그렇기에 성전을 짓고 난 뒤의 장면 역시 성막을 짓고 난 뒤의 장면과 같습니다. 성전을 완성하고 나니 성막을 덮었던 구름이 성전을 덮습니다. 구름이 가득한 순간, 여호와의 영광도 성전에 가득합니다. 하나님의 임재가 성전을 통해 풍성히 드러났습니다.

역대하 5장 14절도 같은 내용을 다루고 있습니다.[66] 그리고 역대하 7장 1-3절은 좀 더 자세하게 말씀합니다.

> 솔로몬이 기도를 마치매 불이 하늘에서부터 내려와서 그 번제물과 제물들을 사르고 여호와의 영광이 그 성전에 가득하니 여호와의 영광이 여호와의 전에 가득하므로 제사장들이 여호와의 전으로 능히 들어가지 못하였고 이스라엘 모든 자손은 불이 내리는 것과 여호와의 영광이 성전 위에 있는 것을 보고 돌을 깐 땅에 엎드려 경배하며 여호와께 감사하여 이르되 선하시도다 그의 인자하심이 영원하도다 하니라 _ 대하 7:1-3

성막, 성전, 둘 다 본질은 같았습니다. 바로 "하나님께서 우리 가운데 거하셔서 항상 함께하시겠다"는 것이었습니다.

| 성전 파괴와 새 성전에 대한 예언 |

성전 파괴

안타깝게도 이 성전이 파괴됩니다. 이스라엘의 범죄로 인해 바벨론의 침공을 받습니다. 2차 포로로 끌려간(주전 598년) 에스겔이 5년 후 하나님으로부터 계시를 받습니다(주전 593년). 그 내용이 에스겔서입니다. 에스겔 8-11

장에 보면 여호와의 영광이 성전을 떠나시는 환상을 그리고 있습니다.

> 여호와의 영광이 성전 문지방을 떠나서 그룹들 위에 머무르니 그룹들이 날개를
> 들고 내 눈앞의 땅에서 올라가는데 그들이 나갈 때에 바퀴도 그 곁에서 함께 하
> 더라 그들이 여호와의 전으로 들어가는 동문에 머물고 이스라엘 하나님의 영광
> 이 그 위에 덮였더라 _ 겔 10:18-19

여호와의 영광이 성전 문지방을 떠납니다. 그리고 그룹들 위에 머뭅니다. 이 모습은 마치 동산에서 아담이 범죄 한 이후에 있었던 모습과 비슷합니다(창 3:24).

이 환상이 나타나고 얼마 안 되어 주전 586년 시드기야 왕 11년에 바벨론 왕 느부갓네살의 시위대장 느부사라단에 의해 예루살렘 성전이 파괴됩니다(왕하 25:8-10; 대하 36:19). 성전이 상징하는 바 "하나님께서 이스라엘 백성과 늘 함께하신다"는 그 언약을 기억하지 못하던 백성들에게 내리신 하나님의 징계였습니다. 하나님의 임재는 포로기 이후에 성전으로 다시 돌아오지 않습니다.

영광이 회복될 것에 대한 예언

성전이 파괴되어 하나님의 임재와 영광이 떠났지만, 하나님은 선지자들을 통해 회복을 예언하십니다. 먼저 이사야가 예언합니다. 이사야는 바벨론 포로로 끌려가기 전에 활동했던 선지자입니다. 그는 유다 시대 말기에 활동하면서, 이스라엘에 대한 심판과 멸망을 예언했습니다. 그런데 이사야 60장 1-3절에서 이렇게 말합니다.

> 일어나라 빛을 발하라 이는 네 빛이 이르렀고 여호와의 영광이 네 위에 임하였음

이니라 보라 어둠이 땅을 덮을 것이며 캄캄함이 만민을 가리려니와 오직 여호와
께서 네 위에 임하실 것이며 그의 영광이 네 위에 나타나리니 나라들은 네 빛으
로, 왕들은 비치는 네 광명으로 나아오리라 _ 사 60:1-3

이사야 선지자는 좀 있으면 성전이 파괴되고 하나님의 영광이 떠나더
라도 결국은 하나님의 영광이 다시 임할 것을 예언합니다. 마치 동산에서
쫓겨났음에도 불구하고 그들을 향한 하나님의 언약이 계속되는 것과 같
습니다.

포로로 끌려간 이후에 활동한 에스겔도 예언합니다. 에스겔 37장
25-28절을 봅시다.

내가 내 종 야곱에게 준 땅 곧 그의 조상들이 거주하던 땅에 그들이 거주하되 그
들과 그들의 자자손손이 영원히 거기에 거주할 것이요 내 종 다윗이 영원히 그들
의 왕이 되리라 내가 그들과 화평의 언약을 세워서 영원한 언약이 되게 하고 또
그들을 견고하고 번성하게 하며 내 성소를 그 가운데에 세워서 영원히 이르게 하
리니 내 처소가 그들 가운데에 있을 것이며 나는 그들의 하나님이 되고 그들은 내
백성이 되리라 내 성소가 영원토록 그들 가운데에 있으리니 내가 이스라엘을 거
룩하게 하는 여호와인 줄을 열국이 알리라 하셨다 하라 _ 겔 37:25-28

성전이 파괴됨에도 불구하고 하나님께서 성소를 다시 세우실 것이라고
하십니다. "내 처소가 그들 가운데 있을 것이다." "내 성소가 영원토록 그들
가운데 있을 것이다."라고 약속하십니다. 에스겔 43장 1-5절을 봅시다.

그 후에 그가 나를 데리고 문에 이르니 곧 동쪽을 향한 문이라 이스라엘 하나님
의 영광이 동쪽에서부터 오는데 하나님의 음성이 많은 물소리 같고 땅은 그 영광

으로 말미암아 빛나니 그 모양이 내가 본 환상 곧 전에 성읍을 멸하러 올 때에 보던 환상 같고 그발 강가에서 보던 환상과도 같기로 내가 곧 얼굴을 땅에 대고 엎드렸더니 여호와의 영광이 동문을 통하여 성전으로 들어가고 영이 나를 들어 데리고 안뜰에 들어가시기로 내가 보니 여호와의 영광이 성전에 가득하더라 _ 겔 43:1-5

에스겔 선지자가 본 환상의 마지막 부분입니다. 2절을 보면 하나님의 영광이 다시 동쪽으로부터 옵니다. 동쪽은 성전 입구입니다. 4절을 보면 여호와의 영광이 동문을 통해 성전으로 들어갑니다. 5절을 보면 여호와의 영광이 성전에 가득합니다.

포로 귀환

성전이 파괴되고 이스라엘 백성들은 바벨론에서 포로 생활을 합니다. 그리고 70년 후, 주전 538년 예레미야의 예언대로(렘 25:12-13) 바벨론은 페르시아(바사) 제국에 의해 멸망당합니다. 이스라엘 백성들은 다시 예루살렘으로 돌아옵니다(스 1:1-4; 대하 36:21-23; 렘 29:10-11). 총 3차에 걸쳐서 포로 귀환을 합니다. 그리고 스룹바벨의 지도하에 성전을 건축합니다. 그러나 새롭게 재건되는 성전 안에 내주하기 위해 오시는 하나님의 임재나 영광에 대한 언급이 전혀 없습니다.[67] 한창 성전 건축을 진행하던 중에 성전 건축이 중단됩니다. 이때 학개와 스가랴 선지자가 활동합니다. 학개가 이스라엘 백성들을 향하여서 성전 건축을 독촉합니다.

이 성전의 나중 영광이 이전 영광보다 크리라 _ 학 2:9

하나님은 학개 선지자를 통해 성전 재건을 독촉하면서, 성전의 이전 영광과 비교할 수 없는 더 큰 영광이 나타날 것인데, 그것을 고대하면서 성전을 재건하라고 말합니다. 그런데 지금 재건 중에 성전과 관련해서는 별말씀이 없습니다. 분명 이사야와 에스겔이 예언했었는데, 스룹바벨이 짓고 있는 성전과는 상관없어 보입니다. 스룹바벨 성전이 다 건축된 이후, 하나님은 성막과 솔로몬의 성전 때처럼 이 성전에 임하셔서 자신의 영광으로 이 성전을 가득 채우지 않으십니다.[68] 이사야, 에스겔, 학개의 예언은 이 성전에 대한 것이 아니었습니다.

그렇다면, 나중 영광은 언제 나타날 것인가? 미래에 임하게 될 하나님의 임재는 어떻게, 누구를 통해 성취될까?

| 예수 그리스도와 성전 |

스룹바벨이 성전을 재건한 지 5백여 년이 지나 예수님께서 이 땅에 오셨습니다. 어느 날 천사가 요셉에게 나타나 이렇게 말합니다.

> 보라 처녀가 잉태하여 아들을 낳을 것이요 그의 이름은 임마누엘(Ἐμμανουήλ)이라 하리라 하셨으니 이를 번역한즉 하나님이 우리와 함께 계시다 함이라 _ 마 1:23

"하나님이 우리와 함께 계시다"라는 뜻의 임마누엘이 이 세상에 태어납니다. 성전이 상징하던 "하나님께서 자기 백성과 함께하신다" 그 상징의 실체가 나타납니다. 이젠 더 이상 건축물이 아닙니다. 성막이나 성전이 아닙니다. 예수님입니다. 임마누엘입니다. 하나님 자기 자신입니다. 이전 영광보다 더 큰 나중 영광입니다.

이 당시에는 스룹바벨 성전이 시리아의 '안티오쿠스'에 의해서 심하게 더럽혀져서 헤롯 대왕이 성전을 재건하던 중이었습니다. 그러나 헤롯이 짓고 있던 성전은 하나님께서 학개 선지자에게 예언하셨던 나중 영광의 대상이 아닙니다. 학개가 말한 나중 영광은 바로 예수님입니다. 예수님은 임마누엘이라는 이름으로 오셨고, 예수님이 참 성전이십니다. 예수님을 통해 하나님의 영광이 풍성하게 드러났으며 우리 가운데 거하시는 하나님의 모습을 잘 보여 주셨습니다.

우리 가운데 성막을 치시매

말씀이 육신이 되어 우리 가운데 거하시매 우리가 그의 영광을 보니 아버지의 독생자의 영광이요 은혜와 진리가 충만하더라 _ 요 1:14

'거하시매'라고 번역된 원어 헬라어는 '에스케노센($\dot{\epsilon}\sigma\kappa\acute{\eta}\nu\omega\sigma\epsilon\nu$)'인데,[69] '스케노($\sigma\kappa\eta\nu\acute{o}\omega$)'라는 동사의 3인칭 단수 미완료입니다. 스케노는 '거주하다, 살다, 정착하다, 장막을 치다'라는 뜻을 갖고 있습니다. 그러니 '거하시매'라는 말은 제대로 된 번역입니다. 이 중에 '장막을 치다' 혹은 '천막을 치다(spread a tent)'라는 뜻이 있다는 사실을 생각해야 합니다.[70] 예수님은 이 세상에 오셔서 우리 가운데 거하셨는데, 그것은 한편으로는 우리 안에 장막을 치신 것과 같습니다. 천막을 친다는 건 그곳에 거주하기 위함입니다. 그래서 이렇게 예수님께서 육신이 되셔서 우리 가운데 천막을 치시므로 거하셨습니다.

"장막을 치셨다"라는 말을 들을 때 구약에 익숙한 사람이라면 성막을 떠올릴 수밖에 없습니다. 성막(tabernacle)은 천막(tent)입니다(참고. 출 35:11). 거룩한 천막(天幕)이기에 '성막(聖幕)'이라고 부르는 것이죠. 구약에서 성막은 하나님과 자기 백성이 만나는 장소였습니다(출 29:42-43). 하나님은 성막을 통해 자신이 자기 백성과 함께하신다는 것을 상징적으로 드러내셨죠. 그런데 예수님이 이 세상에 오셔서 친히 장막을 치셨습니다. 자신이 곧 성막이 되셨습니다. 이 말은 결국 하나님이 우리와 함께하신 것입니다. 성막과 성전이 완성되었을 때 여호와의 영광이 충만했습니다(출 40:34-35). 예수님께서 육신이 되어 우리 가운데 거하시니 아버지의 독생자의 영광이 충만합니다(요 1:14).

성전으로 오신 예수님

성막으로 오신 예수님은 또한 자신을 성전으로 나타내십니다. 요한복음 2장에 보면 예수님께서 성전에 가셨습니다. 이때 예수님이 유대인들에게 말씀하십니다. "너희가 이 성전을 헐라 내가 사흘 동안에 일으키리라"(19절) 당시 헤롯 대왕이 짓고 있던 성전은 46년이 걸리고 있었습니다. 그런데 3일 동안에 세우겠다고 하십니다. 그러나 예수님은 성전 된 자기 육체를 가리켜 말씀하신 것이었습니다. 예수님이 곧 성전이십니다.

성전보다 크신 예수님

예수님은 마태복음 12장 6절에서 "내가 너희에게 이르노니 성전보다 더 큰 이가 여기 있느니라"라고 말씀하셨습니다. 그는 성전보다 크신 분이십니다. 그분의 영광은 바로 성전보다 큰 영광이었습니다. 구약의 성막과 성전이 하나님의 임재를 '조금' 보여 주었다면 하나님이신 예수님이 사람의 몸을 입으신 것은 성막과 성전의 영광을 '완전하게' 드러내신 것입니다.

예수님은 마태복음 24장 1-2절에서 성전이 더 이상 쓸모없을 것을 예언하십니다(막 13:1-2; 눅 21:5-6). 성전 건물들을 가리키면서 말씀하시죠.

돌 하나도 돌 위에 남지 않고 다 무너뜨려지리라 _ 마 24:2

성소 기물과 예수 그리스도

예수님께서 십자가에서 죽으실 때, 성전에 있던 성소 휘장이 위에서 아래로 찢어졌습니다(마 27:51; 막 15:38; 눅 23:45). 이와 관련해 히브리서 기자는, 휘장은 곧 예수님의 육체를 상징한다고 가르쳐 줍니다(히 10:20).

모세가 지었던 성막은 궁극적으로 예수 그리스도를 향하고 있었습니다. 성막에 있던 법궤, 그룹들, 속죄소, 거기에 놓여 있던 많은 것들, 대제사장과 그들이 입었던 예복 등은 모두가 장차 오실 그리스도를 상징하던 것이었습니다.

물두멍에서 제사장이 손을 씻는 것은 우리의 모든 죄를 깨끗케 하실 예수님의 사역을 나타냅니다(요 13:10). 등불은 장차 오실 예수 그리스도가 온 세상의 빛이심을 드러내는 것이었고, 성소와 지성소를 가로막고 있는 휘장은 장차 찢어질 예수님의 몸을 상징하던 것이었습니다. 진설병 상은 그리스도의 몸인 성찬을 상징했고, 성막에서 죽어 갔던 수많은 동물들은 장차 오실 한 분 그리스도를 드러내기 위한 것들이었습니다. 그 동물들이 흘렸던 무수한 피는 결국 한 분이 십자가에서 흘리실 피를 드러내기 위함이었습니다. 성막이 완성되고 난 이후에 모세가 들어갈 수 없을 정도로 충만한 영광이 가득하였던 것은 결국 그리스도가 이루실 이 모든 사역의 충만한 영광 때문이었습니다.

성전 역시 마찬가지입니다. 성전 안에 있는 비품들은 모두 성막의 것들과 비슷했습니다. 그것들 역시 그리스도를 상징했습니다. 무엇보다도 성전이 하필 아브라함이 이삭을 바치려고 했던 그곳에서 지어졌던 것은 장차 오실 예수 그리스도께서 우리를 대신하여 피를 흘려 죽으실 어린 양이 되실 것을 미리 보여 준 것이었습니다. 성전이 하필 다윗 왕이 아니라 솔로몬, 즉 평화의 왕을 통해서 지어지도록 하신 것은, 그리스도께서 우리를 위해 사탄과의 전쟁을 모두 마치실 평화의 왕이 되심을 보여 주기 위한 것이었습니다.[71]

부활 이후 "함께 있을 것이다"라는 약속

이 땅에 오셔서 우리 가운데 장막을 치시고, 우리를 위한 성전이 되신 예수님. 이를 통해 "하나님이 우리와 함께 계시다"라는 임마누엘의 이름이 풍성하게 드러났습니다. 그 예수님께서 십자가에서 죽으시고 다시 살아나신 뒤 갈릴리에서 제자들에게 말씀하셨습니다.

> … 볼지어다 내가 세상 끝날까지 너희와 항상 함께 있으리라 _ 마 28:20

'임마누엘'로 오신 예수님께서 십자가에서 죽으시고 다시 살아나신 뒤에 임마누엘이라고 말씀하셨습니다. 마태복음은 그 첫 장에서 예수님의 오심을 이야기하면서 임마누엘을 이야기했고(마 1:23), 마지막 장에서 예수님의 떠나심을 앞두고 임마누엘을 약속하시는 예수님에 관하여 이야기하고 있습니다(마 28:20).

주님은 하늘로 올라가실 것이지만 여전히 우리와 함께하십니다. 항상 함께하시며 세상 끝날까지 함께하십니다. 우리는 이 세상에서 예수 그리스도를 믿음으로 하나님의 임재를 경험하며 하나님의 영광을 봅니다. 그 임재와 영광을 누립니다.

| 성령과 성전 |

"세상 끝날까지 너희와 항상 함께 있으리라" 약속하신 예수님. 그런데 예수님은 그 약속에 잉크가 마르기도 전에 하늘로 올라가 버리십니다. 거짓말하신 것일까요? 예수님이 하늘로 올라가신 지 10일 후, 성령님께서 강림하십니다. 성령님께서 내려오셔서 자기 백성의 심령 속에 내주하십니다(요일 3:24). 우리와 함께하십니다. 예수님도 하나님이요, 성령님도 하나님이시니, 예수님의 말씀은 거짓말이 아닙니다. 성령님께서 친히 우리와 함께하십니다.

고린도전서 3장 16절을 보면, 성령님이 우리 안에 거하시니 우리가 성전이 됩니다. 그리고 고린도후서 6장 16절을 보면, 성령님께서 우리 각 사람 안에 거하시니 우리가 곧 성전입니다.

> 너희는 너희가 하나님의 성전인 것과 하나님의 성령이 너희 안에 계시는 것을 알지 못하느냐 _ 고전 3:16

> 하나님의 성전과 우상이 어찌 일치가 되리요 우리는 살아 계신 하나님의 성전이라 이와 같이 하나님께서 이르시되 ㄴ내가 그들 가운데 거하며 두루 행하여 ㄷ나는 그들의 하나님이 되고 그들은 나의 백성이 되리라 _ 고후 6:16

> ㄴ) 레 26:12; 출 29:45; 겔 37:27 ㄷ) 렘 31:1

| 교회와 성전 |

예수 그리스도를 성전 삼은 우리, 성령님이 거하시는 우리는 이제 성전이 되었습니다. 이러한 성전들이 모여서 또 성전을 이룹니다. 바로 교회입니다.

> 너희는 사도들과 선지자들의 터 위에 세우심을 입은 자라 그리스도 예수께서 친히 모퉁잇돌이 되셨느니라 그의 안에서 건물마다 서로 연결하여 주 안에서 성전

이 되어 가고 **너희도** 성령 안에서 하나님이 거하실 처소**가** 되기 위하여 그리스도 예수 안에서 함께 지어져 가느니라 _ 엡 2:20-22

에베소서는 우리를 건물에 비유합니다. 우리가 각자 성전으로서 서로 연결되어 주 안에서 성전이 되어 갑니다. 성령 안에서 하나님이 거하실 처소가 됩니다. 이 교회에 대해 바울은 이렇게 말합니다.

교회는 그의 몸이니 만물 안에서 만물을 충만하게 하시는 이의 충만함이니라 _ 엡 1:23

성막과 성전 안에 하나님의 영광이 충만했으니, 교회 안에도 그리스도의 영광이 충만합니다. 교회는 성막이요 성전입니다. 예수 그리스도를 머리로 삼은 몸인 교회야말로 새 성전이요, 임마누엘의 극치입니다. 교회는 영광으로 가득하신 그리스도의 몸이니, 하나님의 영광이 가득한 곳입니다.

성막과 성전은 어느 특정한 장소일 뿐이지만, 그리스도와 성령님과 교회는 땅의 이 끝에서 저 끝까지 충만하게 있을 것입니다. 교회는 날로 날로 그 지역을 확장해 감으로 참된 성전이 될 것입니다. 이 교회 안에 영광이 대대 무궁토록 있을 것입니다.

예수님은 친히 오셔서 성전이 되셨고, 성령님을 보내어 주셨으며, 성령을 통해 교회를 세우셨습니다. 예수님은 자신이 성전이시면서 더 큰 성전을 위한 모퉁잇돌이 되십니다. 주님은 교회 공동체를 통해 하나님의 임재를 더 풍성히 드러내십니다. 우리의 예배 가운데, 우리의 성찬 가운데, 우리의 교제 가운데 나타내십니다. 그렇기에 교회는 하나님의 임재와 영광을 이 땅 가운데 충만케 하시려는 하나님의 의도를 가장 잘 드러내는 구속사의 결과물입니다.

거룩한 교회 공동체가 세워지고 A.D. 70년에 예루살렘 성전은 돌 위에 돌 하나도 남지 않고 무너졌습니다. 애초부터 하나님의 의도는 건물이 아니라 하나님의 백성 안에, 그리고 그들 가운데 항상 거하시는 것이었습니다.[72]

| 새 하늘과 새 영광 |

장차 누리게 될 완전한 영광

우리는 이 세상에서 그리스도와 성령님, 그리고 교회 공동체를 통해 하나님의 임재와 영광을 누리며 살다가, 장차 완전한 하나님 나라에 이르게 될 것입니다. 예수 그리스도께서 재림하시는 때에 새 하늘과 새 땅이 열리게 될 것이고 하나님의 임재와 영광이 극치에 이르게 될 것입니다. 요한계시록은 우리에게 그 모습을 잘 보여 줍니다.

> 또 내가 새 하늘과 새 땅을 보니 처음 하늘과 처음 땅이 없어졌고 바다도 다시 있지 않더라 또 내가 보매 거룩한 성 새 예루살렘이 하나님께로부터 하늘에서 내려오니 그 준비한 것이 신부가 남편을 위하여 단장한 것 같더라 내가 들으니 보좌에서 큰 음성이 나서 이르되 보라 하나님의 장막이 사람들과 함께 있으매 하나님이 그들과 함께 계시리니(σκηνώσει) 그들은 하나님의 백성이 되고 하나님은 친히 그들과 함께 계셔서 _ 계 21:1-3

하나님의 장막이 우리와 함께 할 것입니다(3절). 하나님이 우리와 함께 계실 것입니다. 여기에서 "계시리니"가 헬라어로 '스케노세이(σκηνώσει)'입니다. '장막을 치다'는 뜻의 '스케노(σκηνόω)'에서 온 말입니다. 하나님의 장막이 우리에게 임합니다. 우리는 이 세상에서 영광의 주 예수 그리스도를 믿고 성령님 안에서 하나님과 교제하다가 장차 영원한 하늘의 장막(히 8:5)에서 영원히 하나님을 만나게 될 것입니다. 이 땅에서 우리와 함께하신 하나님께서는 그곳에서도 우리와 함께하실 것입니다.

> 성안에서 내가 성전을 보지 못하였으니 이는 주 하나님 곧 전능하신 이와 및 어린 양이 그 성전이심이라 그 성은 해나 달의 비침이 쓸데없으니 이는 하나님의 영광이 비치고 어린 양이 그 등불이 되심이라 _ 계 21:22-23

성전을 보지 못했다고 말합니다. 요한이 이 말을 할 때는 성전이 아직 있을 때인데, 그 성전은 없어질 것이고, 하나님의 어린양이 곧 성전이라고 말합니다. 그 성전에 하나님의 영광이 비친다고 말합니다. 완전한 천국이 임할 때 하나님의 백성인 우리를 하나님의 임재 가운데 거하게 하시는 일이 완전하게 최종적으로 실현됩니다. 천국은 하나님의 백성이 삼위일체 하나님의 임재와 교제를 영원히 누리는 장소입니다.[73]

> 또 그가 수정 같이 맑은 생명수의 강을 내게 보이니 하나님과 및 어린 양의 보좌로부터 나와서 길 가운데로 흐르더라 강 좌우에 생명나무가 있어 열두 가지 열매를 맺되 달마다 그 열매를 맺고 그 나무 잎사귀들은 만국을 치료하기 위하여 있더라 다시 저주가 없으며 하나님과 그 어린 양의 보좌가 그 가운데에 있으리니 그의 종들이 그를 섬기며 그의 얼굴을 볼 터이요 그의 이름도 그들의 이마에 있으리라 다시 밤이 없겠고 등불과 햇빛이 쓸데없으니 이는 주 하나님이 그들에게 비치심이라 그들이 세세토록 왕 노릇 하리로다 _ 계 22:1-5

이 구절은 에덴, 아니 새 에덴의 동산 모습을 보여 주고 있습니다. 창세기 2장에 보면 에덴에서부터 강이 흘렀는데, 마지막 때에도 강이 흐릅니다.

그런데 그 강이 어디에서부터 흐릅니까? 하나님과 어린 양의 보좌로부터 나옵니다. 에덴에는 생명 나무가 한 그루 있었는데(창 2:9), 새 피조계에는 강 좌우 양편에 하나씩 두 그루의 생명 나무가 있습니다(계 22:2).

따라서 그리스도께서 다시 오실 때, 온 땅은 삼위일체 하나님의 영광으로 가득 찰 것입니다. 이 세상은 완전히 변하여 새 하늘과 새 땅이 열리게 될 것입니다. 그리고 하나님의 임재는 지금과 비교할 수 없을 정도로 더 풍성할 것입니다. 그날을 소망합시다.

이야기의 결론

태초에 하나님은 사람과 교제하길 원하셨습니다. 그리하여 사람을 창조하셨고, 그들을 동산에 두셨으며, 그곳에서 하나님은 임재하셨습니다. 그러나 죄로 말미암아 타락한 인간들은 하나님과의 관계가 단절되었습니다. 그러한 가운데서도 하나님은 다시금 회복의 기회를 허락하셨습니다. 하나님은 그들과 함께 거하시려고 성막에 오셨고 성전에 오셨습니다. 그러다 다시 죄가 관계를 단절시켰습니다. 하나님의 임재를 잃어버렸습니다.

그 후 하나님은 예수 그리스도를 통해 자기 백성과 함께하시려고 구속의 역사를 이루셨습니다. 예수님은 친히 성전이 되셨고, 하늘로 올라가시면서도 성령님을 보내어 주셨습니다. 성령님은 이 땅에 교회를 세우셨고, 예수님은 친히 모퉁잇돌이 되어 주셨습니다. 이 교회는 하나님의 성령을 받은 자들이 함께 모여 건물마다 서로 연결하여 성전이 되어 가니, 교회는 만물을 충만하게 하시는 이의 영광이 충만합니다.[74]

하나님의 임재. "하나님께서 우리와 함께 계시다" 이것은 성경 전체의 중요한 주제입니다. 창조-타락-구속의 역사는 결국 하나님의 임재를 회복하기 위한 과정입니다. 그 내용이 성경 전체에 흐르고 있고, 이번 장의 제목대로 동산-성막-성전-그리스도-성령-교회를 통해 분명하게 나타났습니다.

지금도 하나님은 온 세계에서 예수 그리스도의 이름을 부르며 모이는 교회에 영광으로 임재하십니다. 성도들이 어디에 있든지 하나님의 이름을 부르며 찬송하고 기도할 때 영광 가운데 함께하십니다. 우리에게 말씀하시고, 우리와 교제하시며, 우리에게 복 주시고, 하나님의 임재가 풍성하게 드러나는 예배 가운데 하나님의 영광을 경험하게 하십니다. 예배를 마치고 돌아갈 때, 삼위 하나님의 임재에 대한 약속이 담겨 있는 선포를 듣게 하십니다. 그러므로 우리 모두 이 사실을 믿고 확신하며, 하나님께서 거하시는 거룩한 교회를 세워 나갑시다. 하나님께서 영원토록 우리와 함께하실 것입니다.

임마누엘(עִמָּנוּאֵל). God with Us!

우리가 성경을 오해했다

STORY 5
세 직분 이야기

벧전 2:9

성경 전체를 어떻게 읽을 것인가? 이 방대한 성경을 어떤 관점으로 읽어야 일관된 관점으로 이해할 수 있을까? 답을 어느 정도 아는 사람에게는 성경 읽기가 쉬운 일이지만, 전혀 그렇지 않은 사람에게는 굉장히 어려운 일입니다. 무슨 이야기를 하는 건지 도무지 이해가 안 돼서 읽기 싫어지고, 펼치기조차 싫어집니다.

성경을 보는 여러 가지 관점이 있기에 다양하고 복잡한 설명을 할 수 있으나, 가장 간단한 답을 하자면 그것은 '그리스도 중심적 성경 읽기'입니다. 성경 전체의 중요한 주제가 예수 그리스도라는 사실을 생각하면 간단합니다. 그리스도의 인격과 사역을 중심으로 읽으면 그나마 쉽게 전체를 읽고 이해할 수 있습니다. 성경을 오해하지 않을 수 있습니다. 요한복음 5장 39절에서 예수님은 이렇게 말씀하셨습니다.

> **너희가 성경에서 영생을 얻는 줄 생각하고 성경을 연구하거니와** 이 성경이 곧 내게 대하여 증언하는 것이니라 _ 요 5:39

예수님은 성경이 자신에 대해 말하고 있다고 분명히 가르쳐 주셨습니다. 그러니 이 사실을 기초로 성경을 읽으면 성경을 바르게 이해할 수 있습니다.

그리스도는 만유의 주이시며, 계시의 근원이시며(요 1:1; 엡 1:9), 알파와 오메가, 처음과 나중이시며, 역사의 기준이십니다. 그렇기에 성경을 이해하는데 있어서도 그리스도는 '중심'과 '기준'이십니다. 그리스도의 관점으로 구약을 읽고 그리스도의 관점으로 신약을 이해하면서, 궁극적으로 우리의 모습을 보아야 합니다. 그렇게 할 때 성경 전체의 그림이 분명하게 나타납니다.

앞장에서 보았던 '동산 → 성막 → 성전 → 그리스도 → 성령 → 교회'라는 흐름 역시 마찬가지입니다. 성전 되신 그리스도께서 중심이십니다. 그리스도를 중심으로 과거에 성소로서의 동산이 있었고, 성막과 성전이 있었습니다. 그리스도를 중심으로 그 이후에 성령과 교회, 우리가 있습니다.

이번에 우리는 그리스도를 중심으로 구약과 신약, 그리고 우리를 보려고 합니다. 왕, 제사장, 선지자이신 그리스도 예수. 그분의 오심보다 앞서 있었던 첫 사람 아담은 그리스도와 어떻게 연결되며, 그분의 오심 이후에 우리는 그리스도와 어떻게 연결되는지를 살펴보도록 하겠습니다.

| 아담은 왕, 제사장, 선지자였다 |

언약의 대표자 아담

먼저 아담에 대해 살펴봅시다. 하나님께서 지으신 첫 사람 아담은 단순한 사람이 아니었습니다. 온 인류의 언약적 대표자요, 인류의 머리요, 인류의 모델이었습니다.[75] 또한 아담은 장차 오실 메시아를 예표하는 모형이었

우리가 성경을 오해했다

습니다(롬 5:14). 어떤 점에서 그러했는가? 가장 근본적으로는 그가 하나님의 형상과 모양대로 지음받았다는 사실에 있습니다(창 1:26-27). 뿐만 아닙니다. 더 나아가 아담은 왕, 제사장, 선지자라는 직분을 부여받은 사람이었다는 점에서 그러했습니다.[76] 아담은 이 세 직분을 모두 갖고 있는 사람이었습니다. 어떤 근거로 그렇게 말할 수 있을까요?

왕으로서의 아담

정복과 다스림

첫째, 아담은 왕이었습니다. 이 사실이 가장 잘 드러나는 구절이 창세기 1장 28절입니다. 하나님께서는 사람을 지으신 뒤에 명령하셨습니다.

> … 땅을 정복하라, 바다의 물고기와 하늘의 새와 땅에 움직이는 모든 생물을 다 스리라 _ 창 1:28

이 구절에 나오는 두 동사 '정복과 '다스림' 하면 누구나 쉽게 떠올릴 수 있는 이미지는 '왕'입니다. 왕은 땅을 정복해야 하며, 정복한 땅을 다스려야 합니다. 왕은 다스리는 자, 곧 치리자입니다. 하나님께서는 아담을 지으시고 땅 위에 두신 후 땅을 정복하고 땅 위의 피조물들을 다스리라고 하셨습니다. 즉 하나님께서는 아담을 왕으로 세우셨습니다.

아담에게 맡겨진 이 왕의 직분은 참된 왕이신 하나님으로부터 부여받은 것입니다. 또한 하나님께서는 이 명령을 주시기에 앞서 사람을 지으실 때 자기 형상과 모양을 따라 지으셨습니다(창 1:27). 즉 하나님께서는 사람을 '대리 통치자(vice-regent)'로 세우셨습니다.

동물의 이름을 지어 주는 아담

아담이 왕이었음을 보여 주는 예를 볼 수 있습니다.

> 여호와 하나님이 흙으로 각종 들짐승과 공중의 각종 새를 지으시고 아담이 무엇
> 이라고 부르나 보시려고 그것들을 그에게로 이끌어 가시니 아담이 각 생물을 부
> 르는 것이 곧 그 이름이 되었더라 _ 창 2:19

이 구절을 보면, 하나님께서는 아담에게 각 생물의 이름을 짓게 하셨습니다. 이전에 첫째 날부터 넷째 날까지의 창조물에 대해서는 하나님께서 친히 이름을 지으셨습니다. 빛을 낮이라 부르셨고, 어둠을 밤이라 부르셨으며 (창 1:5), 그 외의 피조물들에 대해 친히 이름을 붙이셨습니다(창 1:10). 그런데 들짐승과 새의 이름을 짓는 권한은 아담에게 넘겨주셨습니다. 성경에서 이름을 지어 준다는 것은 그 대상에 대한 권세를 의미합니다.[77] 성경에서 이름을 지어 준다는 것은 왕적 권한을 의미합니다. 이렇게 하나님은 아담에게 왕의 직분을 허락하셨습니다.

제사장으로서의 아담

둘째, 아담은 제사장이었습니다. 이 사실이 잘 드러나는 구절이 창세기 2장 15절입니다.

> 여호와 하나님이 그 사람을 이끌어 에덴동산에 두어 그것을 경작하며 지키게 하
> 시고 _ 창 2:15

하나님께서는 아담을 지으신 뒤에 동산에 두셨고, 그 동산을 경작하며 지키게 하셨습니다. 앞 장에서 말씀드렸기에 자세한 설명은 하지 않겠습니다만, 동산은 성소입니다. 그리고 '경작하다'는 '섬기다'라는 말로 바꿀 수 있습니다. '섬기다'와 '지키다'는 제사장의 책무입니다(민 1:53; 3:7-8). 하나님은 땅 위에 성소로서의 동산을 창설하시고, 그 성소를 지키는 제사장의 직분을 아담에게 맡기셨습니다.[78] 제사장으로서의 아담은 하나님의 성소인 동산을 섬기며 지켜야 했습니다. 그리하여 하나님의 영광을 땅끝까지 확장해야 했습니다.[79]

선지자로서의 아담

셋째, 아담은 선지자였습니다. 선지자는 하나님의 말씀을 백성들에게 전달하고 가르치는 직분자죠? 아담 역시 그러한 역할을 맡았습니다. 창세기 2장 15절을 보면 하나님께서 아담을 지으시고 동산에 두십니다. 이어서 16-17절에서 중요한 명령을 하십니다.

동산 각종 나무의 열매는 네가 임의로 먹되 선악을 알게 하는 나무의 열매는 먹지 말라 네가 먹는 날에는 반드시 죽으리라 _ 창 2:16-17

아담은 하나님으로부터 직접 이 명령을 들었습니다. 아담은 하나님으로부터 말씀을 받는 선지자였던 것입니다.

그뿐만이 아닙니다. 창세기 2장 17절과 18절을 보면, 아담의 아내 '여자'는 선악을 알게 하는 나무의 열매를 먹지 말라는 명령을 직접 듣지 못했습니다. 그 명령은 아담만 지음받았을 때 주어진 명령입니다. 그렇다면 여자는 선악을 알게 하는 나무의 열매를 먹으면 안 된다는 사실을 어떻게 알았을까요? 바로 아담으로부터 배워야 했습니다. 거꾸로 말하면 남편 아담은 아내 여자에게 선악을 알게 하는 나무의 열매를 먹으면 안 된다고 가르쳐야 했습니다. 아담은 하나님의 말씀을 받아 듣고 그 말씀에 순종하며, 자기의 아내에게 전달할 책임이 있었습니다. 그리고 아내가 잘 지키도록 감독해야 했습니다. 아담의 아내 여자의 경우 비록 자신이 창조되기 전에 주어진 명령이지만, 선지자인 남편 아담으로부터 잘 배워서 그 말씀을 잘 지켜야 했습니다. 이런 점에서 아담은 선지자였습니다.

아담은 왕, 제사장, 선지자였다

정리하면, 첫 사람 아담은 하나님께서 원하신 인간의 대표자요 모델이었습니다. 하나님은 사람을 왕, 제사장, 선지자로 세우셨습니다.

아담은 왕으로서 땅을 정복하고 피조 세계를 다스려야 했고, 제사장으로서 동산을 거룩하게 지켜야 했으며, 선지자로서 하나님의 음성에 귀 기울이고 자기에게 맡겨진 아내를 말씀으로 가르쳐야 했습니다. 이렇게 함으로써 온 세상을 하나님의 형상으로 가득 채우고, 성전으로서의 동산을 세상 전체로 확대하며, 하나님의 영광을 온 땅에 가득 채워야 했습니다.[80]

| 실패한 세 직분 |

타락

그러나 첫 사람 아담은 이 세 직분을 제대로 수행하지 못했습니다. 왕으로서 아담은 뱀을 쫓아내지 못했습니다.

제사장으로서 아담은 동산을 거룩하게 지키지 못했습니다.[81] 선지자로서 아담은 말씀에 순종하지 않았고 교인인 아내를 잘 가르치지 못했습니다. 선악을 알게 하는 나무의 열매를 따 먹게 만들었고, 자기도 그 일에 동참했습니다. 범죄 직후 하나님은 먼저 아담에게 찾아가십니다.

여호와 하나님이 아담을 부르시며 그에게 이르시되 네가 어디 있느냐 _ 창 3:9

선악을 알게 하는 나무의 열매를 처음으로 먹은 사람은 여자입니다. 그런데 하나님은 아담을 먼저 부르십니다. 아담에게 맡겨진 왕, 제사장, 선지자의 직분 때문입니다. 하나님은 직분자인 아담에게 먼저 그 책임을 물으셨습니다.

결국 아담과 하와는 왕국이 없는 왕, 성전이 없는 제사장, 하나님의 친밀한 음성을 듣지 못하는 선지자가 되었습니다.[82] 아담이 갖고 있던 세 직분은 빼앗겼습니다. 그리고 이 세 직분은 나뉘게 됩니다(신 17:14-18:22).[83] 더 이상 한 사람이 왕, 제사장, 선지자의 직분을 모두 갖지 않게 되었습니다.

직분의 분화

아담에게 주어졌던 세 직분이 나뉘게 됨을 신명기 17장 14절부터 18장 22절까지에서 보여 줍니다. 우선 17장 14절 위를 보면 소제목으로 "이스라엘의 왕"이라고 되어 있습니다. 그리고 18장 1절 위에는 "제사장과 레위 사람의 몫"이라고 되어 있습니다. 18장 15절 위에는 "선지자를 일으키실 약속"이라고 되어 있습니다. 따라서 신명기 17장 14-20절은 왕에 대해, 18장 1-8절은 제사장에 대해, 신명기 18장 15-22절은 선지자에 대해 설명합니다.

하나님은 이스라엘에 왕, 제사장, 선지자를 각각 주십니다. 하나님은 신명기 말씀을 주시기 전에 먼저 제사장을 주셨습니다. 출애굽 직후 성막을 만들라고 명령하시면서, 그 성막을 섬기며 지키게 할(민 1:53; 3:7-8; 창 2:15) 제사장을 세우셨습니다(출 28:1). 제사장은 아론과 그의 아들들입니다. 출애굽기 28, 29, 39장을 보면 제사장에 관한 자세한 내용이 나옵니다.

이어서 왕과 선지자를 세우실 것을 약속하셨습니다. 신명기 17장 14절을 보니, "네가 네 하나님 여호와께서 네게 주시는 땅에 이르러 그 땅을 차지하고 거주할 때에 만일 우리도 우리 주위의 모든 민족들 같이 우리 위에 왕을 세워야겠다는 생각이 나거든"이라고 해서 나중에 왕을 주신다고 말씀하십니다. 또한 신명기 18장 15절에 "네 하나님 여호와께서 너희 가운데 네 형제 중에서 너를 위하여 나와 같은 선지자 하나를 일으키시리니 너희는 그의 말을 들을지니라"라고 해서 나중에 선지자를 주신다고 말씀하십니다.

| 이스라엘 민족을 통한 회복의 기대 |

은혜 언약과 구속사

아담이 범죄 함으로 하나님께서 첫 사람을 통해서 이루고자 하시는 일들이 실패했습니다. 왕, 제사장, 선지자의 모든 직무를 맡은 아담은 그 직분을 잃어버렸습니다. 그렇다고 해서 거기에서 멈추시는 하나님이 아니시죠. 하나님은 또 다른 아담을 보내시고자 하셨습니다. 둘째 아담, 마지막 아담을 보내고자 하셨습니다. 그리하여 실패한 아담의 직분 사역을 완성하시려고 말입니다.

아담 이후의 언약과 역사는 바로 그것을 보여 줍니다. 하나님의 구속사는 실패한 아담을 대신할 '새 아담'을 보내시는 역사입니다.

하나님 나라, 제사장 나라

여자의 후손을 약속하신 하나님은 이스라엘을 자기 백성으로 삼으셨습니다. 그리고 이스라엘을 통해 나라를 세우길 원하셨습니다. 그 나라는 어떤 나라입니까? 출애굽기 19장 5-6절을 보십시오.

> 세계가 다 내게 속하였나니 너희가 내 말을 잘 듣고 내 언약을 지키면 너희는 모든 민족 중에서 내 소유가 되겠고 너희가 내게 대하여 제사장 나라가 되며 거룩한 백성이 되리라 너는 이 말을 이스라엘 자손에게 전할지니라 _ 출 19:5-6

하나님은 이스라엘을 통해 제사장 나라, 거룩한 백성 세우기를 원하셨습니다. 이렇게 하심으로 아담이라는 개인이 실패한 일을 이스라엘이라는 민족을 통해 이루고자 하셨습니다. 에덴에서 두 사람으로 시작된 일이 이제 약속의 땅에서 한 민족을 통해 계속될 것입니다.[84] 이스라엘은 단순한 민족, 단순한 국가가 아닙니다. 이스라엘은 공동체적 아담입니다.

시내산에서 하나님은 공동체적 아담, 즉 왕으로서 다스리며, 제사장으로서 예배하고, 선지자로서 하나님의 법을 구현할 책임이 있는 거대한 국가를 세우십니다. 왕, 제사장, 선지자로서의 아담을 창조하신 뒤, '동산'이라는 땅에 두신 하나님은 왕, 제사장, 선지자로서의 이스라엘을 세우신 뒤 약속의 땅 가나안으로 인도하십니다.[85]

왕으로서의 이스라엘

왕으로서의 이스라엘은 가나안에 도착하여 약속의 땅을 정복해야 합니다. 정복은 왕의 중요한 책무입니다. 가나안에 있는 일곱 족속들, 즉, 헷 족속, 기르가스 족속, 아모리 족속, 가나안 족속, 브리스 족속, 히위 족속, 여부스 족속을 진멸해야 합니다(신 7:1). 그들은 죄악이 가득한 자들이며 우상 숭배자들입니다. 그러므로 이스라엘은 약속의 땅에 있는 모든 우상 숭배를 제거하고 땅을 정복하며 다스려야 합니다. 그렇게 할 때 왕으로서 역할을 제대로 감당하는 것입니다.

제사장으로서의 이스라엘

제사장으로서의 이스라엘은 제사장 나라, 거룩한 백성이 되어야 합니다. 하나님은 시내산에서 이스라엘과 언약을 맺으셨습니다. 그때 말씀하시기를 "너희가 내게 대하여 제사장 나라가 되며 거룩한 백성이 되리라"(출 19:6)라고 하셨습니다. 이스라엘은 자기들만 거룩한 나라로서 있는 것이 아니라 온 세상에 그 거룩의 영향력을 끼쳐야 합니다.

선지자로서의 이스라엘

선지자로서의 이스라엘은 하나님의 말씀을 받아 땅에서 진리를 구현해야 합니다. 하나님은 시내산에서 이스라엘에게 언약의 10가지 말씀을 비롯해서 율법을 주셨습니다. 이스라엘은 가나안 땅에 단순히 땅을 차지하러 간 것이 아니라, 그곳에서 하나님께서 원하시는 공동체를 세워 가야 했습니다. 말씀을 구현해야 했습니다. 가나안 땅 주변의 수많은 나라들과 다른 거룩한 하나님 나라로 세워져야 했습니다. 의와 공의로 다스려지는 나라, 하나님 나라의 윤리가 실현되는 나라를 세워야 했습니다. 경건한 삶을 살고 하나님의 법을 지켜야 했습니다. 선지자적 사명을 감당해야 했습니다.

실패한 이스라엘

이스라엘 공동체가 왕, 제사장, 선지자로서의 역할을 잘 감당하게 하기 위해 하나님은 그 나라에 왕, 제사장, 선지자 곧 직분자를 세우셨습니다. 이러한 직분자를 주실 것을 신명기 17장 14절부터 18장 22절까지에서 약속하셨습니다. 그렇게 하여 약속의 땅에 들어갔을 때 하나님은 이스라엘에게 왕을 주십니다. 그리고 선지자를 주십니다.

그러나 과연 그들이 직분을 잘 감당했는가? 그렇지 않습니다. 하나님께서 이스라엘에 왕을 세우셨을 때, 왕들은 그 역할을 제대로 감당하지 못했습니다. 이스라엘 초대 왕 사울. 그는 실패한 왕이었습니다. 순종이 제사보다 낫다는 사실을 깨닫지 못했습니다. 두 번째 왕 다윗은 좋은 왕이었습니다. 그러나 다윗 왕도 실패한 왕이었습니다. 밧세바와 간음을 저질렀고, 그의 남편 우리아를 살해했습니다.

그다음 왕 솔로몬 역시 마찬가지입니다. 솔로몬은 초기에 분명 훌륭한 왕이었지만, 그의 말년을 보면 전혀 그렇지 못했습니다. 신명기 17장 16-17절을 보면 왕의 중요한 조건들이 나옵니다.

그는 병마를 많이 두지 말 것이요 병마를 많이 얻으려고 그 백성을 애굽으로 돌아가게 하지 말 것이니 이는 여호와께서 너희에게 이르시기를 너희가 이후에는 그 길로 다시 돌아가지 말 것이라 하셨음이며 그에게 아내를 많이 두어 그의 마음이 미혹되게 하지 말 것이며 자기를 위하여 은금을 많이 쌓지 말 것이니라 _ 신 17:16-17

왕은 병마를 많이 두어서는 안 되고, 은금을 많이 쌓아서는 안 되며, 아내를 많이 두어서는 안 됩니다. 그런데 솔로몬은 어떠했습니까? 열왕기상 10장 26-27절을 봅시다.

솔로몬이 병거와 마병을 모으매 병거가 천사백 대요 마병이 만 이천 명이라 병거성에도 두고 예루살렘 왕에게도 두었으며 왕이 예루살렘에서 은을 돌 같이 흔하게 하고 백향목을 평지의 뽕나무같이 많게 하였더라 _ 왕상 10:26-27

병마를 많이 두지 말고, 은금을 많이 쌓지 말라 하였건만 솔로몬은 그렇지 못했습니다. 열왕기상 11장 1-2절을 봅시다.

> 솔로몬 왕이 바로의 딸 외에 이방의 많은 여인을 사랑하였으니 곧 모압과 암몬과
> 에돔과 시돈과 헷 여인이라 여호와께서 일찍이 이 여러 백성에 대하여 이스라엘
> 자손에게 말씀하시기를 너희는 그들과 서로 통혼하지 말며 그들도 너희와 서로
> 통혼하게 하지 말라 그들이 반드시 너희의 마음을 돌려 그들의 신들을 따르게 하
> 리라 하셨으나 솔로몬이 그들을 사랑하였더라 _ 왕상 11:1-2

왕은 아내를 많이 두지 말라고 했건만, 솔로몬은 아내를 많이 둘 뿐만
아니라 이방 여인들을 많이 두었습니다. 즉 불신자, 우상 숭배자와 결혼을
한 것입니다. 결국 6-9절을 보면 솔로몬이 이방 여인들을 따라 그들의 신을
섬기게 됩니다.

성경의 '열왕기'라는 말이 무슨 뜻입니까? 성경책이 처음 번역되던 당시
의 제목이라서 우리에게는 어색한데요. 열왕기(列王記)의 '열'의 뜻은 '벌이
다, 늘어놓다'입니다. '열거(列擧)하다'의 '열'자입니다. 그러니 열왕기라는 말
은 여러 왕의 이야기를 늘어놓은 책이라는 뜻입니다. 영어 제목을 보면 좀
더 와닿는데요. 'the Kings', '왕들'입니다. 열왕기에는 솔로몬 이하 수많은
왕의 이야기가 기록되어 있습니다. 그 왕들은 어떤 왕입니까? 대부분의 왕
은 악한 왕이었습니다. 이스라엘은 수많은 왕을 가졌지만, 그 모든 왕은 실
패했습니다(왕하 14:24; 왕상 12:28; 15:34; 16:26; 22:52; 왕하 10:29; 13:2, 11; 15:9, 18, 24,
28).[86]

왕만 그런 것이 아닙니다. 제사장과 선지자들도 타락했습니다. 우리는
구약 성경에서 호세아, 아모스, 이사야, 예레미야, 에스겔, 미가, 하박국, 스
바냐 같은 훌륭한 선지자의 이름을 많이 듣다 보니 선지자들은 아니었을
것이라고 생각하는데, 그렇지 않습니다. 훌륭한 선지자는 일부에 지나지 않

습니다. 예레미야 6장 13-14절을 봅시다.

> 이는 그들이 가장 작은 자로부터 큰 자까지 다 탐욕을 부리며 선지자로부터 제사
> 장까지 다 거짓을 행함이라 그들이 내 백성의 상처를 가볍게 여기면서 말하기를
> 평강하다 평강하다 하나 평강이 없도다 _ 렘 6:13-14

대부분의 선지자들과 제사장들은 거짓을 행했습니다. 이스라엘이 범죄
하여 하나님의 심판을 받기에 임박하였음에도 불구하고 '평강하다'라는 말
로 거짓 위로를 전했습니다. 8장 10-11절에서도 마찬가지입니다.

> 그러므로 내가 그들의 아내를 타인에게 주겠고 그들의 밭을 그 차지할 자들에게
> 주리니 그들은 가장 작은 자로부터 큰 자까지 다 욕심내며 선지자로부터 제사장
> 까지 다 거짓을 행함이라 그들이 딸 내 백성의 상처를 가볍게 여기면서 말하기를
> 평강하다, 평강하다 하나 평강이 없도다 _ 렘 8:10-11

이스라엘의 실패가 고대하게 만드는 것

이러한 이스라엘의 실패는 참된 왕, 참된 제사장, 참된 선지자를 고대하
게 만듭니다. 메시아 사상입니다. 장차 오실 메시아는 아담과 이스라엘의
실패를 극복하실 것입니다. 성공하는 왕, 제사장, 선지자로 오실 것입니다.

메시아에 대한 하나님의 약속

하나님은 분명 그런 메시아를 보내실 것입니다. 이 사실을 여러 차례 약
속하셨습니다.

> 이는 한 아기가 우리에게 났고 한 아들을 우리에게 주신 바 되었는데 그의 어깨

에는 정사를 메었고 그의 이름은 기묘자라, 모사라, 전능하신 하나님이라, 영존하시는 아버지라, 평강의 왕이라 할 것임이라 _ 사 9:6

하나님께서는 선지자 이사야를 통해 장차 평강의 왕이 오실 것이라고 예언해 주셨습니다.

여호와의 말씀이니라 보라 때가 이르리니 내가 다윗에게 한 의로운 가지를 일으킬 것이라 그가 왕이 되어 지혜롭게 다스리며 세상에서 정의와 공의를 행할 것이며 _ 렘 23:5

하나님께서는 선지자 예레미야를 통해 장차 다윗의 후손 중에서 왕이 나올 것인데, 그는 의로운 왕이며, 지혜롭게 다스리며 정의와 공의로 다스릴 것이라고 약속하셨습니다.

여호와께서 이와 같이 말씀하시니라 이스라엘 집의 왕위에 앉을 사람이 다윗에게 영원히 끊어지지 아니할 것이며 내 앞에서 번제를 드리며 소제를 사르며 다른 제사를 항상 드릴 레위 사람 제사장들도 끊어지지 아니하리라 하시니라 _ 렘 33:17-18

하나님께서는 역시 다윗을 통해 왕이 오고, 제사장도 계속될 것이라고 약속하십니다.

베들레헴 에브라다야 너는 유다 족속 중에 작을지라도 이스라엘을 다스릴 자가 네게서 내게로 나올 것이라 그의 근본은 상고에, 영원에 있느니라 _ 미 5:2

이스라엘을 다스릴 자가 베들레헴에서 나올 것이라고 약속하십니다.

시온의 딸아 크게 기뻐할지어다 예루살렘의 딸아 즐거이 부를지어다 보라 네 왕
이 네게 임하시나니 그는 공의로우시며 구원을 베푸시며 겸손하여서 나귀를 타시
나니 나귀의 작은 것 곧 나귀 새끼니라 _ 슥 9:9

스가랴의 예언에 따르면 장차 오실 왕은 공의로우며, 구원을 베푸시며,
겸손하신 왕입니다.

여호와께서 내 주에게 말씀하시기를 내가 네 원수들로 네 발판이 되게 하기까지
너는 내 오른쪽에 앉아 있으라 하셨도다 여호와께서 시온에서부터 주의 권능의
규를 내보내시리니 주는 원수들 중에서 다스리소서 주의 권능의 날에 주의 백성
이 거룩한 옷을 입고 즐거이 헌신하니 새벽 이슬 같은 주의 청년들이 주께 나오는
도다 여호와는 맹세하고 변하지 아니하시리라 이르시기를 너는 멜기세덱의 서열
을 따라 영원한 제사장이라 하셨도다 _ 시 110:1-4

이 말씀은 아론의 서열이 아니라 멜기세덱의 서열을 따라 오게 될 영원
한 제사장에 대해 이야기하고 있습니다. 하나님은 이렇게 이스라엘의 실패
가운데서도 참된 왕, 제사장, 선지자가 올 것을 약속하셨습니다.

| 그리스도로 말미암아 회복되는 세 직분 |

그리스도로 오신 예수님

실패한 이스라엘의 역사 가운데 그 역사를 회복하기 위한 구세주가 오

십니다. 선지자들의 예언에 따라 진짜 왕, 제사장, 선지자가 오십니다. 마태복음 1장을 보면 예수님의 족보가 나옵니다. 이 족보의 마지막 부분인 16절을 보십시오.

> 야곱은 마리아의 남편 요셉을 낳았으니 마리아에게서 그리스도라 칭하는 예수가 나시니라 _ 마 1:16

마태복음 1장은 왕의 족보입니다. 특히 6절 이하는 왕들이 계속 열거되어 있습니다. 그리고 결국 이스라엘 역사의 끝에 예수님이 오셨습니다. 예수님의 이름은 마태복음 1장 21절에 나와 있는 대로 '예수'입니다. 그리고 1장 23절에 나와 있는 대로 '임마누엘'이기도 합니다. 그런데 또 하나 더 있습니다. 1장 16절은 "그리스도라 칭하는 예수"라고 말합니다. 예수, 임마누엘, 그리스도. 이 셋이 그분의 칭호입니다.

> 오늘 다윗의 동네에 너희를 위하여 구주가 나셨으니 곧 그리스도 주시니라 _ 눅 2:11

다윗의 동네인 베들레헴에서 천사가 목자들에게 나타나 예수님의 탄생 소식을 전하면서 "그리스도 주"께서 태어나셨다고 말합니다. 미가 5장 2절의 예언대로 베들레헴에서 이스라엘을 다스릴 자가 오신 것입니다.

왜 그리스도인가?

예수님은 그리스도로 오셨습니다. 그리스도란 무슨 뜻입니까? 헬라어로서, 좀 더 분명하게 발음하면 '크리스토스(χριστὸς)'입니다. 헬라어인 '그리스도'를 히브리어로 번역하면 '메시야(Messiah)'입니다(요 1:41; 4:25). 히브리어

'마시아흐(מָשִׁיחַ)'는 '기름을 붓다'라는 뜻을 가진 '마샤흐'의 명사형으로서, '기름 부음을 받은 자(the anointed one)'라는 뜻입니다. 구약 시대에 기름 붓는 행위는 왕, 제사장, 선지자의 직분을 성별하는 표였습니다. 직분을 나타내는 행위가 기름을 붓는 것이었습니다. 그러므로 '그리스도'는 예수님께서 곧 왕, 제사장, 선지자의 직분으로 오셨다는 것을 보여 줍니다.[87] 예수님은 아담과 이스라엘의 실패한 직분 사역을 회복하시기 위해 오신 것입니다.

왜 예수님은 그리스도, 곧 기름 부음을 받은 자이십니까? 이 사실은 성경 곳곳을 통해서 생각해 볼 수 있겠지만, 간단하게 정리해 놓은 하이델베르크 요리문답 제31문답을 통해서도 알 수 있습니다.

하이델베르크 요리문답 제31문답

제23문: 그분을 왜 그리스도, 곧 기름 부음을 받은 자(anointed)라고 부릅니까?
답: 왜냐하면 그분은 성부 하나님으로부터 임명을 받고 성령으로 기름 부음을 받으셨기 때문입니다.[1] 그분은 우리의 큰 선지자와 선생으로서 우리의 구원을 위한 하나님의 감추인 경륜과 뜻을 온전히 계시하시고,[2] 우리의 유일한 대제사장으로서 그의 몸을 단번에 제물로 드려 우리를 구속(救贖)하셨고,[3] 성부 앞에서 우리를 위해 항상 간구하시며,[4] 또한 우리의 영원한 왕으로서 그의 말씀과 성령으로 우리를 다스리시고, 우리를 위해 획득하신 구원을 누리도록 우리를 보호하고 보존하십니다.[5]

1) 시 45:7; 사 61:1; 눅 3:21-22; 4:18; 행 10:38; 히 1:9
2) 신 18:15; 사 55:4; 마 11:27; 요 1:18; 15:15; 행 3:22; 엡 1:9-10; 골 1:26-27
3) 시 110:4; 히 7:21; 9:12,14,28; 10:12,14
4) 롬 8:34; 히 7:25; 9:24; 요일 2:1
5) 시 2:6; 슥 9:9; 마 21:5; 28:18; 눅 1:33; 요 10:28; 계 12:10-11

예수님께서 행하신 일들이 곧 왕, 제사장, 선지자로서의 역할이었습니다. 예수님은 왕으로서 말씀과 성령으로 우리를 다스리십니다. 제사장으로서 우리를 위한 희생 제사를 드리셨고 우리를 위해 기도하십니다. 선지자로서 하나님의 경륜과 뜻을 가르쳐 주십니다. 웨스트민스터 대소요리문답 역시 예수님은 그리스도로서 왕, 제사장, 선지자라는 사실을 아주 잘 설명하고 있습니다.

웨스트민스터 소요리문답 제23문답

제23문: 그리스도께서는 우리의 구속자로서 무슨 직분을 행하십니까?
답: 그리스도께서 우리의 구속자로서 선지자와 제사장과 왕의 직분을 행하시되, 그분의 낮아지심과 높이 되심의 두 상태 모두에서 하십니다.

웨스트민스터 대요리문답 제42문답

제42문: 우리의 중보자는 왜 그리스도라고 불리셨습니까? (소 23문)
답: 우리의 중보자가 그리스도라고 불리셨던 것은 그분이 성령으로 한량없이 기름 부음을 받으셨기 때문이며, 그리하여 구별되셨고, 모든 권위와 능력을 충만히 부여받으셔서, 그분의 낮아지심과 높이 되심의 두 상태 모두에서 그분의 교회의 선지자, 제사장, 왕의 직분을 수행하시기 때문입니다.

왕으로서 그리스도

예수님은 그리스도로서 왕이십니다(마 1장; 21:1-9). 그렇기에 말씀과 성령으로 교회와 자기 백성을 다스리시고, 우리의 원수들에 대항하여 우리를 보존하시며 보호하십니다(웨스트민스터 대요리문답 제45문답; 웨스트민스터 소요리문답 제26문답).

제사장으로서 그리스도

예수님은 그리스도로서 제사장이십니다. 그렇기에 예수님은 우리를 위한 화목제물이 되셔서 하나님께 단번에 드린 바 되셨고, 하나님과 우리를 화목케 하셨으며, 우리를 위해 중보 기도하고 계십니다(롬 8:34; 히 7:25; 웨스트민스터 대요리문답 제44문답; 웨스트민스터 소요리문답 제25문답).

선지자로서 그리스도

예수님은 그리스도로서 선지자이십니다. 예수님은 말씀과 성령으로 우리에게 하나님의 뜻을 계시해 주시며(히 1:1-2), 죄를 책망하시고 형벌을 경고하시며 회개를 촉구하시고 장차 일어날 일을 선포하십니다(행 3:22-26). 하나님에 관한 모든 참지식을 우리에게 나눠 주시고, 우리가 그것을 받을 수 있게 해 주십니다(웨스트민스터 대요리문답 제43문; 웨스트민스터 소요리문답 제24문).[88] 그리스도는 '로고스' 즉 말씀이시니, 곧 선지자이십니다(요 1:1). 그리스도 안에는 지혜와 지식의 모든 보화가 감추어져 있으니 참선지자이십니다(골 2:3). 그래서 요한복음 6장 14절에서는 이렇게 말합니다.

> 그 사람들이 예수께서 행하신 이 표적을 보고 말하되 이는 참으로 세상에 오실 그 선지자라 하더라 _ 요 6:14

예수님은 이렇게 왕, 제사장, 선지자로 오신 그리스도이십니다.

예언의 성취로서 오신 선지자

예수님이 이러한 직분자로 오신다는 사실은 이미 오래전에 예언되었고, 무엇보다 신명기 17장 14절부터 18장 22절에 예언되었으니, 그 말씀이 예수님과 연결된다는 사실은 사도행전 3장 20-26절에 잘 나타납니다.

111

또 주께서 너희를 위하여 예정하신 그리스도 곧 예수를 보내시리니 **하나님이 영원 전부터 거룩한 선지자들의 입을 통하여 말씀하신 바 만물을 회복하실 때까지는 하늘이 마땅히 그를 받아 두리라** ㄱ)모세가 말하되 주 하나님이 너희를 위하여 너희 형제 가운데서 나 같은 선지자 하나를 세울 것이니 **너희가 무엇이든지 그의 모든 말을 들을 것이라** ㄴ)누구든지 그 선지자의 말을 듣지 아니하는 자는 백성 중에서 멸망 받으리라 하였고 또한 사무엘 때부터 이어 말한 모든 선지자도 이 때를 가리켜 말하였느니라 너희는 선지자들의 자손이요 또 하나님이 너희 조상과 더불어 세우신 언약의 자손이라 아브라함에게 이르시기를 ㄷ)땅 위의 모든 족속이 너의 씨로 말미암아 복을 받으리라 하셨으니 하나님이 그 종을 세워 복 주시려고 너희에게 먼저 보내사 너희로 하여금 돌이켜 각각 그 악함을 버리게 하셨느니라 _ 행 3:20-26

ㄱ) 신 18:15 ㄴ) 신 18:19 ㄷ) 창 12:3; 22:18; 26:4; 28:14

사도행전 3장 11절 이하는 베드로가 나면서 못 걷게 된 사람을 고친 후에 솔로몬의 행각에 가서 거기 모인 이들에게 설교한 내용입니다. 베드로는 이 설교를 통해 예수님이 구약에서 약속된 분이라는 사실을 이야기하고 있습니다. 특히 22절과 23절에 있는 난외주를 보면 신명기 18장 15절과 19절을 인용하면서 그 예언이 결국 예수 그리스도를 가리킨다고 말씀하고 있습니다. 이처럼 예수님은 실패한 아담의 사역을 회복하기 위해 오신 약속된 참선지자이십니다.

예수님은 그리스도로서, 아담과 이스라엘의 실패한 왕, 제사장, 선지자의 직분을 회복하셨습니다. 신약 성경은 이 사실을 강조합니다. 마태복음은 1장에 왕의 족보를 실어 두었고, 히브리서는 전체에서 예수님께서 아론의 반차가 아니라 멜기세덱의 반차를 따라 오신 우리의 대제사장이심을 강조합니다(히 3:1; 4:14; 5:6, 10; 7:17; 8:1). 요한복음은 1장 1절에서 "태초에 말씀이 계시니라"라고 함으로써 로고스이신 그리스도께서 곧 선지자이심을 말합니다.

　　동산에서 실패했던 아담의 세 직분, 약속의 땅 가나안에서 실패했던 이스라엘의 세 직분은 우리 주 그리스도 예수를 통해 회복됩니다(참조. 롬 5:19).[89]

| 그리스도인으로서 세 직분을 수행함 |

그리스도로 말미암아 그리스도인들에게까지

　　예수님의 순종과 직분은 예수님 본인뿐만 아니라 예수님을 따르는 이들에게까지 확장됩니다(롬 5:18-19). 그렇기에 그분께 속한 그리스도인은 작은 둘째 아담이며, 참이스라엘이며, 작은 그리스도입니다.[90] 둘째 아담이자 마지막 아담이신 예수님께서는 우리를 새 아담으로 불러 주셨습니다. 이제 우리는 모두 새 아담으로서, 첫 아담이 가졌던 세 직분을 회복합니다. 이제 우리를 대표하는 언약의 머리는 참된 왕, 제사장, 선지자이신 그리스도가 됩니다. 사도행전 11장 26절을 봅시다.

> ... 제자들이 안디옥에서 비로소 그리스도인이라 일컬음을 받게 되었더라 _ 행 11:26

　　예수님을 믿는 모든 사람을 가리켜 '그리스도인'이라고 부릅니다. 영어로 '크리스천(christian)'이라고 합니다. 왜 우리를 그리스도인(크리스천)이라고 부릅니까? 하이델베르크 요리문답이 잘 설명합니다.

제32문: 그런데 당신은 왜 그리스도인(Christian)이라 불립니까?
답: 왜냐하면 내가 믿음으로 그리스도의 지체(肢體)가 되어 그의 기름 부음에 참여하기 때문입니다. 나는 선지자로서 그의 이름의 증인이 되며, 제사장으로서 나 자신을 감사의 산 제물로 그에게 드리고, 또한 왕으로서 이 세상에 사는 동안은 자유롭고 선한 양심으로 죄와 마귀에 대항하여 싸우고, 이후로는 영원히 그와 함께 모든 피조물을 다스릴 것입니다.

우리는 믿음으로 말미암아 그리스도의 지체가 됨으로 그분과 같이 기름 부음에 참여합니다. 그리스도께서 왕, 제사장, 선지자의 직분을 감당하신 것처럼, 그리스도인들 역시 세 직분을 감당합니다. 왕으로서 이 세상에서 피조물들을 다스립니다. 제사장으로서 나 자신을 감사의 제물로 주님께 드립니다. 선지자로서 그리스도의 이름을 증거하는 증인으로 살아갑니다.[91]

왕 같은 제사장, 거룩한 나라

그리스도인들이 이 세 직분을 갖고 있다는 사실을 가장 잘 보여 주는 구절이 베드로전서 2장 9절입니다.

너희는 택하신 족속이요 왕 같은 제사장들이요 거룩한 나라요 그의 소유가 된 백성이니 이는 너희를 어두운 데서 불러내어 그의 기이한 빛에 들어가게 하신 이의 아름다운 덕을 선포하게 하려 하심이라 _ 벧전 2:9

이 구절을 보면 왕이 나옵니다. 제사장도 나옵니다. 그렇다면 선지자는 어디에 있습니까? "아름다운 덕을 선포하게 하려 하심이라"라는 구절에 나옵니다. 우리는 선포하는 자로서 선지자입니다. 이렇게 베드로는 흩어져 있는 교회와 그리스도인들을 향해 너희는 왕, 제사장, 선지자라고 말합니다.

이야기의 결론

'아담-이스라엘-그리스도-그리스도인'은 지금까지 살펴본 내용처럼 왕, 제사장, 선지자라는 직분으로 긴밀하게 연결되어 있습니다. 하나님 께서는 태초에 첫째 아담을 왕, 제사장, 선지자로 창조하셨지만, 아담은 그 직분을 수행하는 일에 실패했기에 하나님께서는 아담을 대신할 여자의 후손을 약속하셨고, 이스라엘의 역사 가운데 왕, 제사장, 선지자를 보내 주셨습니다. 그럼에도 이스라엘은 실패했지만, 하나님의 약속은 멈추지 않았습니다.

마침내 세 직분을 모두 가지신 둘째 아담, 마지막 아담, 예수 그리스도께서 오셨습니다. 그렇게 오신 예수님께서는 참된 왕, 제사장, 선지자로 사셨습니다. 그분은 혼자서 세 개의 직분을 모두 다 잘 감당하셨습니다. 실패한 아담의 역할을 성공적으로 이루셨습니다.

그리스도께서는 또한 우리를 그리스도의 지체로 삼아 주셔서 그리스도인 되게 하셨으니, 우리는 실패한 아담의 세 직분을 그리스도를 통해 이어받은 자들입니다. 그러므로 우리는 이 땅에서 그리스도를 닮은 왕, 제사장, 선지자로 살아가야 합니다. 그렇게 살아갈 때 사람들이 우리를 향해 이렇게 부를 것입니다. '그리스도인'

STORY 6
하나님의 아들 이야기

롬 1:2-4

참조: 출 4:22-23; 삼하 7:14; 시 2:7; 롬 1:2-4; 히 1:5

예수님, 성자 하나님

예수님은 하나님이십니다. 예수님은 하나님의 아드님이십니다. 이 두 사실은 영원 전부터 영원까지 진리입니다. 예수님이 하나님이심은 영원 전부터였습니다. 어느 순간부터 하나님이 되신 것이 아니라 애초에 하나님이셨습니다. 영원 전에도 하나님이시요, 지금도 하나님이시며, 영원토록 하나님이십니다.

예수님이 하나님의 아들이시라는 사실 역시 마찬가지입니다. 예수님께서 하나님의 아드님 되심도 영원 전부터였습니다. 어느 순간부터 하나님의 아드님이 되신 것이 아니라 워낙에 하나님의 아드님이셨습니다. 영원 전에도 하나님의 아드님이시요, 지금도 하나님의 아드님이시며, 영원토록 하나님의 아드님이십니다. 그래서 예수님을 '성자(聖子) 하나님'이라고 부릅니다. 본질상 하나님이요, 위격상 성자이십니다. 성경은 예수님이 하나님이시라는 사실, 예수님이 하나님의 아드님이라는 사실을 강조합니다.

예수님, 하나님의 아들

특별히 예수님께서 하나님의 아들이시라는 사실은 성경의 중요한 주제입니다. 성경은 예수님이 곧 하나님의 아들이라는 계시로 가득합니다. 그것을 증명하는 사건과 구절들로 가득합니다. 구약의 이야기는 장차 오실 하나님의 아들에 관한 계시로 가득하고, 신약 이야기는 예수님이 바로 구약에 예언된 그 하나님의 아들이라는 것을 보여 주는 계시로 가득합니다.

이렇게 성경은 예수님께서 하나님의 아들로서 이 세상에 오시기까지의 이야기를 그리고 있습니다. 그래서 중요한 몇 개의 구절들을 중심으로 성경 전체에서 하나님의 아들이라는 주제가 어떻게 이어지고 있는지를 살펴보도록 하겠습니다.

| 구약과 하나님의 아들 |

아담, 하나님의 아들

'하나님의 아들'이라는 개념의 계시가 처음 나타나는 것은 '아담'을 통해서입니다. 그런데 아담이 하나님의 아들이라는 명시적인 언급은 창세기에 없습니다. 창세기 1-3장을 아무리 읽어봐도 '하나님의 아들, 아담'이라는 표현은 없습니다. 그러나 누가복음 3장에 나오는 족보를 통해 볼 수 있습니다.

누가복음 3장 23절 이하를 보면 예수님의 족보가 나옵니다. 이 족보는 마태복음 1장의 족보와 달리 거꾸로 이야기합니다. 마태복음 1장은 아브라함부터 시작해서 이삭, 야곱, 유다, 이런 식으로 위에서 아래로 이어집니다. 일반적인 족보의 형식이죠. 그런데 누가복음 3장은 거꾸로입니다. 아래에서 위로 올라갑니다. 그래서 "그 위는 OO이요"라는 표현이 반복되는데, 23

절을 보면 그 첫 시작인 예수님에 대해서는 "예수님의 위는 요셉이요"라고 하지 않고, "요셉의 아들이나"라는 말로 시작합니다. 그리고 나서 "요셉의 위는 헬리요"라고 합니다. 따라서 "위는"이라는 말을 거꾸로 하면 앞뒤 주인공을 바꿔서 "아들이나"입니다.

이런 관점에서 38절을 봅시다. "… 셋이요 그 위는 아담이요 …"라는 말은 거꾸로 하면 "아담의 아들은 셋이요"입니다. "… 아담이요 그 위는 하나님이시니라"라는 말은 거꾸로 하면 이렇게 됩니다. "하나님의 아들은 아담이요"

누가복음 3장 23절 이하는 하나님의 아들 예수님의 족보입니다. 그 족보에서 처음 나오는 하나님의 아들은 아담입니다. 아담은 하나님의 형상과 모양을 따라 지음받은 하나님의 첫아들입니다.[92] 특별히 누가는 23절의 '아들'이라는 표현을 22절과 연결시키는데, 22절은 하나님의 아들 예수님께서 세례를 받으실 때의 장면입니다.

> … 하늘로부터 소리가 나기를 너는 내 사랑하는 아들이라 내가 너를 기뻐하노라 하시니라 _ 눅 3:22

세례를 통해 예수님이 하나님의 아들이라는 사실이 드러납니다. 바로 이어서 예수님의 족보가 나오고, 그 족보는 죽 거슬러 올라가 아담을 거쳐 하나님에게까지 이어집니다. 이렇게 아담은 '하나님의 아들'이라는 개념을 처음 드러낸 인물입니다.

이스라엘, 하나님의 아들 곧 장자

다음으로 '아들'이라는 개념의 계시는 이스라엘 백성 전체에 대해 나타납니다. 출애굽기 4장 22-23절을 봅시다.

너는 바로에게 이르기를 여호와의 말씀에 이스라엘은 내 아들 내 장자라 내가 네
게 이르기를 내 아들을 보내 주어 나를 섬기게 하라 하여도 네가 보내 주기를 거
절하니 내가 네 아들 네 장자를 죽이리라 하셨다 하라 하시니라 _ 출 4:22-23

하나님께서는 이스라엘을 가리켜 주로 "내 백성"이라고 하셨는데, 여기
서는 "내 아들, 내 장자"라고 말씀하십니다. 하나님은 아무에게나 아들이라
고 하지 않으십니다. 그런데 이스라엘에게는 아들이라고 말씀하십니다. 이
스라엘은 하나님의 아들입니다. 하나님의 장자, 즉 첫아들입니다. 아담이
하나님의 첫아들이었다면, 이제 아브라함의 후손, 야곱의 후손들이 곧 하
나님의 첫아들입니다. 아담이 개인으로서 하나님의 아들이었다면, 이스라
엘은 집단적 의미로서의 하나님의 아들입니다. 아담이 창조를 통해 하나
님의 첫아들로 나타났다면, 이스라엘은 출애굽을 통해, 즉 구원을 통해 새
창조가 실현되는 과정에서 하나님의 장자로 나타납니다.[93] 그러므로 이제
국가로서의 이스라엘은 하나님의 아들로서 하나님을 닮고 대표해야 합니
다.[94] 이 표현은 여기에만 나오지 않습니다. 호세아 11장 1절을 봅시다.

이스라엘이 어렸을 때에 내가 사랑하여 내 아들을 애굽에서 불러냈거늘 _ 호
11:1

"이스라엘이 어렸을 때에"라는 표현은 이스라엘이라는 국가를 의인화
한 표현입니다. 아직 하나님 나라로서의 모습을 온전히 갖추지 못한 때이기
에 "이스라엘이 어렸을 때"라고 말합니다. 그 이스라엘을 가리켜 "내 아들"
이라고 표현합니다. 하나님은 자기의 사랑하는 아들인 이스라엘을 애굽에
서 불러내셨습니다. 이렇게 '개인 아담'에 이어서 '공동체 이스라엘'이 '하나
님의 아들'을 계시하는 도구로 사용되었습니다.

다윗의 씨, 하나님의 아들

다음으로, '아들'이라는 개념의 계시는 다윗 왕국의 왕들로 이어집니다. 사무엘하 7장 12-14절을 봅시다.

> 네 수한이 차서 네 조상들과 함께 누울 때에 내가 네 몸에서 날 네 씨를 네 뒤에 세워 그의 나라를 견고하게 하리라 그는 내 이름을 위하여 집을 건축할 것이요 나는 그의 나라 왕위를 영원히 견고하게 하리라 나는 그에게 아버지가 되고 그는 내게 아들이 되리니 그가 만일 죄를 범하면 내가 사람의 매와 인생의 채찍으로 징계하려니와 _ 삼하 7:12-14

사무엘하 7장은 '다윗 언약'으로 유명한 본문입니다. 성경 전체를 이해하는 데 있어서 아주 중요한 본문입니다. 이 말씀을 통해 하나님께서는 다윗 왕국을 통해 이어질 하나님의 구원 역사를 계시하십니다. 하나님께서는 다윗의 씨, 즉 다윗의 후손들을 통해 나라를 견고하게 하실 것입니다(12절) 다윗의 나라, 다윗의 왕위를 영원히 견고하게 세우실 것이며(13절). 그리하여 다윗의 후손으로 오는 왕들에게 하나님은 아버지가 되고, 다윗 왕가의 왕들은 하나님의 아들이 됩니다(14절).[95]

아들로서 아담의 역할이 다윗의 왕가를 통해 계속 이어지고, 아들로서 이스라엘의 역할이 다윗 왕국을 통해 계속 이어집니다. 이스라엘은 여전히 공동체적으로 하나님의 아들입니다. 그러면서 다윗의 왕손들이 이스라엘 전체를 대표하여 하나님의 아들 역할을 합니다. 다윗 왕국의 왕들은 자신의 전 생애를 통해 신실하고 순종하는 아들이 되어야 합니다.[96] 이렇게 구약에서 하나님의 아들은 아담, 이스라엘 민족, 그리고 이 민족을 대표하는 다윗 왕가를 통해 계시되었습니다.[97]

시편에 계시된 하나님의 아들

시편 2편을 봅시다. 이방 나라의 권력자들이 여호와와 그의 기름 부음 받은 자, 즉 이스라엘의 왕들을 대적합니다(1-2절). 7절에 유명한 말씀이 나오는데요.

> … 여호와께서 내게 이르시되 너는 내 아들이라 오늘 내가 너를 낳았도다 _ 시 2:7

이스라엘 왕은 하나님의 아들입니다. 다윗에게 주신 언약과 연결됩니다. 이 말씀은 나중에 보겠습니다만, 신약 성경에서 가장 많이 인용되는 구절 중 하나입니다.

이사야가 예언한 아들

아담, 이스라엘, 다윗 왕가의 왕들. 그들은 하나님의 아들이었습니다. 하지만 그들은 실패했습니다. 솔로몬 이후 다윗 왕국은 쇠퇴의 길을 걷고, 결국 다윗 왕국은 무너집니다. 왕국은 분열되고, 북이스라엘은 앗수르에 의해, 남유다는 바벨론에 의해 무너집니다. 이후 하나님께서는 선지자들을 통해 '아들'에 관하여 예언하십니다.

> 이는 한 아기가 우리에게 났고 한 아들을 우리에게 주신 바 되었는데 그의 어깨에는 정사를 메었고 그의 이름은 기묘자라, 모사라, 전능하신 하나님이라, 영존하시는 아버지라, 평강의 왕이라 할 것임이라 그 정사와 평강의 더함이 무궁하며 또 다윗의 왕좌와 그의 나라에 군림하여 그 나라를 굳게 세우고 지금 이후로 영원히 정의와 공의로 그것을 보존하실 것이라 만군의 여호와의 열심이 이를 이루시리라 _ 사 9:6-7

STORY 6 · 하나님의 아들 이야기

아담, 이스라엘, 다윗이 아닌 다른 한 아들이 올 것입니다. 그 아들은 솔로몬도 아니요, 유다와 이스라엘의 수많은 왕도 아닙니다. 아담, 이스라엘, 다윗과 그 후손 왕들은 모두 하나님의 아들이었지만 그들은 실패한 하나님의 아들이었습니다. 진짜 하나님의 아들을 보내시기 위한 통로였습니다.

| 신약과 하나님의 아들 |

수태고지에 나타난 하나님의 아들 됨

이제 신약으로 넘어와 누가복음 1장 30절 이하를 봅시다. 천사가 마리아에게 나타났습니다. "무서워하지 말라"라는 인사로 진정시킨 뒤 "보라 네가 잉태하여 아들을 낳으리니 그 이름을 예수라 하라"(31절)라고 말합니다. 그러면서 그 예수님에 대해서 이렇게 이야기합니다.

> 그가 큰 자가 되고 지극히 높으신 이의 아들이라 일컬어질 것이요 주 하나님께서
> 그 조상 다윗의 왕위를 그에게 주시리니 _ 눅 1:32

천사는 예수님을 "지극히 높으신 이의 아들", 즉 '하나님의 아들'로 표현하면서 다윗의 왕위와 연결시킵니다. 사무엘하 7장 14절에서 다윗에게 하신 약속이 예수님을 통해 성취된 것입니다. 따라서 다윗의 왕위를 따라 하나님의 아들 예수님께서 이스라엘과 다윗 왕가의 역할을 성취하실 것입니다. 그리고 "나는 그에게 아버지가 되고 그는 내게 아들이 되리니"(삼하 7:14)라는 말씀을 성취하실 것입니다.

족보에 나타난 하나님의 아들 됨

신약 성경에 두 개의 족보가 있습니다. 하나는 앞서 보았던 누가복음 3장의 족보입니다. 또 다른 족보는 마태복음 1장의 족보입니다.

이 두 족보는 구약에 나와 있는 '하나님의 아들' 계시를 염두에 둔 족보입니다. 누가복음의 족보는 하나님-아담-다윗-예수님으로 이어지는 하나님의 아들을 보여 주고, 마태복음의 족보는 다윗 왕가의 후손으로 오신 하나님의 아들 예수님을 보여 줍니다.

복음서의 기록 목적에 나타난 하나님의 아들 됨

마가복음은 이렇게 시작합니다.

하나님의 아들 예수 그리스도의 복음의 시작이라 _ 막 1:1

요한복음은 그 기록 목적을 말하면서 "오직 이것을 기록함은 너희로 예수께서 하나님의 아들 그리스도이심을 믿게 하려 함이요 또 너희로 믿고 그 이름을 힘입어 생명을 얻게 하려 함이니라"(요 20:31)라고 말합니다.

이렇게 누가, 마태, 마가, 요한, 네 복음서는 모두 다 예수님이 하나님의 아들이시라는 사실을 보여 주기 위해 기록되었습니다. 복음서에서 '하나님의 아들'은 구약에 있는 하나님의 백성, 구체적으로는 아담과 다윗 왕가에 초점을 맞추는 이스라엘과 역사적으로 연결된 용어입니다.[98]

세례를 받으실 때 드러난 하나님의 아들

예수님께서 세례를 받으실 때의 장면을 기록하고 있는 마태복음 3장 16-17절에서도 하늘에서 하나님의 음성이 들리는데, "이는 내 사랑하는 아들이요 내 기뻐하는 자라"(17절)라고 합니다.

피조 세계 통치를 통해 드러난 하나님의 아들

오병이어 사건이 있은 뒤, 예수님께서 바람이 부는 갈릴리 바다 위를 걸으시는 장면이 나옵니다(마 14:22-33). 그때 베드로가 자기도 물 위로 걸어서 예수님께로 가려고 하지만 베드로는 물에 빠져 버리고 맙니다. 그런데 예수님께서 베드로를 구하신 뒤에 함께 배에 오르시니 바람이 잔잔해집니다. 그것을 본 제자들이 예수님에게 절하면서 말하죠. "진실로 하나님의 아들이로소이다"(33절).

하나님의 첫아들로 나타난 아담에게 하나님께서는 "바다의 물고기와 하늘의 새와 땅에 움직이는 모든 생물을 다스리라"(창 1:28)라는 말씀을 통해 세상을 다스릴 통치권을 주셨습니다. 그리고 마태는 바람을 잔잔케 하시는 예수님을 참아담으로 묘사합니다. 참아담이신 예수님께서는 피조 세계에 대한 인간의 통치를 회복하십니다.[99]

제자들의 고백을 통해 드러난 하나님의 아들

훗날 베드로는 이렇게 고백합니다.

주는 그리스도시요 살아계신 하나님의 아들이시니이다 _ 마 16:16

십자가에서 나타난 하나님의 아들

예수님께서 십자가 위에서 죽으실 때, 아래에 있던 백부장도 이렇게 말합니다.

이 사람은 진실로 하나님의 아들이었도다 _ 마 27:54; 막 15:39

예수님은 아담부터 다윗 왕가에 이르기까지 하나님의 아들에게 주어졌던 소명과 요구를 완전히 성취하셨습니다. 예수님은 진정한 하나님의 아들이십니다.

| 사도적 복음과 하나님의 아들 |

예수님께서 하나님의 아들로 온전히 나타나신 이후, 사도들이 전하는 복음은 한 마디로 "예수님이 바로 구약에 예언된 그 하나님의 아들이시다." 라는 사실입니다.

바울이 전한 복음, 하나님의 아들 예수

사도 바울. 그는 예수님을 핍박하던 자였습니다. 그 바울이 사도행전 9장에서 회심합니다. 회심한 바울의 본격적인 사역은 조금 지난 뒤에 시작됩니다만, 19-20절은 그 즉시 일어난 일을 잠시 이야기합니다.

> … 사울이 다메섹에 있는 제자들과 함께 며칠 있을새 즉시로 각 회당에서 예수가 하나님의 아들이심을 전파하니 _ 행 9:19-20

회심한 바울은 가장 먼저, 예수님이 하나님의 아들이심을 전파합니다. 이후 그가 전파한 설교의 핵심은 '예수가 하나님의 아들이다'입니다. 그것은 곧 구약의 계시가 성취되었다는 것입니다.

대표적인 사도행전 13장 13절 이하를 봅시다. 바울이 비시디아 안디옥의 회당에 가서(14절), 구약을 읽은 뒤 설교합니다(15절). 17절부터 설교가 시작되는데, 창세기는 간단하게 언급만 하고 출애굽기를 설명하고, 그러면서 구약 전체를 설명합니다. 그러다가 33절에 와서 이렇게 말합니다.

> 곧 하나님이 예수를 일으키사 우리 자녀들에게 이 약속을 이루게 하셨다 함이라
> 시편 둘째 편에 기록한 바와 같이 ㄴ)너는 내 아들이라 오늘 너를 낳았다 하셨고 _
> 행 13:33

ㄴ) 시 2:7

난외주를 보지 않아도 충분히 아실 수 있겠습니다만, 바울은 시편 2편
7절에 "너는 내 아들이라 오늘 너를 낳았다"라는 말씀을 인용해 예수님이
하나님의 아들이심을 증거합니다.

히브리서 기자가 증언하는 하나님의 아들

히브리서 1장을 봅시다. 히브리서 기자는 하나님의 아들에 관한 이야기
를 하고 있습니다.

> 하나님께서 어느 때에 천사 중 누구에게 ㄱ)너는 내 아들이라 오늘 내가 너를 낳았
> 다 하셨으며 또 다시 ㄴ)나는 그에게 아버지가 되고 그는 내게 아들이 되리라 하셨
> 느냐 _ 히 1:5

ㄱ) 시 2:7 ㄴ) 삼하 7:14

히브리서 기자는 1장 2절에서 '아들'에 관하여 이야기하면서 예수님이
하나님의 아들이라는 사실을 구약에서 엄청나게 많이 이야기하고 있다는
사실을 증명합니다. 이때 5절의 난외주를 보면 알 수 있듯이 시편 2편 7절
과 사무엘하 7장 14절을 인용합니다.

성경에 미리 약속된 아들

로마서 1장도 봅시다. 로마서는 '복음'을 기록하고 있습니다. 2절 이하에서 이 복음에 대해 말합니다.

> 예수 그리스도의 종 바울은 사도로 부르심을 받아 하나님의 복음을 위하여 택정함을 입었으니 이 복음은 하나님이 선지자들을 통하여 그의 아들에 관하여 성경에 미리 약속하신 것이라 그의 아들에 관하여 말하면 육신으로는 다윗의 혈통에서 나셨고 성결의 영으로는 죽은 자들 가운데서 부활하사 능력으로 하나님의 아들로 선포되셨으니 곧 우리 주 예수 그리스도시니라 _ 롬 1:1-4

바울은 예수님이 하나님의 아들이라는 사실이 구약의 선지자들을 통해 성경에 미리 약속된 것이라고 말하면서, 육신으로는 다윗의 혈통에서 나신 것을 말합니다. 그렇습니다. 예수님은 참아담, 참이스라엘, 참왕이십니다. 아담과 다윗 왕가의 왕들이 실패한 왕의 직분을 예수님께서 완전히 회복하시고 성취하신 것처럼, 아담과 다윗 왕가의 왕들이 실패한 아들의 역할을 예수님께서 완전히 회복하시고 성취하셨습니다.

이렇게 예수님의 아들 신분은 창조와 아담으로 거슬러 올라갈 수 있습니다. 예수님의 아들 신분은 하나님의 아들인 이스라엘의 구속 역사와 하나님의 아들인 다윗 왕가에 대한 하나님의 약속에 굳게 뿌리박고 있습니다.[100] 예수님은 다윗의 아들이자, 성육신하신 하나님의 아들, 성자 하나님이십니다.

| 하나님의 아들, 우리 |

그리스도 안에서 회복된 아들

예수님의 본성과 인격과 사역은 모두 다 우리를 위함입니다. 예수님께서 자기 백성을 위해 이 땅에 오셨으니(마 1:21), 예수님께서 하나님의 아들 되심도 곧 우리를 위함입니다. 하나님의 아들 아담이 타락하여 그 아담에 속한 모든 인류는 본질상 진노의 자녀(아들)가 되었습니다(엡 2:3). 그러나 진짜 하나님의 아들 예수님을 통해 아들 됨이 회복됩니다. 그러므로 우리는 그리스도를 통해 참아담이 됩니다.

그리스도인은 하나님의 아들입니다. 하나님께서는 독생하신 아들 예수 그리스도를 통해 우리를 하나님의 자녀 삼아 주셨습니다. 이 사실을 성경 곳곳에서 증언합니다.

> 영접하는 자 곧 그 이름을 믿는 자들에게는 하나님의 자녀가 되는 권세를 주셨으니 _ 요 1:12
>
> … 우리를 예정하사 예수 그리스도로 말미암아 자기의 아들들이 되게 하셨으니 _ 엡 1:5
>
> 무릇 하나님의 영으로 인도함을 받는 사람은 곧 하나님의 아들이라 너희는 다시 무서워하는 종의 영을 받지 아니하고 양자의 영을 받았으므로 우리가 아빠(아바) 아버지라고 부르짖느니라 성령이 친히 우리의 영과 더불어 우리가 하나님의 자녀인 것을 증언하시나니 _ 롬 8:14-16
>
> 너희가 다 믿음으로 말미암아 그리스도 예수 안에서 하나님의 아들이 되었으니 _ 갈 3:26
>
> 때가 차매 하나님이 그 아들을 보내사 여자에게서 나게 하시고 율법 아래에 나게

하신 것은 율법 아래에 있는 자들을 속량하시고 우리로 아들의 명분을 얻게 하려 하심이라 너희가 아들이므로 하나님이 그 아들의 영을 우리 마음 가운데 보내사 아빠(아바) 아버지라 부르게 하셨느니라 _ 갈 4:4-6

보라 아버지께서 어떠한 사랑을 우리에게 베푸사 하나님의 자녀라 일컬음을 받게 하셨는가 … _ 요일 3:1

우리는 믿음으로 말미암아 그리스도 예수 안에서 하나님의 아들이 되었습니다(갈 3:26). 하나님의 아들이 되는 것은 결코 혈통으로 되지 않습니다. 그래서 요한복음 1장 12-13절은 이렇게 말씀합니다.

영접하는 자 곧 그 이름을 믿는 자들에게는 하나님의 자녀가 되는 권세를 주셨으니 이는 혈통으로나 육정으로나 사람의 뜻으로 나지 아니하고 오직 하나님께로부터 난 자들이니라 _ 요 1:12-13

하나님의 아들 예수님은 스스로 하나님의 아들이 될 수 없는 본질상 진노의 자녀들인 우리를 하나님의 아들로 만드시기 위해 성육신하셨습니다. 고난받으셨습니다. 죽으셨습니다. 부활하셨습니다. 하늘로 오르셨습니다.[101] 이 모든 사역을 통해 우리를 하나님의 아들이 되게 해 주셨습니다.

하나님의 아들인 우리가 살아야 할 삶

이렇게 하나님의 아들 된 우리는 그 이후 어떤 삶을 살아야 합니까?

내가 그리스도와 함께 십자가에 못 박혔나니 그런즉 이제는 내가 사는 것이 아니요 오직 내 안에 그리스도께서 사시는 것이라 이제 내가 육체 가운데 사는 것은 나를 사랑하사 나를 위하여 자기 자신을 버리신 하나님의 아들을 믿는 믿음 안에

서 사는 것이라 _ 갈 2:20

그가 어떤 사람은 사도로, 어떤 사람은 선지자로, 어떤 사람은 복음 전하는 자로, 어떤 사람은 목사와 교사로 삼으셨으니 이는 성도를 온전하게 하여 봉사의 일을 하게 하며 그리스도의 몸을 세우려 하심이라 우리가 다 하 나님의 아들을 믿는 것과 아는 일에 하나가 되어 온전한 사람을 이루어 그리스도의 장성한 분량이 충만한 데까지 이르리니 _ 엡 4:11-13

이야기의 결론

'하나님의 아들'이라는 주제는 성경 전체에서 매우 중요한 주제입니다. 창세기부터 요한계시록까지 이어지는 구속사의 큰 줄기입니다. 하나님께서는 첫 사람 아담을 통해 하나님의 아들에 관하여 계시해 주셨습니다. 이후 이스라엘, 다윗 왕가를 통해서도 계시하셨습니다. 하나님이 선지자들을 통하여 그의 아들에 관하여 성경에 미리 약속하신 것(롬 1:2)에 따라 우리를 하나님의 아들, 즉 자녀 삼아 주시기 위해 마침내 진짜 하나님의 아들 예수님께서 오셨습니다.

예수님은 자신이야말로 진짜 하나님의 아들임을 드러내시려고 육신으로는 아담, 이스라엘, 다윗의 혈통에서 나셨고 성결의 영으로는 죽은 자들 가운데서 부활하셨습니다. 이 모든 일을 통해 하나님의 아들로 분명하게 드러나셨으니, 베드로와 백부장이 그 사실을 고백했고, 사도들이 그 복음을 전했습니다.

하나님의 아들이신 예수님은 새 아담, 새 이스라엘, 새 다윗이십니다. 그 예수님을 통해 우리도 믿음으로 하나님의 아들이 되었습니다. 이제 우리는 하나님의 아들을 믿는 믿음 안에서 살며(갈 2:20), 하나님의 아들을 믿는 것과 아는 일에 하나가 되어야 하겠습니다(엡 4:13). 그렇게 살 때 어떻게 될까요?

우리가 성경을 오해했다

이기는 자는 이것들을 상속으로 받으리라 나는 그의 하나님이 되고
그는 내 아들이 되리라 _ 계 21:7 (참조. 삼하 7:14; 히 1:5)

STORY 7
하나님 나라 이야기

창 18:17-19

점진적으로 나타나는 구원 역사

인간이 타락한 이후 하나님께서는 자신의 구원 역사를 펼쳐 가셨는데, 이를 한 번에 드러내지 않으시고 조금씩 조금씩 드러내셨습니다. 하나님의 구원 역사는 점진적으로 계시되었습니다. 그래서 우리는 66권으로 된 두꺼운 분량의 성경을 하나님의 계시로 갖고 있습니다. 이 계시에 나타난 구원 역사는 처음에는 희미합니다. 그러나 나중에는 선명하게 드러납니다. 흐릿하던 것이 점점 구체적으로 나타납니다.

구원 역사의 두 측면

구원 역사는 한편으로는 여자의 후손에 대한 약속으로 나타납니다(창 3:15). 그래서 여자의 후손을 보내시는 하나님의 열심을 성경이 보여 주고 있습니다. 아담과 하와에 이어 계속해서 씨, 즉 자손에 대한 약속으로 나타나며 예수님께서 오시기까지 계속되는데, 결국 예수님의 십자가 사역으로 말미암아 성취됩니다(골 2:15).

구원 역사는 또 한편으로 하나님 나라를 세우시는 것으로써 나타납니

우리가 성경을 오해했다

다(창 12:2). 그래서 성경에는 하나님께서 자기 나라를 어떻게 세워 가시는지 가 기록되어 있습니다. 하나님은 처음에는 한 사람을 부르십니다. 그 한 사 람을 통해 이스라엘이라고 하는 작은 나라를 세우십니다. 그 나라는 비록 지극히 작은 나라였지만 하나님 나라였으며, 그 나라는 결국 교회를 통해 온전히 드러나게 됩니다. 교회는 아직 완전한 하나님 나라는 아니지만, 하 나님께서 이 땅에 세우시겠다고 하신 그 나라입니다. 그래서 교회를 '하나 님 나라의 그림자'라고 부릅니다.

두 나라

하나님은 하나님 나라를 세우셨습니다. 그러하기에 이 세상에는 두 개 의 나라가 있습니다. 하나는 사탄의 나라입니다. 세상에 죄가 들어온 이후 사탄이 지배하는 나라입니다. 다른 하나는 하나님 나라입니다. 타락한 이 세상 가운데 하나님께서 세우시는 나라입니다.

사탄의 나라와 하나님 나라는 지역으로 구분되지 않습니다. 여기에서 부터 여기까지는 사탄의 나라, 저기까지는 하나님 나라라고 할 수 없습니 다. 인종이나 민족으로 구분되지 않습니다. 언어로 구분되지 않습니다. 두 나라는 그 나라의 정체성으로 구분됩니다. 사탄의 나라는 죄와 악과 부정 이 가득합니다. 하나님 나라는 선과 의와 공평이 가득합니다.

아브라함으로부터 시작된 하나님 나라

하나님은 나라를 세우길 원하셨습니다. 그래서 먼저 아브람을 부르셨 습니다. "내가 너로 큰 민족(a great nation)을 이루고 네게 복을 주어 네 이름 을 창대하게 하리니 너는 복이 될지라"(창 12:2). '민족'이라고 번역된 말은 'nation', 즉 '나라'입니다. 하나님께서 아브람을 부르신 것은 하나님 나라 를 세우시기 위함이었습니다. 그렇기에 아브라함의 역사를 통해 하나님 나라가 세워집니다. 아브라함과 이삭과 야곱의 하나님께서는 저와 여러분을 아브라함의 후손으로 부르심으로써(롬 4:16) 하나님 나라에 속하게 하셨고, 하나님 나라를 계속해서 건설하게 하십니다. 이번에는 하나님께서 세우실 '나라의 정체성'이 성경 전체를 통해 어떻게 계시되었는지에 대하여 살펴보겠습니다.

| 아브라함에게 계시된 나라 |

땅

하나님께서 아브람에게 나라를 세우시겠다고 약속하시면서 "너의 고향과 친척과 아버지의 집을 떠나 내가 네게 보여 줄 땅으로 가라"(창 12:1)고 하셨습니다. 그리하여 아브람은 '가나안'으로 갑니다(창 13:12). 하나님께서 나라의 가장 근본인 땅을 주신 것입니다.

국민

하나님은 아브람에게 땅을 약속하셨고 땅을 주신 이후, 나라의 또 다른 요소인 국민을 약속하십니다. 바로 후손에 대한 약속입니다. 창세기 15장 5절에서 "하늘을 우러러 뭇별을 셀 수 있나 보라 또 그에게 이르시되 네 자손이 이와 같으리라"라고 약속하십니다. 아브람과 사래, 단둘밖에 없는 가족에게 하늘의 별과 같이 많은 자손을 주시겠다고 약속하신 것입니다. 이런 식으로 '큰 민족'을 이루도록 하시겠다는 약속(창 12:2)이 계속해서 이어집니다. 이 약속은 창세기 17장에서도 반복되고, 창세기 18장 10절에서도 반복됩니다. 나라의 근간인 국민(혹은 백성)을 주신 것입니다.

우리가 성경을 오해했다

나라에 대한 약속 반복

아브라함을 통해 나라를 세우시겠다고 약속하신 하나님께서는 한 번 더 나라에 대해 말씀하십니다. 창세기 18장 18절입니다. "아브라함은 강대한 나라(a great and mighty nation)가 되고 천하 만민은 그로 말미암아 복을 받게 될 것이 아니냐"

이 말씀은 창세기 12장 2절 "내가 너로 큰 민족(a great nation)을 이루고 네게 복을 주어 네 이름을 창대하게 하리니 너는 복이 될지라"의 반복입니다. 아브라함을 처음 부르실 때 그를 통해 나라(민족)를 세울 것과 그 나라를 통해 많은 사람이 복을 받게 될 것에 대해 말씀하신 하나님께서는 다시 한번 더 반복해서 말씀해 주십니다. 18장 18절을 자세히 보면, "아브라함은 강대한 나라가 되고…"라고 하셨습니다. 이 말은 아브라함이 곧 나라가 될 것이라는 말이 아닙니다. 아브라함을 '통해' 하나님께서 강대한 나라를 세우시겠다는 것입니다. 그래서 이 나라는 가깝게는 '이스라엘 왕국'을 말하고, 좀 더 나아가서는 예수님으로 말미암아 이 땅 가운데 세워지게 될 '교회'를 말합니다.

정체성

이렇게 나라에 대해 약속하신 하나님은 그 나라가 어떤 나라가 되어야 하는지를 19절에서 말씀하십니다.

내가 그로 그 자식과 권속에게 명하여 여호와의 도를 지켜 의와 공도를 행하게 하려고 그를 택하였나니 이는 나 여호와가 아브라함에게 대하여 말한 일을 이루려 함이니라 _ 창 18:19

하나님께서 아브라함을 통해 나라를 세우시는 이유에 대해 말씀하셨습니다. '여호와의 도', '의와 공도(公道)'입니다. 하나님께서 세우실 나라는 '의 와 공도(NIV; right and just)'를 행하는 나라입니다. 악한 세상에서, 불의가 가 득한 세상에서 하나님의 도가 드러나는 나라를 세우시고자 하신 것입니다. 이렇게 하나님은 땅과 국민을 약속하신 뒤에 아브라함을 통해 세울 나라의 정체성을 말씀하십니다.

| 아브라함 이후에도 게시된 나라의 정체성 |

공의로 다스려진 모세의 나라

하나님께서 세우고자 하시는 나라의 정체성은 아브라함에게만 드러난 것이 아니었습니다. 그 이후 계속해서 드러납니다. 모세를 중심으로 출애굽 한 이스라엘도 마찬가지입니다. 출애굽 한 이스라엘은 비록 땅이 없는 떠돌 이 신세의 나라였지만, 땅을 향하여 가는 나라였습니다. 하나님은 거대한 나라 이집트를 떠나 가나안 땅에서 강대한 나라를 세우게 될 이스라엘이 어떤 나라여야 할지, 율법을 통해 분명히 계시해 주셨습니다. 많은 예들이 있지만 몇 가지만 보겠습니다.

> 너희는 재판할 때에 불의를 행하지 말며 가난한 자의 편을 들지 말며 세력 있는 자라고 두둔하지 말고 공의로 사람을 재판할지며 _ 레 19:15
>
> 오늘 내가 너희에게 선포하는 이 율법과 같이 그 규례와 법도가 공의로운 큰 나라 가 어디 있느냐 _ 신 4:8
>
> 네 하나님 여호와께서 네게 주시는 각 성에서 네 지파를 따라 재판장들과 지도 자들을 둘 것이요 그들은 공의로 백성을 재판할 것이니라 _ 신 16:18

이 율법은 이스라엘의 정체성을 보여 줍니다. 출애굽 한 광야 교회, 즉 장차 가나안 땅에 정착하여 이루게 될 이스라엘 나라, 하나님 나라로서의 이스라엘이 나라를 어떻게 다스려야 하는지 알 수 있습니다. 이스라엘 나라의 정체성은 하나님의 공의를 온 세상에 드러내는 것이었습니다. 구약의 이스라엘은 곧 하나님 나라였습니다.

다윗으로 이어지는 의와 공도

하나님 나라의 중요한 정체성은 모세 시대의 이스라엘에게 나타난 것으로 그치지 않습니다. 구약에서 궁극적으로 세워지는 다윗 왕국을 통해서도 분명히 드러납니다.

> 다윗이 온 이스라엘을 다스려 다윗이 모든 백성에게 정의와 공의를 행할새 _ 삼하 8:15
>
> 다윗이 온 이스라엘을 다스려 모든 백성에게 정의와 공의를 행할새 _ 대상 18:14

여기에서 눈에 띄는 단어가 무엇입니까? '정의와 공의'입니다. NIV 성경에 "just and right"라고 되어 있습니다. 창세기 18장 19절의 '의와 공도'와 같은 번역입니다. 순서만 바뀌었을 뿐입니다.

아브라함을 통해 나라를 세우겠다고 하신 하나님께서 다윗의 때에 그 뜻을 1차적으로 성취하셨으니 바로 이스라엘 왕국입니다. 다윗은 이스라엘 왕국을 다스리는 왕이 되었습니다. 하나님 나라 이스라엘의 왕이신 하나님을 대신하여 다스리는 직분자가 된 것입니다.

그런데 이 왕이 이스라엘을 어떻게 다스립니까? '정의와 공의'입니다. '의와 공도'입니다. 창세기 18장 19절에서 '의와 공도'를 행하게 하려고 아브라함을 택하셨는데, 그 후손 다윗이 '정의와 공의'를 행합니다.

> 의와 공의가 주의 보좌의 기초라 인자함과 진실함이 주 앞에 있나이다 _ 시 89:14

"의와 공의"가 주의 보좌의 기초라고 말씀합니다. NIV 성경에는 "righteousness and justice"라고 되어 있습니다.

> 여호와께서 다스리시나니 땅은 즐거워하며 허다한 섬은 기뻐할지어다 구름과 흑
> 암이 그를 둘렀고 의와 공평이 그의 보좌의 기초로다 _ 시 97:1-2

'의와 공평'이 주의 보좌의 기초라고 말씀합니다. NIV 성경에 "righteousness and justice"라고 되어 있습니다. 즉 의와 공의, 의와 공평 모두 '의와 공도'입니다. 같은 말입니다.

다윗은 의와 공의를 보좌로 삼으신 하나님을 대신하여 하나님 나라 이스라엘을 다스립니다. 하나님께서 자기 나라를 의와 공도로 다스리시니, 그 뜻에 따라 자신의 직분을 수행합니다.

솔로몬으로 이어지는 의와 공도

다윗 왕국은 그다음 누구에게로 이어집니까? 솔로몬입니다. 역대하 9장 8절을 봅시다.

> 당신의 하나님 여호와를 송축할지로다 하나님이 당신을 기뻐하시고 그 자리에 올
> 리사 당신의 하나님 여호와를 위하여 왕이 되게 하셨도다 당신의 하나님이 이스
> 라엘을 사랑하사 영원히 견고하게 하시려고 당신을 세워 그들의 왕으로 삼아 정
> 의와 공의를 행하게 하셨도다 하고 _ 대하 9:8

1절을 보면, 이 말씀은 스바 여왕이 솔로몬의 명성을 듣고 찾아와서 한 말입니다. 그녀가 말하기를 하나님께서 솔로몬을 이스라엘의 왕으로 세우신 이유가 그를 통해 '정의와 공의'를 행하게 하려고 한 것이라고 말합니다. 정의와 공의로 다스려지는 나라에 대한 소문이 스바 여왕의 귀에까지 들렸습니다.

스바는 지금의 '예멘'에 해당하는 지역으로, 솔로몬이 있는 예루살렘으로부터 약 1,400마일, 즉 약 2,253km에 달하는 거리에 있는 곳입니다. 얼마나 먼 거리냐 하면, 이스라엘 사람들이 애굽에서 가나안까지 간 거리가 약 640km니까 그에 4배에 달하는 아주 멀리 떨어져 있는 지역입니다. 걸어서 최소한 2개월 이상은 걸리는 거리입니다. 그 먼 곳까지 솔로몬의 통치에 대한 소문이 들렸던 것입니다.

"정의와 공의"라고 번역된 말이 NIV 성경에 "justice and righteousness"라고 되어 있습니다. '의와 공도, 의와 공의, 의와 공평, 정의와 공의'가 모두 같은 말입니다. 솔로몬은 아브라함-모세-다윗의 뒤를 이어 이스라엘을 의와 공도로 다스렸습니다.

포로기 직전에 예언된 하나님 나라

하나님 나라로서의 구약 교회 이스라엘이 계속해서 이렇게 다스려져야 했지만, 그러지 못했습니다. 솔로몬 후기에 이르러서 점점 타락합니다. 북이스라엘과 남 유다로 나뉘게 되고, 악한 왕들이 계속해서 나타나니 그들이 여호와 보시기에 악을 행하였습니다. 그렇게 이스라엘이 의와 공도에서 점점 벗어나는 때에 이사야 선지자가 활동합니다(사 1:1; 웃시야~히스기야 시대).

이는 한 아기가 우리에게 났고 한 아들을 우리에게 주신 바 되었는데 그의 어깨에는 정사를 메었고 그의 이름은 기묘자라, 모사라, 전능하신 하나님이라, 영존하시는 아버지라, 평강의 왕이라 할 것임이라 그 정사와 평강의 더함이 무궁하며 또 다윗의 왕좌와 그의 나라에 군림하여 그 나라를 굳게 세우고 지금 이후로 영원히 정의와 공의로 그것을 보존하실 것이라 만군의 여호와의 열심이 이를 이루시리라

_ 사 9:6-7

이사야 선지자가 장차 오실 메시아 한 아기, 한 아들에 관하여 예언합니다. 바로 예수 그리스도입니다. 그분께서 나라를 세우시는데, 그 나라는 영원히 정의와 공의로 다스려질 나라입니다. 이사야는 하나님 나라 이스라엘이 내리막길을 걸을 때에 진정한 하나님 나라의 도래를 예언합니다.

이사야, 미가, 스바냐 등의 활동에도 불구하고 이스라엘은 결국 바벨론에 의해 멸망하게 됩니다(왕하 24장). 그 시점에 예레미야 선지자가 활동합니다. '과연 하나님 나라는 의와 공도를 행하는 나라로 세워지는 나라가 맞는가? 지금 당장 멸망하고 있는 시기에 과연 하나님 나라가 있기는 있는가?' 하는 의문이 생기던 때에 예레미야 선지자가 예언을 합니다. 예레미야 23장 5절을 봅시다.

그 앞 22장 24절 이하에 보면, 여호야김의 아들 고니야에 대해 말하고 있습니다. '고니야'는 난외주에 나와 있는 대로 '여호야긴'입니다. '여호야김-여호야긴-시드기야(맛다니야)' 이 시기는 이스라엘이 바벨론에 의해 멸망하는 시기입니다(왕하 24:1-25:7). 이러한 때 예레미야가 장차 있을 일에 대해 예언합니다.

여호와의 말씀이니라 보라 때가 이르리니 내가 다윗에게 한 의로운 가지를 일으킬 것이라 그가 왕이 되어 지혜롭게 다스리며 세상에서 정의와 공의를 행할 것이며 _ 렘 23:5

"다윗에게 한 의로운 가지를 일으킬 것이라"는 누구를 가리키며 하는 말입니까? 예수님이죠. "그가 왕이 되어" 다스릴 것이라고 합니다. 어떻게? "정의와 공의를 행할 것이며" 여기의 정의와 공의도 NIV 성경에서 "just and right"라고 되어 있습니다. 하나님 나라 이스라엘이 멸망하는 때에 예레미야가 예언합니다. "장차 다윗으로부터 나오시는 씨 예수님께서 오셔서 나라를 세우시는데, 그 나라가 정의와 공의로 다스려질 것이다."

그리고 바벨론에 포로로 끌려갔던 다니엘이 꿈과 환상을 봅니다. 그 환상에서 본 대로 "그의 나라는 멸망하지 아니할 것"입니다(단 7:14). "그의 나라는 영원한 나라"일 것입니다(단 7:27). "영원하고 영원하고 영원"할 것입니다(단 7:18). 그렇게 이스라엘이 바벨론 포로 생활을 마치고 돌아와 성전을 건축할 때, 스가랴 선지자가 예언합니다.

> 시온의 딸아 크게 기뻐할지어다 예루살렘의 딸아 즐거이 부를지어다 보라 네 왕이 네게 임하시나니 그는 공의로우시며 구원을 베푸시며 겸손하여서 나귀를 타시나니 나귀의 작은 것 곧 나귀 새끼니라 _ 슥 9:9

장차 왕이 오실 터인데, 그 왕은 공의로우신 분이요, 공의로 이 세상을 다스리실 분입니다. 그분은 나귀를 타실 것입니다.

일시적인 하나님 나라와 궁극적인 하나님 나라

하나님께서 아브라함에게 약속하셨던 하나님 나라(창 12:2). 의와 공도를 행하게 될 강대한 나라(창 18:18). 그 나라는 1차적으로 이스라엘이었지만, 그것이 궁극적인 것은 아니었습니다. 다윗 왕국, 솔로몬 왕국은 한편으로 하나님 나라였지만, 그것은 궁극적인 하나님 나라가 아니었습니다. 장차 이 땅에 임하게 될 하나님 나라를 미리 보여 주는 것이었습니다. 계시가 점진적으로 진행되는 가운데 나타난 임시적인 것이었습니다. 진정한 하나님 나라는 다윗의 씨에서 나실 분(롬 1:3)께서 세우실 나라입니다. 그가 왕으로 오셔서 정의와 공의를 행하는 나라를 세우실 것이라고 약속하셨습니다(렘 23:5).

예수 그리스도께서 세우신 하나님 나라

예수님을 통해 세워진 하나님 나라

마침내 아브라함과 다윗의 자손으로 예수님께서 오셨습니다(마 1:1; 참. 행 13:23). 그 예수님이 공생애를 시작하시면서 말씀하셨습니다.

때가 찼고 하나님의 나라가 가까이 왔으니 회개하고 복음을 믿으라 _ 막 1:15

그 예수님께서 예루살렘 성전으로 들어가십니다. 그때 무엇을 타고 들어가십니까? 마태복음 21장 1-5절에 말하는 것처럼 나귀를 타시고 들어가십니다. 이는 스가랴 선지자의 예언을 이루려 하심이었습니다. 나귀 타신 예수님이 바로 스가랴가 예언한 공의로우신 왕입니다. 성전에 들어가신 예수님께서 말씀하십니다.

네가 이 큰 건물들을 보느냐 돌 하나도 돌 위에 남지 않고 다 무너뜨려지리라 _
막 13:2

이 말씀은 이제 이스라엘이라는 지역에 있는 나라가 아닌 온 세상 가운데 흩어지게 될 하나님 나라가 임할 것임을 예언하신 것입니다.

예수님께서 가룟 유다가 데리고 온 대제사장들과 바리새인들에 의해
붙잡히십니다(요 18:3). 본디오 빌라도의 법정에 서십니다. 요한복음 18장 28
절 이하를 봅시다. 빌라도가 예수님께 질문하고 36절에서 예수님께서 대답
하십니다.

> 내 나라는 이 세상에 속한 것이 아니니라 만일 내 나라가 이 세상에 속한 것이었
> 더라면 내 종들이 싸워 나로 유대인들에게 넘겨지지 않게 하였으리라 이제 내 나
> 라는 여기에 속한 것이 아니니라 _ 요 18:36

예수님은 로마 제국의 총독 앞에서 자신이 세우실 나라가 있음을, 그
나라가 세상에 속한 나라가 아님을 말씀하셨습니다. 그리고 예수님은 이후
에 십자가에서 죽으시고 다시 살아나셨습니다. 이렇게 하나님 나라의 역사
가 진전되어 왔음에도 불구하고, 예수님께서 하늘로 올라가시기 전 제자들
은 이를 이해하지 못하고 질문합니다.

> 그들이 모였을 때에 예수께 여쭈어 이르되 주께서 이스라엘 나라를 회복하심이
> 이때니이까 하니 _ 행 1:6

아직도 사람들은 하나님께서 오래전 아브라함에게 약속하셨던 나라가
일반적으로 흔히 생각하는 나라의 형태일 것이라고 생각했습니다. 그러나
하나님 나라는 이 세상에 속한 나라가 아니었습니다(요 18:36). 하나님 나라
는 온 지구 끝까지 퍼져 있는 '교회'라는 형태로 세워지는 나라입니다. 수많
은 나라가 세워졌다가 사라지는 가운데에도 영원토록 멸망하지 않는 나라
입니다.

구약 이스라엘과 신약 교회

창세기 12장에서 아브람에게 약속된 '큰 민족', 창세기 18장에서 아브라함에게 다시 약속된 '강대한 나라'는 곧 교회를 통해 이루어졌습니다. 오순절 성령 강림 사건을 통해서 이 땅에 세워진 신약 교회는 어느 날 갑자기 하늘에서 뚝 떨어진 것이 아닙니다. 이미 구약 시대에 존재했던 하나님 나라 이스라엘과의 연속선상에서 세워진 교회입니다.

| 교회, 의와 공도로 다스려지는 나라 |

교회, 의와 공도로 다스려지는 하나님 나라

교회는 하나님 나라입니다. 하나님 나라의 그림자입니다. 이 나라의 정체성은 구약에 있었던 하나님 나라와 같습니다. 구약 시대에 있었던 하나님의 교회가 "여호와의 도를 지켜 의와 공도를 행하게 하려고"(창 18:19) 세워진 것처럼 신약 시대의 교회 역시 하나님의 의와 공의로 세워져 가야만 합니다. 교회는 의와 공도로 다스려지는 나라입니다.

교회는 세상에 있지만 세상에 속하지 않았습니다(요 18:36). 그래서 교회는 세상 나라의 법과 질서와 원리에 따라 다스려지지 않고, 하나님 나라의 법과 질서와 원리에 따라 다스려집니다.

미국에 있는 교회, 중국에 있는 교회, 태국에 있는 교회, 러시아에 있는 교회, 한국에 있는 교회가 각각 미국, 중국, 태국, 러시아, 한국의 헌법과 법률에 따라 세워지고 다스려지는 것이 아닙니다. 그 모든 교회는 모두 다 하나님 나라의 법과 질서와 원리에 따라 세워지고 다스려집니다. 그래서 이 땅의 모든 교회의 법과 질서는 어느 나라에 있든 동일합니다. 그래서 이 땅의 모든 교회에 속한 성도들은 똑같이 하나님 나라의 법에 따라 다스림을 받습니다. 성도는 자신이 속한 나라의 법과 하나님 나라의 법이 서로 배치 (背馳)될 때, 하나님 나라의 법을 따릅니다. 그로 인한 피해도 감수합니다.

세상 법에 저촉되지 않지만 하나님의 법에 어긋나는 일을 했다면, 하나님과 교회로부터 벌을 받습니다. 세상 법에 저촉되지만 하나님의 법에 어긋나지 않는 일을 했다면 하나님과 교회로부터 벌을 받지 않습니다. 왜냐하면 성도는 하나님 나라에 속한 백성이요, 하나님 나라의 법이야말로 성도가 추구해야 할 진정한 정의와 공평이기 때문입니다.

교회의 법은 하나님의 거룩한 말씀입니다. 그리고 교회의 치리 방식은 하나님께서 친히 성경에서 가르쳐 주신 방식입니다. 그러므로 하나님께서 구약 시대에 왕, 제사장, 선지자를 세우셔서 그들을 통해 하나님 나라 이스라엘을 다스리게 하셨다면, 교회 시대에는 목사, 장로, 집사를 세우셔서 그들을 통해 하나님 나라, 즉 교회를 다스리게 하십니다.

의와 공도가 선포되고 구현되는 교회

하나님 나라로서의 교회가 의와 공도로 다스려지기 위해 교회의 머리이신 예수님께서 직분자를 세우셨습니다. 가르치는 장로인 목사는 강단에서 말씀을 선포하는데, 성경 전체를 골고루 선포해야 합니다. 하나님의 사랑만 말하고, 하나님의 용서만 말하고, 하나님의 자비만 말한다면, 교회에는 의가 없고 공의가 없게 됩니다. 목사는 하나님의 의를 선포합니다. 하나님의 공도를 선포합니다. 목사는 강단에서 때로는 죄를 질책하고, 때로는 책망하며, 때로는 하나님의 심판을 선포합니다. 그렇게 함으로써 교회가 의와 공도로 다스려지도록 합니다.

다스리는 장로인 장로는 목사가 강단에서 하나님의 말씀을 골고루 선포하도록 감독하는 역할을 합니다. 또한 동일한 장로인 목사와 함께 치리회를 구성하여 성도를 의와 공도로 다스립니다. 가르치는 장로의 말씀 선포만으로는 안 됩니다. 장로의 다스림이 있어야 합니다. 치리(治理)해야 합니다. 치리하는 가운데 심각한 죄가 드러났을 때, 교회의 기초를 흔드는 일들이 있을 때 권징합니다. 그렇게 하여 교회가 의와 공도로 세워지도록 합니다.

집사는 강단에서 선포된 말씀이 교회 안에서 열매 맺도록 구제 사역에 힘씁니다. 이를 통해 교회 안에 의와 공도가 가득하도록 합니다.

이렇게 하나님 나라로서의 교회는 예수님께서 친히 다스리시되, 직분자를 세우셔서 교회를 다스리십니다. 이런 점에서 교회는 세상 나라와 구별됩니다(웨스트민스터 신앙고백서 30장 1항).

안타깝게도

그러나 안타깝게도, 이 시대의 교회는 하나님 나라로서의 교회가 아닌 종교 단체로서의 교회가 되어 있는 것 같습니다. 교회가 바로 아브라함에게 약속하신 나라, "여호와의 도를 지켜 의와 공도를 행하게 하려고" 세우신 하나님 나라임이 전혀 드러나지 않는 곳들이 너무 많습니다. 뿐만 아니라 '교회'라는 이름을 가졌으나 '의와 공도'를 버리고 있습니다. 오히려 악과 불평등과 불법이 교회라는 이름으로 버젓이 행해지고 있습니다.

그럼에도 기억합시다. 의와 공도로 다스려야만 했던 다윗 왕국과 솔로몬 왕국은 다윗과 솔로몬의 연약함으로 결국 사라져 버렸지만, 우리 주 예수 그리스도의 교회는 영원하다는 사실입니다(단 7:14, 18, 27). 주님께서 완전히 다스리시는 하나님 나라가 속히 임할 것입니다. 그 나라를 바라봅시다.

이야기의 결론

아브라함에게 약속하신 큰 민족, 강대한 나라가 다윗과 솔로몬을 거쳐 이사야와 예레미야, 다니엘의 예언대로 그리스도를 통해 세워졌습니다. 그것은 바로 교회입니다. 이 교회는 하나님 나라입니다. 하지만, 아직 완성되지 않은 나라이며, 부족함이 많은 나라입니다. 그래서 교회는 정확하게 말하면 '하나님 나라의 그림자'입니다.

장차 그림자는 완전한 실체로 드러나게 될 것입니다. 그때까지 이 주님의 교회가 의와 공도로 다스려지기를 위해 기도합시다. 우리 모두 이 교회를 의와 공도로 다스려지는 나라로 세워 나갑시다.

오직 정의를 물 같이, 공의를 마르지 않는 강같이 흐르게 할지어다

_ 암 5:24(개역개정)

오직 공법을 물 같이, 정의를 하수 같이 흘릴찌로다

_ 암 5:24(개역한글)

STORY 8

땅 이야기

창 12:1-2; 히 11:8-16

땅과 관련된 인류 역사

인류 역사를 보면 유랑(流浪)하다가 어느 지역에 정착하고 다시 이동하다가 정착하고, 그래서 땅을 차지하고 땅을 정복하는 역사가 계속되는 것을 볼 수 있습니다. 예컨대, 주전 4세기의 고대 그리스인들은 페르시아까지 이주를 했고, 주후 5-6세기에 게르만족은 대이동을 했으며, 실크로드를 통해 동서양의 이동이 있었고, 16세기에는 유럽인들이 아메리카 대륙으로 이주하는 역사가 있었습니다. 그래서 인류의 역사를 이주(移住)의 역사요, 땅을 차지하는 역사라고 할 수 있습니다.[102] 이처럼 인간은 땅을 얻는 일을 매우 중요하게 여깁니다.

인류 역사의 큰 줄기는 '전쟁사'라고 할 수 있는데요. 전쟁은 왜 그토록 끊임없이 일어나는가? 여러 가지 이유가 있지만, 그중에 하나는 땅을 소유하기 위함입니다. 이러한 욕망은 끝이 없어서 현재(2022년)에도 세계에서 가장 넓은 영토를 소유하고 있는 러시아는 우크라이나를 침공하여 더 많은 땅을 가지려 하고 있습니다.

땅 이야기를 하는 하나님의 역사

하나님의 구원 역사를 이야기하고 있는 성경을 보아도 땅 이야기가 아주 많이 나옵니다.[103] 성경을 딱 펼치면 제일 먼저 땅 이야기가 나옵니다. 창세기 1장 1절에 "태초에 하나님이 천지(즉, 하늘과 땅)를 창조하시니라"라고 말씀하며, 바로 이어지는 2절은 "땅이 혼돈하고 공허하며 흑암이 깊음 위에 있고 하나님의 영은 수면 위에 운행하시니라"라고 말씀합니다. 10절에도 '땅(뭍)'이 나옵니다. 이렇게 성경은 땅 이야기로 시작하고 있습니다. 참고로, 1, 2, 10절에 나오는 땅은 히브리어로는 다 같은 '땅'이지만, 그 내용을 살펴보면 서로 다른 의미를 가진 땅입니다.

창세기 1장 28절을 보면 하나님께서 사람을 지으신 뒤에 명령하십니다. "생육하고 번성하여 땅에 충만하라. 땅을 정복하라." 또 창세기 12장을 보면 하나님께서 아브라함에게 떠나라고 명령하시고, "내가 네게 보여 줄 땅으로 가라"라고 명령하십니다. 이 이후로 성경에서 땅 이야기는 더욱 중요하게 취급됩니다. 이후에 이어지는 성경 이야기를 자세히 보면, 성경이 땅에 대해 매우 중요하게 다루고 있다는 사실을 알 수 있습니다(참조. 시 37:11).[104]

'젖과 꿀이 흐르는 땅'(출 3:8, 17; 13:5; 33:3; 레 20:24; 민 13:27; 14:8; 16:13-14; 신 6:3; 11:9; 26:9; 렘 11:5; 32:22; 겔 20:6, 15 등등)이라는 표현을 아시죠? 이 표현은 교회를 다니지 않는 사람도 잘 아는 표현입니다. 어디를 가리키는 말입니까? '가나안 땅'입니다. 성경을 보면 가나안 땅 이야기가 참 많이 나옵니다.

땅이라는 주제로 연결되는 이야기

이렇게 성경에는 땅 이야기가 많이 나옵니다. 그런데 그 이야기들이 서로 아무런 상관 없이 마구 나열된 것은 결코 아닙니다. 그 모든 이야기들은 서로 긴밀하게 연결되어 있습니다.

성경은 66권으로 구성된 1권의 책이며, 수많은 사건과 이야기로 구성되어 있는데요. 그것들은 각각 다 저마다의 의미가 있지만, 또한 동시에 서로 긴밀하게 연결되어 있어 다양성 안에서 통일성을 이루고 있습니다.

성경 속 땅 이야기 역시 마찬가지입니다. 그냥 아무 상관없이 언급하고 있는 것이 아니라 서로 긴밀하게 연결되어 있어, 이야기가 점점 발전해 나갑니다.[105] 하나님께서 땅을 약속하시고, 하나님의 백성들이 땅을 차지하는 이야기. 땅을 빼앗기고, 다른 땅으로 옮겨 가고, 원래의 땅으로 돌아오는 이야기가 성경 전체를 구성하고 있습니다.

자, 그렇다면 성경에는 왜 땅 이야기가 이렇게 많이 나올까요? 성경에서 말하는 땅은 어떤 의미일까요? 왜 성경의 인물들은 땅을 찾아 헤매는 삶을 살았을까요? 성경을 오해하지 않고 전체적으로 잘 이해하기 위해서 알아야 할 것이 여러 가지가 있지만, 이번에는 '땅'을 중심으로 성경 전체를 살펴보도록 하겠습니다.

창조부터 아브라함 이전까지

에덴의 동산과 땅에 대한 명령

태초에 하나님께서 천지, 즉 하늘과 땅을 창조하셨습니다(창 1:1). 그 하나님은 땅의 흙으로 사람을 창조하셨습니다(창 2:7). 하나님은 사람을 땅에 두시고(창 2:8) "땅에 충만하라, 땅을 정복하라"라고 명령하십니다(창 1:28). 이것이 하나님께서 땅과 관련하여 첫 사람에게 주신 명령이요 사명입니다.

그런데 이 땅이 어디일까요? 창세기 1-2장은 시간 순서로 기록된 게 아니라 내용에 따라 기록되어 있어서 조금 살펴볼 필요가 있는데요. 창세기 2장 7-8절은 창세기 1장 28절보다 먼저 있었던 일입니다. 순서대로 말해 보면, 창세기 2장 7절에서 아담을 지으시고 2장 8절에서 에덴에 동산을 창설하시고 나서 사람을 거기에 두십니다. 그리고 2장 22절에서 여자를 지으시고 나서 1장 28에서 "땅에 충만하라, 땅을 정복하라"라고 명령하십니다. 그러니 1장 28절에서의 땅은 에덴에 있는 동산입니다.[106]

창세기 1장 28절의 명령이 동산과 관련된다는 것은 창세기 2장 15절을 통해서도 알 수 있습니다. 하나님은 당신이 지으신 사람을 에덴의 동산에 두어 그 동산을 경작하며 지키게 하셨습니다. 창세기 1-2장에서 '땅'은 단순한 거주지가 아니었습니다. 하나님의 선물이요 또한 동시에 하나님의 명령을 수행하는 대상이면서 장소였습니다. 사람은 땅을 잘 가꾸고 지키고 충만하고 정복해야 했습니다.

타락

그러나 아담은 그 일에 실패합니다. 땅에서 하나님의 임재를 풍성히 맛보면서 땅을 잘 지켜야 할 아담은 땅에 죄가 들어오도록 만듭니다.

땅이 저주를 받음

결국 하나님께서 아담에게 벌을 내리십니다. 그 벌의 내용은 "땅은 너로 말미암아 저주를 받고, 땅이 가시덤불과 엉겅퀴를 낼 것이라"는 것이었습니다(창 3:17-18). 땅, 즉 동산을 거룩하게 보존해야 할 아담의 실패로 인해 동산이 더럽혀진 것입니다. 땅은 이제 더 이상 복의 통로나 도구가 아니라 고통의 근원이 되었습니다. 사람이 땅을 정복하는 것이 아니라 땅이 사람을 정복하게 되었습니다(창 3:17-19; 롬 8:18-25).[107]

동산에서 쫓아내심

땅과 아담에게 저주를 내리신 하나님은 사람을 에덴의 동산에서 쫓아내십니다(창 3:23-24). 땅에서 쫓겨나는 것은 하나님의 심판입니다. 이를 통해 하나님의 선물인 땅에서조차 죄로 인하여 쫓겨날 수 있다는 사실을 드러내십니다.

쫓겨남 motif

아담이 땅에서 쫓겨나고(창 3:24),[108] 그 이후 땅에서 쫓겨나는 사건이 몇 차례 반복됩니다. 첫째는 가인입니다. 가인이 아벨을 죽이죠. 그로 인해 받은 벌이 무엇입니까? "너는 땅에서 피하며 유리(流離)하는 자가 되리라"(창 4:12). 가인은 한곳에 정착하면 안 되는 벌을 받습니다. 물론 가인은 그 벌을 무시해 버리는 죄를 또 범하죠(창 4:16-17). 둘째는 바벨 사건입니다. 창세기 11장의 바벨 사건에서 사람들은 자기들의 이름을 내려고 합니다. 이에 대해 하나님은 그들을 온 지면에서 흩으시는 것으로 마무리하십니다(창 11:8-9).

회복되어야 할 땅

지금까지 본 것처럼 '땅이 주어졌으나, 땅에서 쫓겨나는 사건'이 성경 전체의 서론이라고 할 수 있는 창세기 1~11장에 나옵니다. 이를 통해 성경은 '땅의 회복'이라는 중요한 주제가 필요하다는 사실을 우리 모두에게 보여줍니다.

| 아브라함부터 솔로몬 시대까지 |

이제, 하나님의 구원 역사가 본격적으로 진행되는 아브라함의 이야기가 창세기 12장에서 시작됩니다.

우리가 성경을 오해했다

아브람에게 땅을 약속하심

아브라함 이야기는 어떤 내용으로 시작합니까? 우리가 잘 아는 창세기 12장 1-2절을 보면 이렇게 말씀합니다.

여호와께서 아브람에게 이르시되 너는 너의 고향과 친척과 아버지의 집을 떠나 내가 네게 보여 줄 땅으로 가라 내가 너로 큰 민족(nation)을 이루고 네게 복을 주어 네 이름을 창대하게 하리니 너는 복이 될지라 _ 창 12:1-2

아브람이 하나님으로부터 받은 약속은 크게 세 가지입니다. 하나는 땅, 하나는 민족, 하나는 복입니다. 이 가운데 첫 번째는 땅입니다. 아브람은 원래 갈대아 우르에서 살고 있었습니다(창 15:7; 행 7:4). 하나님께서 그를 부르십니다. 갈대아 우르를 떠나라고 하십니다. "내가 네게 보여 줄 땅으로 가라"라고 하십니다. 그래서 창세기 12장 이후의 이야기는 그 땅으로 가는 이야기입니다.

첫 사람 아담이 땅을 받았으나 땅에서 쫓겨났습니다. 그런데 하나님은 아브람에게 땅을 주겠다고 하십니다. 최초의 하나님의 백성이 땅에서 추방되었는데, 하나님은 아브라함을 자기 백성으로 부르시면서 땅을 약속하십니다. 그 하나님의 백성 아브람은 하나님께서 주시는 약속의 땅을 향해 나아갑니다. 이처럼 아브람은 창세기 1~11장에 나오는 '땅의 상실'이라는 아담의 타락 이후 계속된 저주를 회복시키고 땅 위에 하나님 나라의 진전을 실현하기 위한 도구로 사용됩니다.[109]

아브라함에게 계속되는 약속

아브람이 애굽을 지나서(창 12:10-20) 요단 지역으로 이동하는데, 이때 조카 롯이 함께하고 있습니다. 두 무리가 길을 선택하게 되지요? 롯은 소돔과

고모라 지역으로 갑니다(창 13:10). 아브람은 헤브론으로 갑니다(창 13:14-18). 롯이 아브람을 떠난 후 하나님께서 아브람에게 말씀하십니다. "너는 눈을 들어 너 있는 곳을 바라보라. 보이는 땅을 내가 너와 네 자손에게 주리니"(창 13:14-15). 이때 하나님은 자손에 대한 약속도 다시금 주십니다(창 13:17).

하나님은 창세기 12장 1-2절에서 주셨던 약속을 계속해서 반복하십니다. 15장에서 횃불 언약을 맺으실 때도 주십니다(창 15:18-21). "내가 이 땅을 … 네 자손에게 주노니"(창 15:18). 17장에서 할례 언약을 맺으실 때도 주십니다.

> 내가 너와 네 후손에게 네가 거류하는 이 땅 곧 가나안 온 땅을 주어 영원한 기업이 되게 하고 나는 그들의 하나님이 되리라 _ 창 17:8

이삭과 야곱에게도 이어지는 약속

이 약속은 아브라함 때에만 이어지지 않습니다. 그의 아들과 자손, 즉 이삭과 야곱에게도 이어집니다. 창세기 26장에 보니 아브라함이 죽고 이삭이 살 동안에 흉년이 들었습니다. 이때 하나님은 이삭에게 "애굽으로 내려가지 말고 내가 네게 지시하는 땅에 거주하라"(창 26:2)라고 하셨습니다. 그렇게 하면 그 땅에서 네 아버지 아브라함에게 맹세한 것을 이루겠다는 것입니다.

야곱에게도 약속하십니다. 창세기 28장 4절에 "하나님이 아브라함에게 주신 땅 곧 네가 거류하는 땅을 네가 차지하게 하시기를 원하노라"라고 하시고, 창세기 28장 13-15절과 35장 12절에서도 동일한 약속을 반복하십니다.

이집트에 우거함

하나님의 섭리에 따라 요셉을 비롯해 야곱과 그의 자녀들이 이집트(애굽)로 이주하게 됩니다(창 47:27). 그 땅은 육적인 관점에서 볼 때 좋은 땅입니다(창 47:6, 11). 나일(강)의 풍요로움이 있는 땅입니다. 따라서 이스라엘 백성들은 그 이집트에서 살면서 생육하고 번성하여 온 땅에 가득하게 됩니다(출 1:7). 한편으로 하나님의 약속과 명령이 성취된 것입니다(참조. 창 1:28).

그러나 사실 약속이 아직 제대로 성취된 것은 아닙니다. 왜냐하면 그들이 번성하여 가득해야 할 땅은 이집트가 아니기 때문입니다. 이집트는 그들이 거주(居住)할 곳이 아니라 잠시 우거(寓居)할 곳입니다. 그들이 충만해야할 땅은 약속의 땅 '가나안'입니다.

요셉의 유언

나중에 다시 보겠습니다만, 창세기 50장을 보면 요셉은 이집트에 살다가 죽을 때 유언을 남깁니다. 유언의 내용이 무엇입니까? 나중에 이스라엘이 이집트를 떠날 때 자신의 해골을 메고 올라가라는 것이었습니다(창 50:25). 요셉은 출애굽을 예언하고 있었습니다(창 50:24). 그 이유는 이집트가 약속의 땅이 아니기 때문입니다. 잠시 머물 곳에 불과하기 때문입니다. 반드시 약속의 땅에 가야 하기 때문입니다.

출애굽

그렇기에 그들은 출애굽을 해야 했습니다. 젖과 꿀이 흐르는 땅 곧 가나안 땅으로 가야만 했습니다. 그래서 하나님은 모세를 통해 이스라엘을 가나안 땅으로 인도하신다고 알리십니다(출 3:7-8, 17; 6:2-8). "내가 너희를 애굽의 고난 중에서 인도하여 내어 아브라함과 이삭과 야곱에게 줄기로 맹세한 땅, 젖과 꿀이 흐르는 땅 곧 가나안으로 데려가려 하노라"라고 하십니다(출 3:17; 6:8).

가나안을 향해

출애굽기, 민수기, 신명기는 이집트를 떠나 가나안 땅으로 향해 이동하는 과정을 담고 있습니다. 특히 신명기에는 여호와가 조상들에게 약속하신 땅을 정복할 것에 대한 명령으로 가득합니다. 신명기 9장 5절을 보면, "네 조상 아브라함과 이삭과 야곱에게 하신 맹세를 이루기 위해서" 가나안 땅으로 가야 한다는 것을 강조합니다. 신명기 11장 8-12절도 마찬가지로 약속의 땅을 차지할 필요성을 강조합니다.

가나안 입성

이스라엘은 마침내 40년 동안의 광야 생활을 지나 요단강을 건너(수 3 장) 가나안 땅에 입성합니다. 이때 첫 관문은 여리고성입니다(수 6장). 이스라엘이 여리고 성을 차지할 때 어떤 방식으로 차지합니까? 전쟁으로 쟁취하지 않습니다. 믿음으로 얻습니다. 이를 통해 약속의 땅은 힘이나 병법(兵法)이나 책략(策略)으로 얻는 것이 아니라는 것을 보여 줍니다. 오직 선물로 받습니다.[110]

가나안에 도착한 이스라엘 백성들은 그 땅에 정착합니다(수 11:23). 여호수아서는 그 내용으로 가득 차 있습니다(수 21:45). 여호수아서는 땅의 약속을 현저히 진전시키며, 땅의 약속이 어떻게 이루어질 것인지를 보여 줍니다.[111]

요셉의 유언 성취

앞서 설명했듯이 요셉은 유언으로 이스라엘이 이집트를 떠날 때 자신의 해골을 매고 올라가라고 했습니다(창 50:25). 그 유언에 따라 모세는 출애굽

할 때 요셉의 유골을 가지고 갑니다(출 13:19). 마침내 여호수아 24장을 보면, 이스라엘은 애굽에서 가져온 요셉의 뼈를 가나안 땅 세겜에 장사 지냅니다(수 24:32). 요셉은 죽어서 해골이 되고 나서 비로소 가나안 땅을 얻게 된 것입니다.

사사 시대

여호수아 때 가나안 땅을 정복했지만, 그것은 완전한 정복이 아니었습니다. 가나안 땅에 살던 이들을 몰아내고 완전히 정착하는 사명이 이스라엘에게 남아 있었습니다. 하지만 이스라엘은 하나님께 범죄했습니다. 땅을 선물로 받았지만 그것을 온전히 정복하지 못했습니다. 사사기에 나오는 내용이 모두 그런 내용입니다.

그리고 사사 시대를 살던 한 집안의 일이 룻기에 나옵니다. 엘리멜렉 가정의 이야기입니다. 그 가정은 베들레헴에 흉년이 들었다는 이유만으로 약속의 땅을 떠나 모압 지방으로 건너가 버립니다(룻 1:1). 그러나 결국 이 엘리멜렉 가정은 남편도 죽고 아들도 죽고, 나오미의 말대로 '나를 더 이상 나오미, 즉 기쁨이라고 부르지 말고 마라', 즉 '쓰다'라고 부르라고 할 정도로 그 땅에서 비참한 형편에 처합니다(룻 1:3, 5). 하지만 다시 베들레헴으로 돌아와서 비참함이 풍요로움으로 바뀝니다(룻 1:19; 4:11).

왕국 시대

사사 시대가 끝나고 왕국 시대가 임합니다. 사무엘이라는 마지막 사사를 끝으로 사울-다윗-솔로몬이라는 왕의 시대가 열립니다. 다윗의 때에 어느 정도 평안이 임하고, 궁극적으로는 솔로몬 시대에 하나님의 언약이 성취됩니다. 솔로몬 시대에 단에서부터 브엘세바까지 땅을 차지하게 되고(왕상 4:25), 아브라함과 이삭과 야곱과 모세에게 주신 약속이 성취됩니다(왕상 8:56).

<h1 align="center">| 바벨론 포로 |</h1>

이스라엘의 타락

그러나 그것도 잠시입니다. 솔로몬의 마음이 하나님을 떠나고(왕상 11:9), 여로보암이 금송아지 우상을 만듭니다(왕상 12:28). 결국 이스라엘은 북쪽 이스라엘과 남쪽 유다로 분열되고(왕상 12장), 이스라엘의 타락은 갈수록 심각해져 갑니다.

땅을 빼앗기다

땅을 선물로 받았다면 그것을 잘 관리해야 함이 마땅합니다. 거저 받은 땅이라도 잘 돌보면서 땅에 대한 책임을 져야 합니다(참조. 창 2:15).[112] 땅을 선물로 받았지만, 그것을 유지하기 위해서는 순종이 요구됩니다(사 1:19-20). 그렇지 못할 때 땅에서 쫓겨난다는 사실을 아담을 통해서 이미 보았습니다(창 3:24).

뿐만 아니라 하나님은 레위기 18장 24-30절과 20장 22-24절에서도 이미 경고하셨습니다(참조. 신 28:58-66; 왕상 9:4-7). "너희가 범죄하면 약속의 땅도 너희를 토해 내리라" "너희는 나의 모든 규례와 법도를 지켜 행하라 그리하여야 내가 너희를 인도하여 거주하게 하는 땅이 너희를 토하지 아니하리라"(레 20:24).[113]

가나안 땅에 겨우 도착하여 정착하려 한 이스라엘은 결국 가나안 땅의 토해 냄으로 인하여 땅을 빼앗깁니다. 그리하여 이스라엘은 아주 잠시 땅을 얻었을 뿐이었습니다. 이스라엘은 땅을 선물로 받았음에도 땅을 더럽혔고, 그 결과 하나님의 심판이 임했습니다(겔 7:2; 33:28).[114] 결국 북쪽 이스라엘은 앗수르에 의해 멸망당하고(왕하 15:29; 17:22-23), 남쪽 유다는 바벨론에 의해 멸망당하여 포로로 끌려갑니다(왕하 24:8-17). 약속의 땅은 이스라엘을 토해 버립니다.[115]

땅을 빼앗긴 것의 의미

이스라엘에게 가나안 땅은 그냥 단순한 땅이 아닙니다. 단순한 거주지도 아니요, 그냥 부동산도 아닙니다. 하나님의 약속과 임재와 언약의 복이 임하는 장소입니다. 그렇기에 앗수르와 바벨론에 포로로 끌려간 일은 단순한 일이 아닙니다. 그냥 단순한 땅의 상실이 아닙니다.[116]

이스라엘에게 있어서 땅을 잃게 되는, 심지어 땅에 대한 소망을 잃게 되는 포로 됨이란 모든 언약이 공허한 것으로 되는 영점(null point)이었습니다.[117]

상실 가운데도 희망이

다행스럽게도, 이스라엘이 바벨론에 포로로 끌려간 가운데도 희망의 여명은 그들을 비추었습니다. 하나님은 선지자들을 통해 그들의 죄를 지적하기도 하셨지만, 또한 동시에 약속의 땅을 회복할 것이라는 사실을 예언해 주셨습니다. 그중 이사야, 예레미야 등은 이스라엘이 포로로 끌려가기 전에 활동한 예언자들입니다. 그들은 이스라엘의 범죄를 꾸짖습니다. 동시에 땅의 회복을 예언합니다(사 65:17; 66:22; 렘 16:15; 29:14).

그러는 중에 아주 특이한 일이 있습니다. 예레미야 32장 6-15절을 보면 하나님께서 예레미야에게 말씀하시기를 "너는 아나돗에 있는 내 밭을 사라"라고 하십니다(렘 32:7). 아니 이제 바벨론이 이스라엘을 침공할 터인데, 이 땅은 사서 뭐 합니까? 그런데 예레미야 32장 15절에서 이렇게 말씀하십

159

STORY 8 · 땅 이야기

니다. "사람이 이 땅에서 집과 밭과 포도원을 다시 사게 되리라" 바벨론 포로 생활은 영원한 것이 아니라는 것을 예언하신 것입니다. 이를 포로 시대에 에스겔을 통해서도 예언하셨습니다(겔 36:33-36; 37:24-28).

약속대로 회복되는 땅

하나님께서 예레미야를 통해 약속하신 대로(렘 25:12-13; 29:10-11), 이스라엘은 포로 생활 70년을 마치고 페르시아왕 고레스의 칙령에 따라 다시 이스라엘로 돌아옵니다(대하 36:21-22; 스 1:1-4). 하나님의 약속대로 약속의 땅을 다시 얻게 된 것입니다.[118]

믿음과 순종으로 얻는 땅

자, 지금까지 구약 역사가 땅을 중심으로 어떻게 이어져 왔는지를 요약적으로 살펴보았습니다. 이처럼 구약 시대의 전 기간에 걸쳐 이스라엘에게 있어서 땅은 그들의 믿음과 삶의 중심에 있었습니다.[119] 구약에서 땅은 '하나님의 언약'과 관련됩니다. 그렇기에 그 땅을 얻는 방식은 '믿음과 순종'입니다.[120] 그리하여 구약 교회 이스라엘의 역사에서 땅은 '약속-소유-상실'이라는 사이클로 진행되었습니다.

| 신약과 땅 |

신약으로 넘어와서

신약으로 넘어갑시다. 시간이 많이 흘렀는데, 구약만큼이나 신약에서도 땅 이야기를 길게 할까요? 걱정 마십시오. 그렇지 않습니다. 신약으로 가면 땅에 대한 이야기가 구약에 비해 현저히 적어집니다.[121] 구약에는 '땅'

우리가 성경을 오해했다

을 가리키는 단어나 단어들이 1,600번 이상 나오지만, 신약에서는 50번 미만입니다.[122] 심지어 '가나안 땅'이라는 말도 신약 성경에는 딱 2번 나오는데(행 7:11; 13:19), 그것들 모두 다 구약의 이야기를 설명할 때 언급된 말일 뿐입니다.

예수님은 이곳저곳을 이동하시면서도 그 장소에 대해 중요한 의미 부여를 많이 하지 않으셨습니다. 예수님은 땅에 대한 열망에 대해 놀라울 정도로 침묵하십니다.[123] 신약 성경의 대부분을 기록한 바울 역시 로마 제국 전역을 누비면서도 지리에 대해 거의 관심을 보이지 않았습니다. 그는 예수님의 생애에서 중요한 지역을 언급하지도 않고, 중요한 복음 사건을 말할 때도 지역을 드러내지 않았습니다(참조. 고전 15:3-8).[124] 또한 바울 다음으로 신약의 중요한 인물인 베드로는 그리스도인을 흩어진 나그네로 묘사합니다(벧전 1:1; 2:11). 어느 한 지역을 중요하게 여긴 구약과는 너무나도 다른 모습입니다.

그리스도를 통해 성취되는 땅의 약속

왜 그럴까요? 구약에서 줄기차게 이야기했던 약속의 땅은 그리스도의 인격과 사역의 결과로 성취되었기 때문입니다. 땅과 그로 말미암는 복은 그리스도를 통해 주어질 새 하늘과 새 땅에서 성취될 것이기 때문입니다(사 65:17; 66:22; 벧후 3:13; 계 21:1).

구약의 땅은 사실상 예표요, 그림자였습니다. 구약에서 중요한 주제였던 약속의 땅은 구약의 다른 주제와 마찬가지로 예수님과 연결됩니다. 그래서 약속의 땅은 예수님을 통해 성취되고, 예수님과 관련해 누리게 됩니다.[125] 젖과 꿀이 흐르는 약속의 땅 가나안이 바라본 것은 궁극적으로 예수님께서 우리에게 허락하실 새 땅, 새 예루살렘입니다.

히브리서, 땅, 안식

이 사실을 히브리서가 설명합니다. 히브리서 4장 8절을 보면 헬라어로 '예수'라고 번역할 수 있는 '여호수아'가 가나안 땅에 들어가는 것을 안식과 연결시켜서 말하면서, 여호수아가 이스라엘 백성들에게 안식을 주지 못했다고 합니다. 분명히 여호수아 21장 43-45절에 보면 여호수아가 안식을 준 것처럼 보이는데 말입니다.

> 만일 여호수아[1]가 그들에게 안식을 주었더라면 그 후에 다른 날을 말씀하지 아니하셨으리라 그런즉 안식할 때가 하나님의 백성에게 남아 있도다 _ 히 4:8-9

1) 헬라어로 '예수'

이를 통해, 가나안 땅은 아직 남아 있는 영원한 안식의 모형이라는 사실을 가르쳐 줍니다. 다시 말해 가나안 땅은 그 자체가 목적이 아니라 앞으로 도래할 훨씬 위대한 것을 가리킨 것임을 말하고 있습니다. 히브리서 11장 8-10절에서도 약속의 땅이 가지는 의미를 설명합니다.

> 믿음으로 아브라함은 부르심을 받았을 때에 순종하여 장래의 유업으로 받을 땅에 나아갈새 갈 바를 알지 못하고 나아갔으며 믿음으로 그가 이방의 땅에 있는 것 같이 약속의 땅에 거류하여 동일한 약속을 유업으로 함께 받은 이삭 및 야곱과 더불어 장막에 거하였으니 이는 그가 하나님이 계획하시고 지으실 터가 있는 성을 바랐음이라 _ 히 11:8-10

아브라함은 "내가 네게 보여 줄 땅으로 가라"라는 명령을 들었을 때(창 12:1) 갈 바를 알지 못하고 갔습니다(히 11:8). 그럼에도 그가 간 것은 '하나님이 계획하시고 지으실 터가 있는 성'을 바라보고 간 것이었습니다.

이를 통해 우리가 알 수 있는 것은 가나안 땅은 궁극적인 것이 아니었다는 사실입니다. 아브라함은 그것이 상징하는 '하나님이 지으실 터가 있는 성'을 바라보았습니다. 하늘의 도성(히 12:22), 흔들리지 않는 나라(히 12:28), 장차 올 영구한 도성(히 13:14), 하나님의 도시, 하나님의 도성, City of God, 하나님 나라(*de Civitate dei*)를 꿈꿨습니다. 아브라함은 사실 '가나안 땅'을 바라본 것이 아니었습니다. 그가 사모한 가나안 땅은 사실 하나님께서 지으실 하나님 나라였습니다.

스데반의 증언

이 사실을 스데반도 증언해 줍니다. 사도행전 7장을 보면 구약 이야기를 길게 서술하는데요. 그 시작에서 아브라함과 땅에 관해 이야기합니다. 그러면서 사도행전 7장 5절에서 이렇게 이야기합니다. "여기서 발붙일 만한 땅도 유업으로 주지 아니하시고"

그렇습니다. 사실 아브라함은 땅을 받지 못했습니다. 약속만 받았을 뿐입니다. 아브라함은 땅에 대한 약속을 받았지만, 그 땅을 전부 소유하는 복을 경험하지는 못했습니다.

아브라함이 막벨라 굴을 구입하여 사라, 아브라함, 이삭, 야곱이 매장됨

고작 그가 받은 것은 막벨라 굴입니다. 아브라함은 창세기 23장에서 은 400세겔을 주고 가나안 땅에서 마므레 앞 막벨라 굴을 구입합니다. 그게 아브라함이 얻은 가나안 땅의 전부입니다. 그런데 그곳은 아내 사라를 장사 지낸 곳이 되었고(창 23:19), 아브라함을 장사 지낸 곳이 되었으며(창 25:7-10), 이삭(창 35:27-29)과 야곱을 장사 지낸 곳이 되었습니다(창 50:12-13).

아브라함에게 있어서 그가 얻은 땅이란 그가 매장될 곳이었습니다(창 25:9-10). 그런데 왜 아브라함은 이 막벨라 굴을 구입했을까요? 마치 요셉이 자기의 해골을 매고 올라가라고 한 것과 같습니다. 가나안 땅에 대한 소망이죠. 궁극적으로는 히브리서 11장 10절에서 말한 "하나님이 계획하시고 지으실 터가 있는 성"입니다.

이렇게 구약의 족장들은 약속의 땅을 간절히 바랐는데, 히브리서 11장 13절이 말하는 대로 약속을 받지는 못했어도 그것들을 멀리서 보고 환영하였습니다. 이에 대해 예수님은 "너희 조상 아브라함은 나의 때 볼 것을 즐거워하다가 보고 기뻐하였느니라"(요 8:56)라고 말씀하셨습니다.

아브라함은 땅을 못 받았습니다. 그럼에도 그는 분명 땅을 받았으니, 아브라함이 받은 것은 땅이 아니라 예수 그리스도요(롬 4:3), 영원한 하나님 나라입니다.

그리스도: 약속의 실체

이처럼, 구약에서 줄기차게 이야기했던 약속의 땅은 예표였고, 그 실체는 예수 그리스도입니다. 그 예수 그리스도께서 우리에게 장차 가져다주실 새 하늘과 새 땅입니다(사 65:17; 66:22; 벧후 3:13; 계 21:1). 구약 교회에 속한 이스라엘 백성들이 약속받고 소유했던 땅은 장차 모든 시대의 교회에 속한 하나님의 백성들이 그리스도와 관련해 새 창조에서 영원히 누리게 될 더 위대한 것을 가리키는 것이었습니다. 그래서 그리스도인을 흩어진 나그네(벧전 1:1; 2:11)라고 표현했던 베드로는 이렇게 말합니다.

우리는 그의 약속대로 의가 있는 곳인 새 하늘과 새 땅을 바라보도다 _ 벧후 3:13

예수님은 우리를 구속의 복을 누리는 땅으로 인도하시는 분이십니다. 예수님께서 주시는 땅에서 우리는 비로소 안식을 누리게 됩니다. 우리는 새 하늘과 새 땅을 바라보아야 합니다.

신약에서 땅은 곧 세상

신약에 와서 땅에 대한 이야기가 사라진다고 했습니다. 예수 그리스도 때문에. 그런데 땅의 개념이 조금 다르게 나타나는 곳이 있습니다. 로마서 4장 13절을 봅시다.

> 아브라함이나 그 후손에게 세상의 상속자가 되리라고 하신… _ 롬 4:13

이 구절은 분명 구약을 인용한 것입니다. 그런데 구약을 보면 분명 아브라함에게 '땅의 상속자'라고 했지, '세상의 상속자'라고 하지 않았습니다. 세상의 상속자라는 말은 구약 성경에 없습니다. 그런데 바울은 "세상의 상속자가 되리라고 하신"이라고 표현합니다. 왜 그렇게 말했을까요?

바울은 구약에서 말하는 약속의 땅의 의미를 바르게 해석하고 이렇게 표현한 것입니다. 아브라함에게 약속된 땅은 1차적으로는 가나안 땅이지만, 궁극적으로는 교회를 통해 성취될 온 세상을 의미한다는 것을 이 구절에서 드러내고 있는 것입니다. 바울은 구약 전체에 근거하여 아브라함과 그의 후손에게 주신 언약을 바르게 이해합니다. 그리고 그것을 "세상의 상속자가 되리라고 하신 언약"이라고 표현합니다. 아브라함과 그 후손이 받은 약속은 장차 그의 후손인 교회를 통해 성취하게 될 세상입니다. 아브라함에게 하신 약속은 단지 아브라함이 가나안 땅을 받는 정도가 아니라 세상, 곧 온 우주를 상속받는 것입니다.[126]

그래서 예수님의 부활 이후 신자에게 있어서 약속의 땅의 개념은 가나안에 한정되지 않습니다. "오직 성령이 너희에게 임하시면 너희가 권능을 받고 예루살렘과 온 유대와 사마리아와 땅끝까지 이르러 내 증인이 되리라 하시니라"(행 1:8)라고 하신 대로, 땅 개념은 이제 땅끝까지 확대됩니다.

이 일이 성취되기 위해서 오순절 성령님께서 강림하실 때 유대인들이 각국에서 몰려왔습니다(행 2:8-12).[127] 그리고 사도행전의 기록을 보면 1장 8절은 나중에 이뤄지는 것이 아니라 이미 이뤄졌습니다(행 8:1, 5, 25; 9:31; 11:19-22; 롬 15:28). 그리고 성경에는 나오지 않지만, A.D. 70년에 예루살렘 성전이 티투스(디도, Titus) 장군에 의해 돌 위에 돌 하나도 남지 않고 파괴됨으로써, 가나안 땅의 언약적 의미는 완전히 사라지게 됩니다.

이렇게 되어 아브라함과 그의 자손에게 주시겠다고 한 땅의 약속은 가나안 땅만을 말하는 것이 아니라 궁극적으로는 온 세상을 의미한다는 사실이 분명하게 드러났습니다(롬 4:13).

성경에서 땅의 의미

성경이 말하는 땅

지금까지 살펴본 것처럼, 젖과 꿀이 흐르는 약속의 땅 가나안은 그 자체가 중요한 것이 아니었습니다. 땅은 예표였습니다(웨스트민스터 신앙고백서 7장 5항). 그래서 구약 시대에 땅을 소유한다는 것은 그 자체가 목표가 아니었습니다. 가나안 땅은 예수 그리스도를 상징한 것이요, 또한 장차 우리에게 임할 새 땅을 가리키는 것이었습니다.[128] 아브라함에게 가나안은 곧 예수 그리스도였습니다. 그분을 통해 세워질 하나님 나라였습니다. 그렇기에 아브라함과 이삭과 야곱은 땅을 못 받았지만, 사실은 받은 것입니다. 그들은 믿음으로 땅을 상속했습니다.

모든 땅이 거룩하다

개신교는 '성지(聖地)'라는 게 없습니다. '성지 순례'를 하지도 않습니다. 어느 특정한 땅을 거룩하다고 말하지 않습니다. 우리가 상속받는 것은 땅이 아니라 그리스도와 그분으로부터 누리는 은혜입니다.

저와 여러분은 아브라함의 후손입니다. 아브라함의 후손이기에 아브라함의 기업을 상속받았습니다. 그런데 우리가 받은 땅은 가나안 땅이 아닙니다. 그리스도입니다. 하나님 나라입니다. 우리는 어떤 특정한 영토에 있어야만 하는 것이 아닙니다. 이제는 그 땅을 차지할 필요도 없습니다. 어디에 있든 그리스도를 중심으로 하나님 나라 교회 공동체를 이루며 살아갑니다.

오늘날 신자들의 성취와 기대

그리스도인들은 믿음으로 그리스도와 연합하여 그리스도 안에서 하늘에 속한 모든 신령한 복을 누리고 있습니다. 그러면서 약속의 땅이 바라보는 최종적인 운명, 즉 새 하늘과 새 땅을 기다리고 있습니다. 구약의 성도들이 가나안 땅, 예루살렘에 소망을 두었다면, 이제 우리는 그리스도 안에서 하나님 나라에 소망을 두며, 장차 우리에게 허락하실 새 하늘과 새 땅, 새 예루살렘, 영원한 도시를 바라봅니다(계 21:1-2). 구약 성경에서 땅은 힘으로 차지하는 것이 아니라 믿음으로 얻는 것이었습니다. 신약 시대에도 마찬가지입니다.

온유한 자는 복이 있나니 그들이 땅을 기업으로 받을 것임이요 _ 마 5:5

이야기의 결론

구약 성경은 하나님의 땅과 함께하는 하나님 백성의 이야기입니다.[129] 땅은 영적으로는 예수 그리스도를, 초월적으로는 하늘의 예루살렘을, 종말론적으로는 그리스도의 재림 이후 오게 될 새 예루살렘을 가리킵니다.[130]

그러므로 그리스도를 얻은 모든 성도 여러분, 우리 모두 새 하늘과 새 땅, 새 예루살렘을 바라봅시다.[131]

우리가 성경을 오해했다

STORY 9

복 이야기

창 12:1-3; 엡 1:3-7

누구나 좋아하는 복

어느 누구나 어느 사회나 '복'을 좋아합니다. '복'을 싫어하는 사람은 아무도 없습니다. 우리나라의 경우 새해가 되면, "새해 복 많이 받으세요"라고 합니다. 중국의 경우 춘절(春節)이라고 부르는 새해 명절이 되면 붉은색으로 된 바탕에 복(福)이라는 한자가 쓰여 있는 종이를 여기저기 붙입니다. 영어권 사람들은 "God Bless You!"라는 말을 많이 사용합니다. 심지어 누군가가 재채기를 하면 "God Bless You!"라고 합니다. 물론 이제는 그 말이 너무 많이 사용되어서 복 받으라는 말보다는 "몸조심하세요." 혹은 "건강 유의하세요." 정도의 형식적인 말로 바뀌었지만 말이죠.

사람은 누구나 복을 바랍니다. 개인이나 국가도 잘되기를 바라지, 안되기를 바라는 경우는 없습니다. 그런데 여러분, 이렇게 말할 때의 복은 주로 무엇입니까? 동서고금을 막론하고 돈, 명예, 권력, 건강 등으로 요약됩니다. 줄이면, 부귀영화(富貴榮華), 만사형통(萬事亨通)이라고 할 수 있습니다.

성경도 복을 말한다

성경에도 복이 나옵니다. '복 있는 사람'이라는 표현을 아시죠? 시편 1편 1절이 이렇게 시작합니다. "복 있는 사람은…" 시편 1편은 1절부터 3절까지에서 복 있는 사람의 특징을 설명하는데 그 마지막을 이렇게 말합니다. "…그가 하는 모든 일이 다 형통하리로다." 성경도 역시 복과 만사형통을 말합니다.

분명 하나님은 복의 근원이십니다. 온 우주의 창조자요, 모든 좋은 것이 하나님께로부터 내려오니(약 1:17), 하나님은 복을 주시는 분이십니다. 온 세상의 모든 것이 다 하나님의 것이요, 하나님은 우리에게 넘치도록 채우시는 풍성하신 분이십니다(고후 9:8).[132] 그 하나님의 복을 성경이 말하고 있습니다.

성경이 말하는 복이란?

그렇다면 여러분, 하나님께서 주시는 '복'은 과연 무엇일까요? 돈, 명예, 권력, 건강을 말하는 것일까요? 부귀영화(富貴榮華), 만사형통(萬事亨通)인가요? 물론 그런 것들도 하나님께로부터 오는 것은 맞습니다. 그러나 성경이 말하는 복이 과연 그런 것일까요?

'복'이라는 단어 자체는 세상에서 말하는 복과 성경에서 말하는 복이 같습니다. 그러다 보니 하나님께서 주시는 복도 세상에서 말하는 복과 같을 것이라고 생각하기 쉽습니다. 하지만 같은 단어를 사용한다고 해서 그것이 의미하는 바도 같은 것은 아닙니다. 조금 어려운 말로 표현하면, 기표(記表, 시니피앙)가 같다고 해서, 기의(記意, 시니피에)가 같은 것은 아닙니다. 세상에서도 '복'을 말하고 성경에서도 '복'을 말하지만, 그 의미는 서로 다릅니다.

성경은 '복'에 관한 이야기로 가득합니다. 그렇기에 우리는 성경이 말하는 '복'이 무엇인지를 알아야 합니다. 무엇보다도 한두 구절만이 아니라 전체 성경을 통해 복의 개념을 바르게 깨달아야 합니다. 그리고 그 복을 구하고 받아 누려야 합니다.

이번 장에서는 전체 성경에 근거하여 '성경이 가르치는 복', '하나님께서 자기 백성에게 주시는 복'이 무엇인지에 관하여 말씀을 나누겠습니다.

| 사람 창조와 복 |

사람 창조 후 복을 주시다

창세기 1장을 보면 하나님께서 남자와 여자를 창조하신 뒤에 명령을 내리십니다. "생육하고 번성하여 땅에 충만하라, 땅을 정복하라." 그런데 이 명령을 내리시기 전에 무엇을 하셨는지 아십니까?

> 하나님이 그들에게 복을 주시며 하나님이 그들에게 이르시되 생육하고 번성하여 땅에 충만하라, 땅을 정복하라, 바다의 물고기와 하늘의 새와 땅에 움직이는 모든 생물을 다스리라 하시니라 _ 창 1:28

하나님은 남자와 여자를 모두 다 만드신 뒤에 가장 먼저 복을 주셨습니다.[133] 그러고 나서 명령하셨습니다. 이렇게 성경은 하나님께서 사람에게 복을 주셨다는 것으로 시작하고 있습니다.

처음 받은 복은 무엇일까?

하나님께서 처음 사람에게 주신 이 복은 무엇일까요? 성경은 복을 주셨다고는 말하지만 그 복이 무엇인지에 대해서는 명확하게 말씀하지 않습니다. 그러나 어느 정도 유추해 볼 수 있으니, 여기에서 말하는 '복'은 그 뒤에 바로 주신 명령, 즉 생육, 번성, 다스림이라는 것과 연결되지 않을까 생각해 볼 수 있습니다. 복을 통해 하나님의 명령을 수행할 수 있는 것이죠. 거꾸로 말하면 하나님의 명령을 수행할 수 있는 복을 주신 것입니다. 첫 사람이 받은 복은 분명히 생육, 번성, 다스림을 통해 이루실 하나님의 계획과 관련이 있습니다.

복을 저주로

복을 받은 우리의 조상 남자와 여자는 하나님께서 주신 복을 다른 것으로 바꾸었으니 바로 '저주'입니다. 먹지 말라는 열매를 먹음으로 인해 사람은 타락했습니다. 그 결과 하나님은 뱀, 여자, 남자에게 각각 벌을 내리십니다. 저주를 내리십니다(창 3:15-19). 창조됨과 더불어 복을 받은 사람이 타락으로 말미암아 저주를 받습니다. 그리고 그들은 동산에서 쫓겨납니다(창 3:24). 쫓겨나는 것도 역시 저주입니다. 복 그 자체이신 하나님으로부터 분리되는 저주입니다.

저주의 내용을 통해 유추해 보는 복

이것을 통해서 우리는 '복'이 무엇인지 유추해 볼 수 있습니다. 성경이 말하는 복이란 철저히 하나님과의 관계 속에서 의미를 가집니다.[134] 성경적 관점에서 복이란 하나님 안에서, 하나님의 임재와 더불어 존재할 때 의미가 있습니다. 그래서 하나님께 속한 모든 것이 복이요, 하나님으로부터 벗어난 모든 것이 저주입니다.

더 나아가 성경적으로 복은 하나님께서 원하시고 의도하시는 바에 부합하는 것을 말하며, 하나님의 의도와 계획을 잘 드러내는 것을 말합니다. 그러니 생육하고 번성하여 땅에 충만하는 것, 그것이 곧 복입니다.

재 창조와 복

창세기 6장 이하에 보면 노아 홍수 이야기가 나옵니다. 온 세상에 죄가 가득함으로 인하여(창 6:5-6) 하나님께서 홍수 심판을 내리십니다(창 7:10). 이를 통해 땅을 저주하십니다(창 8:21). 홍수가 다 끝나고 오직 노아와 그 가족들만이 남게 되는데, 노아 홍수를 통해 온 세상을 심판하신 하나님은 노아를 통해 새 창조를 시작하십니다. 이때 역시 복을 주십니다.

> 하나님이 노아와 그 아들들에게 복을 주시며 그들에게 이르시되 생육하고 번성하여 땅에 충만하라 _ 창 9:1

창세기 9장 1절은 창세기 1장 28절과 그 내용이 같습니다. 노아와 그 아들들이 받은 복은 첫 사람 남자와 여자가 받았던 복입니다. 즉 노아는 새 아담으로서의 역할을 감당합니다.

| 아브라함과 복 |

아브람에게 이어지는 복

아담, 그리고 노아로 이어졌던 하나님의 복과 명령은 이제 아브람을 통해 계속됩니다. 창세기 12장 1-3절을 봅시다.

> 여호와께서 아브람에게 이르시되 너는 너의 고향과 친척과 아버지의 집을 떠나 내가 네게 보여 줄 땅으로 가라 내가 너로 큰 민족을 이루고 네게 복을 주어 네 이름을 창대하게 하리니 너는 복이 될지라 너를 축복하는 자에게는 내가 복을 내리고 너를 저주하는 자에게는 내가 저주하리니 땅의 모든 족속이 너로 말미암아

창세기 12장 1-3절은 아주 중요한 말씀입니다. 성경 전체를 이해할 때 결코 빼놓을 수 없는 이야기입니다. 여자의 후손 이야기를 할 때도, 땅 이야기를 할 때도, 지금 다루는 '복'을 이야기할 때도 마찬가지입니다. 구약과 신약, 전체 성경을 바르게 이해하려면 이 말씀의 의미를 바르게 이해해야 합니다.

창세기 12장 1-3절을 자세히 보면 제일 많이 나오는 단어가 바로 '복'입니다.[135] 2절에 "네게 복을 주어", "너는 복이 될지라", 3절에 "내가 복을 내리고", "너로 말미암아 복을 얻을 것이라" 하나님은 아브람에게 땅으로 가라고 명령하십니다. 큰 민족을 이루게 할 것이라고 하십니다. 그러면서 '복을 준다'고 하십니다. 이것 역시 창세기 1장 28절과 매우 비슷합니다. 창세기 1장 28절에서 복을 주신 뒤에 생육하고 번성하고 땅에 충만하라고 하신 하나님께서, 창세기 12장 1-3절에서 아브람에게도 복을 주시고, 큰 민족을 이루겠다고 하십니다. '큰 민족을 이루게 하겠다'는 약속은 곧 하나님께서 친히 아브람을 통해 생육과 번성과 충만을 이루시겠다는 뜻입니다.

아브라함에게 추가된 부분

아브람에게 있어서 한 가지 더 추가된 부분이 있습니다. 3절 마지막에 나옵니다. "… 땅의 모든 족속이 너로 말미암아 복을 얻을 것이라" 하나님은 아브람에게만 복을 주시는 것이 아니라 아브람은 물론이고 더 나아가 그로 말미암아 땅의 모든 족속이 복을 얻을 것이라고 약속하십니다.[136]

창세기 12장 1-3절에서 말하는 '복'은 무엇일까요? 아브람에게 주실 복, 아브람을 통해 땅의 모든 족속이 받을 복은 무엇일까요? 그것이 무엇인지는 앞으로 전개될 하나님의 구속사를 통해 알 수 있습니다. 무엇입니까?

아브라함을 통해 세워질 하나님 나라를 통해 받게 될 복

창세기 18장 17-19절을 봅시다.

여호와께서 이르시되 내가 하려는 것을 아브라함에게 숨기겠느냐 아브라함은 강
대한 나라가 되고 천하 만민은 그로 말미암아 복을 받게 될 것이 아니냐 내가 그
로 그 자식과 권속에게 명하여 여호와의 도를 지켜 의와 공도를 행하게 하려고
그를 택하였나니 이는 나 여호와가 아브라함에게 대하여 말한 일을 이루려 함이
니라 _ 창 18:17-19

18장 18절 뒷부분을 보면 "… 천하 만민이 그로 말미암아 복을 받게 될
것이다"라고 말씀합니다. 앞서 12장 3절 뒷부분에서 "… 땅의 모든 족속이
너로 말미암아 복을 얻을 것이라"라고 했는데, 여기에서도 역시 만민이 아
브라함을 통해 복을 받는다고 말합니다. 자 그러면, 창세기 12장 1-3절과
창세기 18장 18절을 좀 더 자세히 비교해 봅시다.

여호와께서 아브람에게 이르시되 너는 너의 고향과 친척과 아버지의 집을 떠나
내가 네게 보여 줄 땅으로 가라 내가 너로 큰 민족을 이루고 네게 복을 주어 네
이름을 창대하게 하리니 너는 복이 될지라 너를 축복하는 자에게는 내가 복을 내
리고 너를 저주하는 자에게는 내가 저주하리니 땅의 모든 족속이 너로 말미암아
복을 얻을 것이라 하신지라 _ 창 12:1-3

아브라함은 강대한 나라가 되고 천하 만민은 그로 말미암아 복을 받게 될 것이 아
니냐 _ 창 18:18

둘 다 만민이 아브라함을 통해 복을 얻게 된다고 했는데, 이것은 아브라

함을 통해 세워질 큰 민족(창 12:2), 강대한 나라(창 18:18)와 연결됩니다. 큰 민족, 강대한 나라는 무엇입니까? 그를 통해 세워질 이스라엘, 구약 교회, 궁극적으로는 신약에서 교회와 하나님 나라로 이어질 것을 말합니다.

그러니 우리는 아브라함에게 약속하신 복이란 다름 아닌 하나님 나라와 관련된다는 사실을 알 수 있습니다. 이 사실은 계속되는 약속을 통해서 더 분명해집니다. 창세기 22장 16-18절을 봅시다.

> 이르시되 여호와께서 이르시기를 내가 나를 가리켜 맹세하노니 네가 이같이 행하여 네 아들 네 독자도 아끼지 아니하였은즉 내가 네게 큰 복을 주고 네 씨가 크게 번성하여 하늘의 별과 같고 바닷가의 모래와 같게 하리니 네 씨가 그 대적의 성문을 차지하리라 또 네 씨로 말미암아 천하 만민이 복을 받으리니 이는 네가 나의 말을 준행하였음이니라 하셨다 하니라 _ 창 22:16-18

22장 18절을 보면 "네 씨로 말미암아 천하 만민이 복을 받으리니…"라고 말씀합니다. 여기도 역시 천하 만민이 복을 받는다고 하죠. 그런데 여기서는 아브라함이 아닌 아브라함의 씨, 즉 그의 후손을 통해 천하 만민이 복을 받는다고 합니다. 왜 그렇습니까? 앞서 본 두 구절에서 아브라함에게 약속된 복이라는 게 하나님 나라와 관련되기 때문입니다. 아브라함에게 약속하신 자손과 후손들을 통해 세워질 큰 민족, 강대한 나라, 하나님 나라, 그것으로 말미암아 온 세상이 복을 받게 되는 것입니다.

이삭과 야곱을 통해 더욱 분명해지는 복의 의미
아브라함에게 주신 '복'이 하나님 나라와 관련된다는 사실은 그 이후 이삭과 야곱에게 하신 약속을 통해서도 분명하게 나타납니다.

우리가 성경을 오해했다

여호와께서 이삭에게 나타나 이르시되 애굽으로 내려가지 말고 내가 네게 지시
하는 땅에 거주하라 이 땅에 거류하면 내가 너와 함께 있어 네게 복을 주고 내가
이 모든 땅을 너와 네 자손에게 주리라 내가 네 아버지 아브라함에게 맹세한 것
을 이루어 네 자손을 하늘의 별과 같이 번성하게 하며 이 모든 땅을 네 자손에게
주리니 네 자손으로 말미암아 천하 만민이 복을 받으리라 _ 창 26:2-4

이 구절을 보면 바로 앞에서 보았던 창세기 22장 16-18절과 매우 비슷
하다는 것을 알 수 있습니다. 그리고 그 이전에 아브라함에게 하셨던 약속
(창 12:1-3; 18:17-19; 22:16-18)의 반복이라는 것도 알 수 있습니다.[137] 아브라함에
게 주신 약속이 이삭에게 이어지고 있는 것입니다.

이 약속은 이삭만 아니라 야곱에게도 이어집니다. 창세기 28장 10절 이
하를 보면 야곱이 벧엘에서 꿈을 꾸는데, 28장 14절을 보면 창세기 26장 4
절에서 이삭에게 주셨던 약속과 동일한 약속이 반복됩니다.

또 본즉 여호와께서 그 위에 서서 이르시되 나는 여호와니 너의 조부 아브라함의
하나님이요 이삭의 하나님이라 네가 누워 있는 땅을 내가 너와 네 자손에게 주리니
네 자손이 땅의 티끌 같이 되어 네가 서쪽과 동쪽과 북쪽과 남쪽으로 퍼져 나갈지
며 땅의 모든 족속이 너와 네 자손으로 말미암아 복을 받으리라 _ 창 28:13-14

야곱에게도 "… 땅의 모든 족속이 너로 말미암아 복을 얻을 것이라"(창
12:3)라고 하셨던 아브람을 향한 약속, "네 자손으로 말미암아 천하 만민이
복을 받으리라"(창 26:4)라고 하셨던 이삭을 향한 약속에 이어서 "땅의 모든
족속이 너와 네 자손으로 말미암아 복을 받으리라"라고 약속하십니다.

이렇게 '복'과 관련된 내용은 아브라함-이삭-야곱에게로 동일하게 이어
집니다. 그리고 이 약속은 자손이 많아지는 것, 즉 큰 민족을 이루는 것, 강

대한 나라를 이루는 것, 하나님 나라를 세우는 것과 관련된다고 말씀합니다. 그러므로 우리는 성경이 말하는 복의 개념을 단순하게 일반 관점에서 생각할 것이 아니라 성경 전체의 관점에서 생각해야 합니다. 무엇보다 하나님 나라와 관련해서 생각해야 합니다.

솔로몬 때에 성취되는 복

아브라함과 이삭과 야곱에게 약속된 복은 솔로몬 왕 때에 절정을 이루고 성취됩니다.

> 그러나 솔로몬 왕은 복을 받고 다윗의 왕위는 영원히 여호와 앞에서 견고히 서리라 하고 _ 왕상 2:45

이 구절을 보면 솔로몬이라는 한 개인이 복을 받은 것이라고 오해할 수 있지만, 그 뒤에 이어지는 내용과 성경 전체를 생각해 보면 그렇지 않다는 것을 알 수 있습니다. 특히 열왕기상 4장 20-21절을 보면 솔로몬 왕이 복을 받은 것은 이스라엘 백성이 많아지게 된 것(왕상 4:20), 아브라함에게 약속하셨던 땅을 온전히 차지하게 된 것(왕상 4:21, 25)과 관련됩니다.[138]

즉 창세기 12장 1-3절에서 아브라함에게 약속하셨던 "내가 네게 보여줄 땅으로 가라 내가 너로 큰 민족을 이루고"라는 약속, 창세기 26장 4절에서 이삭에게 약속하셨던 "네 자손을 하늘의 별과 같이 번성하게 하며 이 모든 땅을 네 자손에게 주리니"라는 약속이 성취된 것입니다. 그렇기에 솔로몬 왕 한 개인이 아닌 이스라엘 나라가 복을 받은 것입니다. 복을 주시겠다는 하나님의 언약이 성취된 것입니다.

이 복이 솔로몬 개인의 복과는 상관없다는 사실을 솔로몬의 이후의 삶을 통해서도 확인할 수 있습니다. 열왕기상 10장 14-29절을 보면 솔로몬에게는 엄청난 재산이 있었습니다(23절). 그러나 바로 이어지는 열왕기상 11장을 보면 솔로몬은 몰락하게 됩니다. 그 많은 재산이 오히려 그 개인을 실패하게 만들고, 이스라엘 왕국을 패망으로 인도합니다.

솔로몬에게 있어서 진정한 복은 그러한 재물이 아니라는 것입니다. 하나님으로부터 받은 복을 남용하여서 동산에서 쫓겨난 아담과 마찬가지로, 솔로몬은 하나님께서 주신 지혜, 재물 등을 통해 복을 온전히 누리지 못합니다. 결국 왕국은 분열되고, 그의 후손들을 통해서 복의 통로인 땅마저 완전히 잃게 됩니다.

| 구약에서 복이란? |

구약에서 말하는 '복'

지금까지 우리는 창세기 1장에서부터 시작해서 아브라함과 이삭과 야곱을 거쳐 솔로몬에게까지 이어지는 내용을 통해 성경이 말하는 '복'이 무엇인지를 생각해 보았습니다. 그 결론이 무엇입니까? 구약에서 말하는 '복'은 '하나님 나라'와 관련해서 생각해야 한다는 것입니다.[139] 성경이 말하는 복은 하나님과의 관계성 속에서 생각해야 하며, 철저히 하나님의 언약과 관련이 있습니다. 따라서 아브라함에게 약속하신 복은 땅, 자손 등으로 마치 현세적인 복과 관련되는 것 같지만, 그것은 궁극적으로는 영적인 복을 나타내는 것이었습니다.[140]

시편을 통해 본 복

구약이 말하는 복이 단순히 돈, 명예, 권력, 건강 같은 세속적인 것을 말하는 것이 아니라 하나님 나라와 관련하여 생각해야 한다는 사실은 시편을 통해서도 잘 알 수 있습니다. 시편은 '복'에 대해 많이 말합니다. '복'의 개념을 바르게 교정해 줍니다.

앞서도 말씀드렸듯이 시편은 복이라는 단어로 시작합니다. 시편 1편 1절은 "복 있는 사람은 악인들의 꾀를 따르지 아니하며 죄인들의 길에 서지 아니하며 오만한 자들의 자리에 앉지 아니하고"라고 해서 '복'을 말하며, 2절은 이렇게 복 있는 사람의 특징을 "오직 여호와의 율법을 즐거워하여 그의 율법을 주야로 묵상하는도다"라고 말합니다. 복을 물질적 요소가 아니라 어떤 길을 걸어야 복된 사람인가 하는 신앙적, 윤리적 차원에서 언급하고 있습니다.

시편 1편이 말하는 복은 주야로 즐거움 가운데 율법을 묵상하며 하나님과의 온전한 사랑의 연합을 이루는 것을 의미합니다. 하나님과의 온전한 연합을 이룬 자는 복을 받은 자로 그는 그 지은 바 된 목적에 맞는 삶을 사는 자입니다. 이렇게 시편은 복의 개념을 하나님과의 관계성 속에서 생각합니다.

허물의 사함을 받고 자신의 죄가 가려진 자는 복이 있도다 마음에 간사함이 없고 여호와께 정죄를 당하지 아니하는 자는 복이 있도다 _ 시 32:1-2

시편 1편이 복 있는 사람을 죄와 악에서 떠난 자라고 했는데, 시편 32편 역시 '죄가 가려진 자', '여호와께 정죄를 당하지 않는 자'가 복되다고 합니다. 비록 범죄하였으나 하나님의 은혜로 말미암아 죄 사함을 얻고, 그로 인하여 하나님과의 관계가 회복된 자를 가리켜 복되다고 말합니다. 이로써 시편 32편 역시 '복'의 개념을 하나님과의 관계성에서 이야기하고 있습니다.

너희는 여호와의 선하심을 맛보아 알지어다 그에게 피하는 자는 복이 있도다 _

우리가 성경을 오해했다

시 34:8

여호와를 의지하고 교만한 자와 거짓에 치우치는 자를 돌아보지 아니하는 자는 복이 있도다 _ 시 40:4

하나님께 가까이 함이 내게 복이라 내가 주 여호와를 나의 피난처로 삼아 주의 모든 행적을 전파하리이다 _ 시 73:28

여호와를 경외하며 그의 길을 걷는 자마다 복이 있도다 _ 시 128:1

이러한 백성은 복이 있나니 여호와를 자기 하나님으로 삼는 백성은 복이 있도다 _ 시 144:15

이 모든 구절 역시 마찬가지입니다. 시편은 여호와께 피하는 자(시 34:8), 여호와를 의지하는 자(시 40:4), 여호와를 경외하는 자(시 128:1), 여호와의 길을 걷는 자(시 128:1), 여호와를 자기 하나님으로 삼는 백성(시 144:15)이 복 있다 말합니다.

| 신약에서도 동일한 복의 의미 |

구약과 신약을 바르게 읽으면, 구약과 신약은 궁극적으로는 같다는 것을 알 수 있습니다. 구약에서 말하는 복의 의미는 신약에서도 동일하게 나타납니다. 아니 구약에서 말한 복의 의미는 신약을 통해 더 분명하게 드러납니다.

팔복과 하나님 나라

신약에서 '복'이라고 하면 가장 먼저 떠오르는 구절은 마태복음 5장입니다. 흔히 '팔복(Beatitudes)'이라고 부르는 부분이지요.

> 심령이 가난한 자는 복이 있나니 천국이 그들의 것임이요 애통하는 자는 복이 있
> 나니 그들이 위로를 받을 것임이요 온유한 자는 복이 있나니 그들이 땅을 기업으
> 로 받을 것임이요 의에 주리고 목마른 자는 복이 있나니 그들이 배부를 것임이요
> 긍휼히 여기는 자는 복이 있나니 그들이 긍휼히 여김을 받을 것임이요 마음이 청
> 결한 자는 복이 있나니 그들이 하나님을 볼 것임이요 화평하게 하는 자는 복이
> 있나니 그들이 하나님의 아들이라 일컬음을 받을 것임이요 의를 위하여 박해를
> 받은 자는 복이 있나니 천국이 그들의 것임이라 나로 말미암아 너희를 욕하고 박
> 해하고 거짓으로 너희를 거슬러 모든 악한 말을 할 때에는 너희에게 복이 있나니
> _ 마 5:3-11

팔복을 통해 예수님께서 가르치신 복의 정의에 따르면, 심령이 가난한 자가 천국을 소유하게 되고(마 5:3), 애통하는 자가 위로를 받게 되며(5:4), 온유한 자가 땅을 기업으로 받게 되며(5:5) 의에 주리고 목마른 자가 배부를 것이며(5:6) 긍휼히 여기는 자가 긍휼히 여김을 받을 것이며(5:7) 마음이 청결한 자가 하나님을 볼 것이며(5:8) 화평케 하는 자가 하나님의 아들이라 일컬음을 받을 것이며(5:9) 의를 위하여 박해를 받은 자가 천국을 얻을 것이니(5:10) 이러한 자들이 다 복이 있는 자들입니다.

왜 이것이 복이며, 왜 이것이 구약에서 말하는 복과 같습니까? 팔복은 돈, 명예, 권력, 건강 등 현세적이고 물질적인 것에 가치를 두지 않고, 하나님과의 관계를 통해 영적인 복을 정의하기 때문입니다. 뿐만 아니라 팔복에서 말하는 심령의 가난함, 애통함, 온유함, 의에 주리고 목마름, 긍휼히 여김, 마음의 청결함, 화평케 함, 의를 위하여 박해를 받음 등은 우리가 앞서 본 것처럼 아브라함으로부터 이어져 온 약속, 하나님 나라의 가치와 관련되

기 때문입니다. 우리는 이런 관점으로 성경이 가르치는 복의 개념을 이해해야 합니다.

칭의와 복

신약에서 '복'과 관련해 또 하나 생각해 봐야 할 구절은 갈라디아서 3장 8-9절, 14절입니다.

> 또 하나님이 ³⁾이방을 믿음으로 말미암아 의로 정하실 것을 성경이 미리 알고 먼저 아브라함에게 복음을 전하되 ㄴ⁾모든 ³⁾이방인이 너로 말미암아 복을 받으리라 하였느니라 그러므로 믿음으로 말미암은 자는 믿음이 있는 아브라함과 함께 복을 받느니라 / 이는 그리스도 예수 안에서 아브라함의 복이 이방인에게 미치게 하고 또 우리로 하여금 믿음으로 말미암아 성령의 약속을 받게 하려 함이라 _ 갈 3:8-9, 14
>
> ㄴ) 창 12:3 3) 또는 족속

갈라디아서 3장 8절 이하의 내용은 8절에 '모든'이라는 말 앞에 나오는 난외주 ㄴ)에도 잘 나와 있습니다만, 창세기 12장 3절과 관련됩니다. 그래서 창세기 12장 3절에서 말하는 '복'이 어떤 개념인지를 아주 잘 설명해 주는 말씀이라고 할 수 있습니다.

8절 뒷부분을 보시면 하나님께서 아브라함에게 복음을 전하셨으니 그 내용이 창세기 12장 3절입니다. 갈라디아서 3장 8절에는 "모든 이방인이 너로 말미암아 복을 받으리라"라고 한 것이고, 창세기 12장 3절에는 "땅의 모든 족속이 너로 말미암아 복을 얻을 것이라"하신 것입니다. 모세가 "땅의 모든 족속"이라고 표현한 것을 바울이 "모든 이방인"이라고 그 의미에 따라 조금 바꾼 것이죠. 그런데 이 복음을 전하신 이유를 8절은 "하나님이 이방을 믿음으로 말미암아 의로 정하실 것을 성경이 미리 알고 먼저..."라고 말합니다.

자 그렇다면, 하나님께서 아브라함에게 "땅의 모든 족속이 너로 말미암아 복을 얻을 것이라"고 하신 이유는, 앞으로 아브라함을 통해 모든 이방인이 믿음으로 말미암아 의롭게 될 것이기 때문이었습니다. 그것을 성경이 미리 알고 먼저 아브라함에게 "땅의 모든 족속이 너로 말미암아 복을 얻을 것이라"고 하신 것이죠.

그러면 아브라함에게 약속하신 '복'이란 무엇입니까? 갈라디아서 3장 8절에서 말하는 '이방인을 믿음으로 말미암아 의로 정하실 것'입니다. 3장 9절에서 말하는 '아브라함이 믿으니, 그 믿음으로 말미암아 얻게 될 복'입니다. 즉 아브라함에게 약속하신 복은 '믿음으로 말미암아 의롭다 함을 얻는 것'입니다. 다른 말로 '칭의'죠. 좀 더 넓은 개념으로 '구원'입니다. 그래서 갈라디아서 3장 14절은 이렇게 말합니다.

> 이는 그리스도 예수 안에서 아브라함의 복이 이방인에게 미치게 하고 또 우리로 하여금 믿음으로 말미암아 성령의 약속을 받게 하려 함이라 _ 갈 3:14

아브라함을 통해 모든 족속이 얻게 되는 복은 이스라엘뿐만 아니라 이방인들까지 모든 민족이 예수 그리스도를 믿는 믿음으로 말미암아 얻게 되는 의롭다 칭함을 얻는 은혜이며, 믿음으로 받는 성령입니다. 이것이 바로 아브라함에게 약속된 복이므로, "… 땅의 모든 족속이 너로 말미암아 복을 얻을 것이라"라고 하는 창세기 12장 3절의 약속은 그리스도의 오심을 통해 완전히 성취되었습니다.

실제로 아브라함의 복이 이방인에게 미쳤습니다. 이방인들인 저와 여러분이 하나님의 백성이 되었습니다. 우리가 아브라함에게 약속된 성령님을 받았고, 그로 말미암아 그리스도 안에서 믿음을 얻게 되었습니다.

구원과 복

그렇기에 에베소서 1장 3-7절은 이렇게 말씀합니다.

> 찬송하리로다 하나님 곧 우리 주 예수 그리스도의 아버지께서 그리스도 안에서
> 하늘에 속한 모든 신령한 복을 우리에게 주시되 곧 창세 전에 그리스도 안에서 우
> 리를 택하사 우리로 사랑 안에서 그 앞에 거룩하고 흠이 없게 하시려고 그 기쁘
> 신 뜻대로 우리를 예정하사 예수 그리스도로 말미암아 자기의 아들들이 되게 하
> 셨으니 이는 그가 사랑하시는 자 안에서 우리에게 거저 주시는바 그의 은혜의 영
> 광을 찬송하게 하려는 것이라 우리는 그리스도 안에서 그의 은혜의 풍성함을 따
> 라 그의 피로 말미암아 속량 곧 죄 사함을 받았느니라 _ 엡 1:3-7

에베소서는 우리가 하늘에 속한 모든 신령한 복을 그리스도 안에서 받
았다고 말합니다. 그리고 그 복은 창세 전에 우리를 예정하신 것, 그 예정에
근거하여 예수 그리스도로 말미암아 구원하신 것, 예수님의 피로 말미암아
죄 사함을 얻은 것, 자기의 아들이 되게 하신 것, 즉 양자 삼으신 것, 거룩하
고 흠이 없게 하신 것, 즉 성화되게 하신 것 등을 말하고 있습니다.

│ 성경 전체가 가르치는 복 │

복의 개념을 성경 전체를 통해 보아야 하는 이유

어느 목사는 히브리서 6장 14절을 본문으로 복 받으라는 설교를 자주
합니다. 기복 신앙에서 말하는 그런 복 말입니다. 그런데 과연 히브리서 6

장 14절이 말하는 복이 그런 복입니까?

> 하나님이 아브라함에게 약속하실 때에 가리켜 맹세할 자가 자기보다 더 큰 이가
> 없으므로 자기를 가리켜 맹세하여 이르시되 ㄱ)내가 반드시 너에게 복 주고 복 주
> 며 너를 번성하게 하고 번성하게 하리라 하셨더니 그가 이같이 오래 참아 약속을
> 받았느니라 _ 히 6:13-15

ㄱ)창 22:16

14절을 앞뒤 생각하지 않고 읽으면 그렇게 쉽게 말할 수 있습니다. '복',
'번성'이라는 단어가 반복되니까 이 구절이 무엇을 말하는지는 고려하지 않
고 단순하게 그렇게 말하는 경우가 우리 주변에 많습니다. 성경을 상고하지
않고 단순하게 몇 개의 단어만 뽑아내어 거짓을 전하는 이들이 많습니다.

국내에서는 조용기 목사의 "삼중 축복", 미국에서는 조엘 오스틴(Joel
Osteen, 1963~)의 《긍정의 힘》, 《잘되는 나》 같은 부류입니다. 이런 특정한 사
람들만 아니라 이와 유사한 가짜 복음을 전하는 사람들이 한국 교회에 아
주 많습니다.[14] 그러나 성경이 말하는 복은 결코 그런 복이 아닙니다. 성경
전체가 복에 대해 무엇을 말하는지를 생각해 보지도 않고, 그냥 복, 번성이
라는 단어가 나오니까 우리가 흔히 생각하는 대로 단순하게 이해하면 안
됩니다. 하나의 구절만으로 해석해서는 안 됩니다. 하나님의 말씀 전체에서
말하는 복의 개념을 잘 살펴야 합니다.

히브리서 6장 14절은 절대로 이 구절만 가지고 말할 수 없는 구절입니
다. 왜 그렇습니까? 이 구절은 난외주 ㄱ)의 설명대로 구약의 인용이기 때문
입니다. 어떤 맥락 속에서 한 말씀이라는 말입니다. 어떤 구절과 맥락입니
까? 난외주에 의하면 창세기 22장 16절을 인용하는 말씀이라고 되어 있습
니다. 더 정확하게는 창세기 22장 16-18절입니다. 창세기 22장 16절을 보면

이 말씀은 아브라함이 모리아산에서 독자 이삭을 과감하게 바치려고 했던 때에 하나님께서 주신 말씀입니다. 그런데 그것을 히브리서 6장 14절은 "내가 반드시 너에게 복 주고 복 주며 너를 번성하게 하고 번성하게 하리라"라고 했다고 말합니다.

이상한 점이 있습니다. 창세기 22장 16-18절에는 히브리서 6장 14절의 "이르시되"라는 말 뒷부분이 없습니다. 구약에는 "내가 반드시 너에게 복 주고 복 주며 너를 번성하게 하고 번성하게 하리라"라는 말이 없다는 것입니다. 그런데 왜 난외주는 창세기 22장 16-18절을 인용한 것이라고 밝히고 있을까요?

히브리서 6장 14절은 창세기 22장 17-18절을 요약한 것입니다. "내가 네게 큰 복을 주고 네 씨가 크게 번성하여 하늘의 별과 같고 바닷가의 모래와 같게 하리니 네 씨가 그 대적의 성문을 차지하리라 또 네 씨로 말미암아 천하 만민이 복을 받으리니"라는 말을 줄여서 "내가 반드시 너에게 복 주고 복 주며 너를 번성하게 하고 번성하게 하리라"라고 표현한 것입니다.

그러니 히브리서 6장 14절은 기복 신앙에서 말하는 복이 아닙니다. 창세기 12장 2-3절에서 큰 민족을 이루겠다고 하신 약속과 관련된 복입니다. 아브라함과 이삭과 야곱에게 주신 약속과 관련된 복이며, 하나님 나라와 관련된 복입니다. 그래서 히브리서 6장 15절은 이렇게 말합니다. "그가 이같이 오래 참아 약속을 받았느니라" 아브라함은 발붙일 땅도 얻지 못했지만, 하나님은 그에게 약속을 주셨습니다. 그는 오래 참아 그의 자손과 후손을 통해 약속을 얻게 되었습니다.

성경 전체가 가르치는 복

하나님께서 주시는 복은 성경이 말하는 복입니다. 성경이 말하는 복은 세상이 말하는 복과 그 개념이 전혀 다릅니다. 성경이 말하는 '복'은 가장 기본적으로는 하나님과 그분의 나라와 관련됩니다(창 12:1-3; 히 6:13-15).[142] 예수 그리스도로 말미암아 얻은 구원과 그 구원으로 인하여 누리는 은혜와 관련됩니다(갈 3:8-9, 14; 엡 1:3-7).

그렇기에 하나님의 존재와 속성, 하나님 나라의 가치, 구원의 은혜에 부합하는 덕목이야말로 성경이 말하는 복입니다. 이렇듯 팔복에서 말하는 것처럼 가난이 복이 될 수 있습니다(마 5:3). 박해가 복이 될 수 있습니다(마 5:10). 반대로 부(富)가 저주일 수 있습니다. 권력이 저주일 수 있습니다. 하나님을 알지 못하고 부유한 사람에게 재물은 복이 아니라 저주입니다. 하나님을 알지 못하면서 권력을 가진 사람에게 권력은 복이 아니라 저주입니다.

말씀을 따라 사는데 고난당하면 그것은 복입니다(벧전 4:14). 말씀을 어기고 범죄 하는데 부유하고 행복하고 평안하면 그것은 저주입니다. 부와 명예가 거짓, 속임수, 약탈을 통해 얻은 것이라면 저주입니다(시 73). 반면에 성실하게 일하여 얻은 결과라면 복입니다. 가난이 게으름, 사치, 낭비, 도박의 결과라면 저주입니다. 그러나 대물림이나 질병 혹은 장애, 사회적 구조로 인한 가난이라면 그것은 도움이나 지원을 받을 대상일 뿐 복도 저주도 아닙니다.[143] 성경적 관점에서 번영은 복이고, 고난은 악이라고 단순하게 구분 지을 수 없습니다.[144] 하나님을 떠나서는 제아무리 좋은 번영도 저주가 될 수 있습니다. 하나님과 함께라면 제아무리 힘든 고난도 복이 될 수 있습니다. 바울이 고난당했으나 그는 복을 받았습니다. 베드로가 순교했으나 그는 복을 받았습니다. 욥이 자신의 모든 것을 빼앗긴 그 순간에도 그는 저주가 아닌 복을 받고 있었습니다.

복을 세상에 전하는 자

우리는 하나님께서 주시는 복을 나 혼자 누리는 것이 아니라 그 복을 온 세상에 전하는 자가 되어야 합니다. 왜 그렇습니까? "땅의 모든 족속이 너로 말미암아 복을 얻을 것이라"고 했기 때문입니다. "천하 만민이 복을 받으리니"라고 했기 때문입니다.

세상에서는 돈, 권세, 권력, 명예 등을 '복'이라고 가르치지만, 그리스도인에게 이것들은 '복'이기보다는 오히려 '책임'입니다. 그래서 이 책임을 어떻게 수행하느냐에 따라 복이 될 수도 있지만 반대로 저주가 될 수도 있습니다.[145] 이 책임을 이웃에게 선한 영향으로 끼칠 때, 세상에 나눠 줄 때 복이 됩니다. 진정으로 "땅의 모든 족속이 너로 말미암아 복을 얻을 것이라"(창 12:3)는 약속을 성취하는 도구가 될 수 있습니다.

이야기의 결론

성경이 무엇을 말하는가? 그것을 살펴보기 위해서 계속해서 성경을 전체적으로 살펴보고 있습니다. 그러면서 우리는 성경이 '복'에 대해서도 말하고 있다는 사실을 알게 되셨습니다. 그렇다면 성경이 말하는 복이란 무엇입니까? 무엇보다 성령님을 통해 예수 그리스도를 믿고 의롭다 칭함을 얻어 하나님께 나아가 하나님의 사명을 수행하는 것이 바로 복입니다. 그래서 성경은 이것을 '복음'이라고 말하니, 복음(福音)이란 복(福)된 소식(音)입니다. 복음을 듣게 하신 것이 하나님의 복입니다. 복음을 받아 예수님을 믿게 된 것이 하나님의 복입니다.

복을 주시려는 하나님의 의도와 계획은 아담의 때에 상실되었으나 아브라함을 통해 다시 약속되었고, 그 약속은 하나님의 아들 예수 그리스도를 통해 온전히 성취되었습니다. 이제 우리는 믿음으로 예수 그리스도와 연합되어 하나님께서 주시는 모든 신령한 복을 받고, 그렇게 받은 복을 세상에 전하며, 장차 오는 세상에서 우리가 누리게 될 완전한 복을 고대합니다.[146]

우리는 이 복음을 듣고, 이 복음으로 변화되어, 이 복음을 주신 삼위일체 하나님께 날마다 감사하며 살아가는 자들입니다. 또한 우리는 예배 때마다 선포되는 복음을 들음으로, 우리가 진정으로 복을 받은 자들임을 확인하는 자들입니다. 그리고 예배를 마칠 때 "주 예수 그리스도의 은혜와 하나님의 사랑과 성령의 교통하심이 너희 무리와 함께 있을지어다"라는 삼위 하나님의 복을 들으니 참으로 복된 자들입니다.[147] 하나님이야말로 참된 복이심을 믿고, 날마다 이 복을 하나님께 찬송으로 돌려 드리며(엡 1:3),[148] 이 복을 세상에 전하는(벧전 3:9) 우리가 됩시다. 그렇게 할 때 우리는 진정으로 아브라함의 후손이 됩니다. "땅의 모든 족속이 너로 말미암아 복을 얻을 것이라"(창 12:3). 아멘.

STORY 10
결혼 이야기

창 2:18-25; 엡 5:22-33

성경의 첫 세 장의 중요성

창세기 1장부터 3장까지 성경의 첫 세 장은 성경 전체에 있어서 매우 중요합니다. 이 세 장을 제대로 이해해야 성경 전체가 무엇을 말하는지 바르게 이해할 수 있습니다. 이 세 장에 기록된 내용은 앞으로 전개될 모든 이야기의 기초이기 때문입니다. 첫 세 장에는 하나님의 창조, 하나님이 지으신 피조물 가운데 최고의 면류관인 사람, 온 인류가 죄와 비참함에 빠지게된 사건인 첫 사람의 범죄와 타락을 상세하게 다루고 있고, 거기에서 그치지 않고 죄인들을 구원하고자 하시는 하나님의 구속 계획과 은혜 언약이 기록되어 있기 때문입니다.

그렇기에 창세기 첫 세 장은 창조, 타락, 구속이라는 성경적 세계관의 기초를 형성하고 있고, 앞으로 일어날 일들에 대한 암시를 하고 있으니, 창세기 4장부터의 이야기는 이 첫 세 장에 언급된 내용에 근거해서 진행되는 하나님의 '구속사'입니다. 우리가 그동안 이 책을 읽으면서 창세기 첫 세 장이 거의 빠지지 않고 언급되었던 것도 바로 그런 이유 때문입니다.

우리는 이 세 장을 통해 첫째 아담과 마지막 아담에 대해 살폈고, 원복음에 대해 들었고, 성전으로서의 동산과 성전 및 교회에 대해 살폈고, 땅에 대해 살폈고, 자손에 대해 살폈고, 복에 대해 살폈습니다. 그리고 이 모든 것들은 다 하나님 나라와 관련 있고, 복음과 관련 있다는 사실을 배웠습니다.

뜬금없는 주제처럼 보이는 결혼

그런데 이 세 장에 조금은 어울리지 않을 것 같은 주제가 하나 기록되어 있습니다. 그것은 바로 결혼입니다. 창세기 2장 18절부터 25절까지는 결혼에 대해 다루고 있습니다. 성경을 어느 정도 아는 사람에게는 이상하지 않습니다만, 성경을 처음 접하는 사람, 성경에서 결혼이 차지하는 위치를 모르는 사람에게는 결혼 이야기가 다른 주제에 비해서 덜 중요하게 느껴질 것입니다. 그래서 아예 이 첫 세 장에서 결혼과 관련한 이야기를 다루고 있다는 사실, 이 내용이 성경 전체에서 중요하게 취급되고 있다는 사실도 잘 파악하지 못할 수 있습니다.

그러나 여러분, 결혼이라는 주제는 성경에서 매우 중요한 주제입니다. 결혼이라는 주제는 하나님의 구원 역사와 깊이 연관되어 있습니다. 결혼은 하나님 나라와 관련된 일입니다. 성경 전체를 바르게 이해하기 위해서, 이번에는 결혼이 하나님의 구원 역사 혹은 하나님 나라와 어떤 관련이 있는지에 대해 살펴보겠습니다.

| 최초의 결혼 |

남자 1명과 여자 1명을 창조하신 하나님

하나님께서 태초에 사람을 창조하셨습니다. 이때 남자와 여자를 창조하셨죠. 우리는 이 사실을 많이 들었기에 매우 당연하고 자연스럽지만, 조금 생각해 보면 다른 가능성도 충분히 있습니다.

하나님은 사람을 안 만드셨어도 되지만 하나님은 사람을 만드셨습니다. 만드시더라도 남자만 하나 만드셨어도 됩니다. 아니면 여자만 하나 만드셨어도 됩니다. 하나가 아니라 둘을 만드셔야 했다면, 남자와 남자를 만드시거나 여자와 여자를 만드시거나 했어도 됩니다. 그러나 하나님은 남자 한 명과 여자 한 명을 만드셨습니다.

한 명 혹은 두 명, 아니면 더 만드셨어도 됩니다. 물론 두 명만 만드신 것은 언약의 머리와 관련이 있긴 합니다만, 하나님은 남자 하나 여자 둘을 만드실 수도 있었고, 남자 둘 여자 하나를 만드실 수도 있었을 것입니다.

남자 1명과 여자 1명을 결혼시키신 하나님

게다가 남자 1명과 여자 1명을 창조하신 뒤에 그냥 각각 두셨어도 됩니다. 둘이 알아서 하게 두시거나, 둘을 친구 관계로 아니면 연애만 하는 관계로 두셨어도 됩니다. 그러나 하나님은 그렇게 하지 않으셨습니다. 둘을 짝지어 주셨습니다(창 2:22). 둘을 결혼시키셨습니다. 결혼을 통해 둘을 한 몸 되게 하셨습니다(창 2:24).

경우의 수로 계산해 보면 굉장히 많은 경우의 수입니다. 그럼에도 불구하고 하나님은 남자 1명과 여자 1명을 창조하신 뒤 그 둘을 짝지으셔서 결혼시키셨고 한 몸 되게 하셨습니다. 심지어 두 남녀는 창조되어 서로 처음 만나자마자 결혼했습니다. 둘은 성장기도 없었습니다. 태어나자마자 어른이었습니다. 둘은 데이트나 연애도 한 적 없습니다. "우리 한번 사귀어 볼래?"라고 한 적도 없습니다. 둘이 어울리는지 몇 주간 대화를 나눠 본 것도 아닙니다. "우리가 서로 맞는지 조금 사귀어 봐야 하지 않겠느냐?"라고 서로의 의사를 확인하지도 않았습니다. 하나님의 짝지어 주심에 따라, 남자는 태어난 지 조금 지나서, 여자는 태어나자마자 결혼했습니다.

두 사람을 결혼시키신 하나님의 의도와 목적

수많은 경우의 수가 있음에도 하나님께서 남자 1명과 여자 1명을 창조하신 이유, 두 사람이 다른 형태로 존재할 수 있음에도 불구하고 둘을 결혼시키사 한 몸 되게 하신 이유는 무엇일까요? 창세기의 첫 세 장에서 발견할 수 있는 이유는 크게 두 가지입니다.

첫째, 돕는 배필로서 존재하게 하셨기 때문입니다(창 2:18). 둘째는 생육하고 번성하여 땅에 충만하라 땅을 정복하라(창 1:28)는 명령을 수행하게 하시기 위함입니다. 이 두 가지는 서로 긴밀히 연결되어 있습니다. 하나님은 두 사람을 결혼시키시기 전에, 두 사람 중 한 명인 여자를 창조하시기 전에, 이렇게 말씀하십니다.

사람이 혼자 사는 것이 좋지 아니하니 내가 그를 위하여 돕는 배필을 지으리라 _

창 2:18

"사람이 혼자 사는 것이 좋지 아니하니"라는 표현과 "돕는 배필"이라는 표현을 통해서 남자 하나로는 하나님께서 주신 사명을 이루기에 부족한 면이 있다는 것을 암시해 주셨습니다. 누군가의 도움이 절실히 필요하다는 사실을 암시해 주셨습니다. 그렇다면 어떤 일을 하기에 부족하고 도움이 필요하다는 것입니까? 아담이 감당해야 할 사명을 말합니다. 그 사명도 두 가지입니다.

하나는 그 위에 15절에서 말씀하신 동산을 섬기며 지키는 일입니다. 하나님은 남자를 창조하신 뒤에 동방의 에덴에 동산을 창설하시고 그 사람을 거기에 두셨습니다(창 2:8). 그리고는 그 동산을 경작하며, 즉 섬기며 지키게 하셨습니다(창 2:15). 몇 주 전에 말씀드린 것처럼 동산은 성전입니다. 아담은 성전으로서의 동산에서 제사장으로서의 직분을 감당하는 자였습니다. 그런데 하나님은 돕는 배필을 지으심으로 이 일에 함께하게 하셨습니다.

또 하나는 1장 28절에서 주실 "생육하고 번성하여 땅에 충만하라, 땅을 정복하라"라는 명령입니다. 성경책의 순서상으로 볼 때 1장 28절이 앞에 있지만, 내용상으로 보면 1장 28절은 2장 25절 뒤에 일어난 일입니다. 이 사실은 1장 27절을 보면 알 수 있습니다. 하나님께서 남자를 지으신 뒤 그를 위한 돕는 배필로서의 여자를 지으시고, 1장 28절의 명령을 주셨으니, 이 명령은 둘이 함께 도와서 수행할 명령입니다.

이 명령은 도무지 혼자서 수행할 수 없습니다. 왜 그렇습니까? 생육(生育)이란 한자어로 '낳아 기르다'라는 말입니다. 히브리어로는 '열매를 맺다, 낳다'는 뜻의 단어가 사용되었습니다. 어떤 생물이든 열매를 맺는 것, 생식을 하는 것, 자녀를 낳는 것은 혼자서는 불가능합니다. '생육과 번성'은 오직 '남녀의 존재'를 통해서만 가능합니다. 남자와 여자의 결합을 통한 출산이야말로 생육하고 번성케 하는 가장 기본적인 방식입니다. 남자와 여자가 결혼하여 가정을 이루고 이를 통하여 그들 사이에서 하나님의 형상대로 지어진 새 생명이 태어나 생육하고 번성케 되는 것입니다. 하나님은 바로 이 일을 위해서 남자 1명과 여자 1명을 창조하셨고, 두 사람을 그냥 친구나 연인 관계로 두지 않으시고 결혼시키셨습니다. 말라기 2장 15절을 보면 이 사실을 아주 잘 설명하고 있습니다.

그에게는 영이 충만하였으나 오직 하나를 만들지 아니하셨느냐 어찌하여 하나만 만드셨느냐 이는 경건한 자손을 얻고자 하심이라 _ 말 2:15

하나님께서 남자를 창조하신 뒤에 여자를 창조하셨습니다. 하나님께는 영이 충만하였기에 하나만 아니라 둘도 만드실 능력이 있으셨는데 둘이 아닌 하나를 창조하셨습니다. 왜 하나만 만드셨습니까? 경건한 자손을 얻게 하시기 위함이었습니다. 하나님은 하나를 만드신 뒤에 돕는 배필을 만드시되 둘이 아니라 하나만 더 만드시고, 둘을 하나 되게 하셔서 경건한 자손을 얻게 하심으로 하나님의 사명을 이어가게 하셨습니다.

생육, 번성, 충만의 확장된 의미

창세기 1장 28절에서 생육과 번성이란 문자적으로 볼 때 분명 생식(生殖)과 출산(出産)입니다. 그런데 단순히 생식에서 그치는 것이 결코 아닙니다. 더 나아가 충만과 정복과 다스림입니다. 하나님의 임재의 확장입니다. 하나님 나라의 확장입니다. 하나님 나라의 사명을 수행하는 것입니다.

그래서 창세기 1장 28절을 믿음의 선배들은 다른 말로 '문화명령(culture mandate)'이라고 불렀습니다. 문화명령의 기초는 생육하고 번성하는 것입니다. 생육하고 번성해야 땅에 충만할 수 있고, 땅을 정복할 수 있기 때문입니다. 그에 기초하여 더 나아가 하나님 나라의 문화를 이루어 가는 것이 하나님께서 주신 사명입니다.

요약

서두에 말씀드리기를 창세기 첫 세 장은 매우 중요하다고 했습니다. 성경 전체의 토대가 된다고 했습니다. 그런데 결혼이라는 주제가 얼핏 보면 어색하다고 했습니다. 하지만 그렇지 않습니다. 결혼이라는 주제는 결코 어색하지 않습니다. 오히려 매우 잘 어울립니다.

하나님께서 남자 1명과 여자 1명을 지으시고 그 둘을 결혼하게 하신 것은 하나님 나라를 이루게 하기 위함입니다. 생육과 번성은 그 일을 위한 기본적 수단입니다. 그리고 이 결혼은 첫 사람 남자와 여자를 위한 것이기만

한 것이 아닙니다. 그들을 통해 생육하고 번성하여 땅에 충만하게 될 자들이 지속적으로 이어 가야 할 일입니다.

웨스트민스터 신앙고백서 제24장

이 사실이 웨스트민스터 신앙고백서에 잘 나와 있습니다. 웨스트민스터 신앙고백서는 고백서 중에 유일하게 하나의 장을 할애해서 결혼이라는 주제를 다룹니다. 왜 결혼을 다룹니까? 결혼이 윤리적인 문제이기 때문일까요? 물론 그런 것도 있지만, 사실 더 중요한 이유는 결혼이 하나님 나라와 관련 있기 때문입니다.

이 말이 저의 개인적인 주장처럼 들린다면 웨스트민스터 신앙고백서의 순서를 잘 생각해 보시길 바랍니다. 24장은 '결혼과 이혼에 관하여'입니다. 그 바로 다음에 나오는 25장이 '교회에 관하여'입니다. 결혼은 교회와 하나님 나라를 이루는 기초입니다.

웨스트민스터 신앙고백서 24장은 2항에서 하나님께서 결혼을 제정하신 목적에 대해 세 가지를 이야기합니다. 그중에 마지막 세 번째는 신약 성경에 근거하고, 앞에 두 가지는 지금까지 말씀드린 내용을 잘 요약하고 있습니다.

> **웨스트민스터 신앙고백서 제24장 결혼과 이혼에 관하여**
>
> ② 결혼은 남편과 아내가 서로 돕기 위해서 for the mutual help of husband and wife (창 2:18), 합법적인 방식을 통한 인류의 번성과 거룩한 자손들을 통한 교회의 확장을 위해서 for the increase of mankind with a legitimate issue, and of the Church with an holy seed (말 2:15), 부정(不貞)을 막기 위해서 for preventing of uncleanness 제정되었다(고전 7:2, 9).

특히 하나님께서 결혼을 제정하신 목적 두 번째에서 "인류의 번성과 거룩한 자손들을 통한 교회의 확장"이라고 표현하고 있는 것을 자세히 보시면 성경이 말하는 생육이 단순한 생식과 출산이 아니라는 사실, 거룩한 자손을 통한 교회의 확장이라는 사실을 알 수 있습니다. 즉, 결혼은 하나님 나라와 관련된다는 것입니다.

타락 가운데도 이어지는 생육과 번성

타락과 생육의 실패

최초의 부부였던 아담과 여자. 그들은 결혼한 지 얼마 안 되어 범죄 하였습니다. 결혼 제도의 원래 목적을 제대로 구현하고 실현해 보기도 전에 타락하였습니다. 그들의 범죄와 타락은 부분적인 타락이 아니었습니다. 전적인 부패와 전적인 타락이었습니다. 죄의 영향도 부분적이 아니라 총체적이었습니다. 그리하여 하나님께서 세우신 거룩한 제도를 통한 사명, 즉 생육, 번성, 충만, 정복, 다스림이라는 사명을 쉽게 감당할 수 없게 되었습니다.

이를 제일 처음 보여 준 사건은 가인과 아벨 사건입니다. 타락 이후에도 생육과 번성, 충만이라는 사명 감당은 계속 이어져야 했습니다. 그리하여 최초의 부부는 생육했습니다. 가인과 아벨을 낳았습니다. 그러나 그들은 생육하지 못했습니다. 번성하지 못했습니다. 아벨은 죽임당했고, 가인은 거룩한 자손이 아니었기에 생육과 번성에 있어서 무관한 자가 되어 버렸습니다.

은혜로 이어지는 생육과 번성

그렇다고 해서 그들을 향한 하나님의 은혜가 멈춘 것은 아니었습니다. 하나님은 이 부부에게 다시 아들을 주셨으니 그 이름은 '셋'이요, 아벨을 대신한 다른 씨였습니다(창 4:25). 이 사건 바로 다음에 창세기 5장이 나오는데요, 많은 사람이 잘 읽지 않는 족보가 나옵니다. 왜 족보가 나올까요? 아담의 계보를 통해 생육과 번성이 이어지고 있음을 보여 주기 위함입니다.

생육과 번성이 다시 중단됨

이러한 생육과 번성이 수천 년 혹은 수만 년, 우리가 알 수 없는 기간 동안 이어진 후 창세기 6장 1절을 보면 사람이 땅 위에 번성하기 시작합니다.

사람이 땅 위에 번성하기 시작할 때에… _ 창 6:1

그런데 이 번성이 다시 원점으로 돌아가는 일이 발생합니다. 노아 홍수입니다. 오랜 역사가 흘러 인류가 번성하였지만 그 번성이 중단됩니다. 하나님께서 홍수를 통해 지면 위의 모든 피조물을 다 쓸어 버리십니다(창 6:7).

중단된 이유

왜 하나님은 겨우 되어 가고 있는 번성을 쓸어 버리십니까? 무슨 일이 있었길래요? 창세기 6장 2절을 보십시오.

하나님의 아들들이 사람의 딸들의 아름다움을 보고 자기들이 좋아하는 모든 여자를 아내로 삼는지라 _ 창 6:2

하나님의 아들들이 사람의 딸들과 결혼하였습니다. 이게 나쁜 일인지, 좋은 일인지 이 문장만 보고는 알 수 없습니다. 그런데 바로 다음에 이어지는 말씀에서 이 결혼이 나쁜 일이라는 것을 알 수 있습니다.

여호와께서 이르시되 나의 영이 영원히 사람과 함께 하지 아니하리니 이는 그들이 육신이 됨이라 / 여호와께서 사람의 죄악이 세상에 가득함과 그의 마음으로 생각하는 모든 계획이 항상 악할 뿐임을 보시고 땅 위에 사람 지으셨음을 한탄하사 마음에 근심하시고 _ 창 6:3, 5-6

사람의 죄악이 세상에 가득하였다고 합니다. 땅 위에 사람을 지으셨음을 한탄하셨다고 말합니다. 도대체 어떤 죄가 가득하였을까? 한두 가지가 아니었겠지만(창 6:11-13), 성경은 그중에 하나를 2절에서 언급했습니다.

하나님의 아들들이 사람의 딸들의 아름다움을 보고 자기들이 좋아하는 모든 여자를 아내로 삼는지라 _ 창 6:2

아벨과 셋의 거룩한 자손들이 그렇지 않은 자들과 결혼한 것입니다.[149] 생육과 번성은 거룩한 자손들을 통한 교회의 확장이어야 하는데 그렇지 못했습니다. 생육과 번성은 철저히 하나님께서 원하시는 방법을 통해서 해야 하는데 그렇지 못했습니다. 하나님의 아들들이 믿음을 따라 하나님의 딸들과 결혼하지 않고, 하나님께서 결혼 제도를 제정하신 그 목적에 따라 하지 않고, 자기들이 좋아하는 사람과 결혼했습니다. 자기들 마음대로 그저 아름다움만 보고 사람의 딸들과 결혼했습니다. 창세기 5장에 나오는 거룩한 계보가 끊어져 버렸습니다. 결국 하나님께서 온 세상을 쓸어 버리셨습니다.

다시 주어진 생육과 번성의 명령

홍수를 통한 하나님의 심판이 끝났습니다. 노아 가족만 남았습니다(창 7:23). 하나님은 다시 명령을 주셨습니다. 창세기 9장 1절과 7절을 보십시오.

우리가 성경을 오해했다

하나님이 노아와 그 아들들에게 복을 주시며 그들에게 이르시되 생육하고 번성
하여 땅에 충만하라 / 너희는 생육하고 번성하며 땅에 가득하여 그중에서 번성하
라 하셨더라 _ 창 9:1, 7

이 두 구절은 창세기 1장 28절과 똑같습니다. 하나님은 이제 다시 시작
하십니다.

훗날 하나님은 아브람을 부르셨습니다. 그리고 말씀하셨습니다. "...너
는...내가 네게 보여 줄 땅으로 가라 내가 너로 큰 민족을 이루고 네게 복을
주어 네 이름을 창대하게 하리니 땅의 모든 족속이 너로 말미암아 복을 얻
을 것이라"(창 12:1-3). 즉 이 말을 잘 살펴보면 이렇게 바꿀 수 있습니다. 생
육, 번성, 충만, 정복. 아담에게 하신 명령, 노아에게 하신 명령이 아브람을
통해 이어지고 있는 것입니다.

아브람은 애초에 생육이 안 되는 사람입니다. 그의 아내 사래는 임신하
지 못하는 여인이었습니다(창 11:30). 그런데 그들에게 말씀하십니다. "내가
너로 큰 민족을 이루고…" 아니 생육도 안 되는데, 무슨 큰 민족입니까?

그런데 아브라함은 이삭을 낳고, 이삭은 야곱을 낳고, 야곱을 통해 이
스라엘 백성들이 큰 민족을 이루게 됩니다. 어느덧 생육하고 번성했습니다.
결국 하나님 나라가 확장됩니다. 하나님의 구속사가 진행됩니다. '합법적인
방식을 통한 인류의 번성과 거룩한 자손들을 통한 교회의 확장'이 실현되
어 갑니다.

하나님의 역사하심으로 말미암아 아브라함이 생육했습니다. 이삭이 생
육했습니다. 야곱이 생육했습니다. 야곱의 자녀들이 생육했습니다. 그 결과
번성했습니다. 번성하기까지 중간중간 약속도 주셨습니다.

여호와께서 이삭에게 나타나 이르시되 … 네 자손을 하늘의 별과 같이 번성하게

하며 이 모든 땅을 네 자손에게 주리니 네 자손으로 말미암아 천하 만민이 복을
받으리라 _ 창 26:2-4

하나님께서 이삭에게도 번성을 약속하셨습니다. 또 야곱에게도 약속하
십니다.

1이삭이 야곱을 불러 그에게 축복하고 또 당부하여 이르되 너는 가나안 사람의
딸들 중에서 아내를 맞이하지 말고 2일어나 밧단아람으로 가서 네 외조부 브두엘
의 집에 이르러 거기서 네 외삼촌 라반의 딸 중에서 아내를 맞이하라 3전능하신
하나님이 네게 복을 주시어 네가 생육하고 번성하게 하여 네가 여러 족속을 이루
게 하시고 4아브라함에게 허락하신 복을 네게 주시되 너와 너와 함께 네 자손에
게도 주사 하나님이 아브라함에게 주신 땅 곧 네가 거류하는 땅을 네가 차지하게
하시기를 원하노라 _ 창 28:1-4

창세기 28장 1절을 보면 이삭이 야곱을 불러 축복하면서 결혼하라고
합니다. 결혼을 위해 외삼촌 라반에게 보내기에 앞서서 축복하며 말합니다.
"전능하신 하나님이 네게 복을 주시어 네가 생육하고 번성하게 하여 네가
여러 족속을 이루게 하시고"(창 28:3).

요셉에게 이르되 이전에 가나안 땅 루스에서 전능하신 하나님이 내게 나타나사
복을 주시며 내게 이르시되 내가 너로 생육하고 번성하게 하여 네게서 많은 백성
이 나게 하고 내가 이 땅을 네 후손에게 주어 영원한 소유가 되게 하리라 하셨느
니라 _ 창 48:3-4

야곱이 죽기 얼마 전 요셉이 그의 두 아들 에브라임, 므낫세와 함께 야

곱에게 갔습니다. 이때 야곱이 요셉에게 말합니다. "전능하신 하나님이 내게 나타나사 복을 주시며 내게 이르시되 내가 너로 생육하고 번성하게 하여 네게서 많은 백성이 나게 하고 내가 이 땅을 네 후손에게 주어 영원한 소유가 되게 하리라 하셨느니라" 족장들의 중요한 사명은 생육과 번성이었습니다. 결혼과 출산이 족장들의 삶 가운데 계속되었습니다.

> 이스라엘 자손은 생육하고 불어나 번성하고 매우 강하여 온 땅에 가득하게 되었
> 더라 _ 출 1:7

어느덧 아담과 노아와 아브라함에게 주신 약속이 일정 부분 성취되었습니다. 생육하고 번성하였습니다. 큰 민족(창 12:2), 강대한 나라(창 18:18)가 되었습니다. 제사장 나라가 될 조건을 갖췄습니다(출 19:6).

| 결혼의 타락 |

결혼이 타락하는 경우

성경은 한편으로는 하나님의 역사이면서, 한편으로는 죄의 역사입니다. 노아 시대에 있었던 죄는 반복됩니다. 이를 미리 아신 하나님은 그러한 죄를 범하지 않도록 지속적으로 경고하십니다. 출애굽기 34장 14-16절을 봅시다.

> 너는 다른 신에게 절하지 말라 여호와는 질투라 이름하는 질투의 하나님임이
> 라 너는 삼가 그 땅의 주민과 언약을 세우지 말지니 이는 그들이 모든 신을 음란
> 하게 섬기며 그들의 신들에게 제물을 드리고 너를 청하면 네가 그 제물을 먹을까

함이며 또 네가 그들의 딸들을 네 아들들의 아내로 삼음으로 그들의 딸들이 그들
의 신들을 음란하게 섬기며 네 아들에게 그들의 신들을 음란하게 섬기게 할까 함
이니라 _ 출 34:14-16

이제 곧 가나안 땅에 들어가면 수많은 죄에 노출될 가능성이 있습니다.
가나안 땅에 사는 사람들은 이방 신을 섬기는 자들이기에 그들과 결혼하
게 되면 문제가 생깁니다. 생육과 번성, 충만과 정복이 실패하게 됩니다. 그
래서 경고하십니다. "너는 삼가 그 땅의 주민과 언약을 세우지 말지니…"(15
절). 그러면서 이유를 설명하시기를 "네가 그들의 딸들을 네 아들들의 아내
로 삼음으로 그들의 딸들이 그들의 신들을 음란하게 섬기며 네 아들에게
그들의 신들을 음란하게 섬기게 할까 함이니라"(16절)라고 하십니다.
　이 부분에서 주의 깊게 봐야 할 것은 잘못된 결혼 때문에 우상을 섬길
것을 염려하신다는 점입니다. 너희들이 그들에게 영향을 주는 것이 아니라
그들이 너희들에게 영향을 줄 것이라는 경고입니다. 신명기 7장 1-4절을
봅시다.

네 하나님 여호와께서 너를 인도하사 네가 가서 차지할 땅으로 들이시고 네 앞에
서 여러 민족 헷 족속과 기르가스 족속과 아모리 족속과 가나안 족속과 브리스
족속과 히위 족속과 여부스 족속 곧 너보다 많고 힘이 센 일곱 족속을 쫓아내실
때에 네 하나님 여호와께서 그들을 네게 넘겨 네게 치게 하시리니 그때에 너는 그
들을 진멸할 것이라 그들과 어떤 언약도 하지 말 것이요 그들을 불쌍히 여기지도
말 것이며 또 그들과 혼인하지도 말지니 네 딸을 그들의 아들에게 주지 말 것이요
그들의 딸도 네 며느리로 삼지 말 것은 그가 네 아들을 유혹하여 그가 여호와를
떠나고 다른 신들을 섬기게 하므로 여호와께서 너희에게 진노하사 갑자기 너희
를 멸하실 것임이니라 _ 신 7:1-4

이 구절도 앞서 보았던 출애굽기 34장 14-16절과 비슷합니다. 2절에서 "… 그들과 어떤 언약도 하지 말 것이요…"라고 말씀하며, 3절에서 "또 그들과 혼인하지도 말지니 네 딸을 그들의 아들에게 주지 말 것이요 그들의 딸도 네 며느리로 삼지 말 것은"이라고 말씀합니다. 그러면서 그 이유를 4절에서 "그가 네 아들을 유혹하여 그가 여호와를 떠나고 다른 신들을 섬기게 하므로…"라고 말씀하십니다. 여기에서도 역시 잘못된 결혼으로 인해 우상을 섬기는 것에 대해 염려하십니다. 너희들이 그들에게 영향을 주는 것이 아니라 그들이 너희들에게 영향을 줄 것이라고 경고하십니다.

이방인과 결혼하여 일어난 문제들

하나님의 이러한 경고에도 불구하고 이스라엘 백성들이 범죄 합니다. 먼저, 사사 시대에 그러한 일이 일어납니다. 사사기 3장 6절에 보시면 "그들의 딸들을 맞아 아내로 삼으며 자기 딸들을 그들의 아들들에게 주고 또 그들의 신들을 섬겼더라"라고 말씀합니다. 이 문장을 자세히 보시면 '또'라는 말 앞에는 그들이 행한 일입니다. 뒤에는 그 결과로 일어난 일입니다. 앞서 출애굽기 34장 14-16절과 신명기 7장 1-4절에서 이방인과 결혼하지 말라고 하셨고, 그렇게 되면 결국 우상을 섬기게 될 것이라고 했는데, 사사기 3장 6절에서 그대로 되었습니다.

이스라엘의 영적 지도자인 솔로몬도 이 명령을 어깁니다. 열왕기상 11장 1-2절을 봅시다.

솔로몬 왕이 바로의 딸 외에 이방의 많은 여인을 사랑하였으니 곧 모압과 암몬과 에돔과 시돈과 헷 여인이라 여호와께서 일찍이 이 여러 백성에 대하여 이스라엘 자손에게 말씀하시기를 너희는 그들과 서로 통혼하지 말며 그들도 너희와 서로 통혼하게 하지 말라 그들이 반드시 너희의 마음을 돌려 그들의 신들을 따르게 하

라라 하셨으나 솔로몬이 그들을 사랑하였더라 _ 왕상 11:1-2

1절을 보면 솔로몬 왕이 이방의 많은 여인을 사랑하였습니다. 이에 대해 2절은 "여호와께서 일찍이 이 여러 백성에 대하여 이스라엘 자손에게 말씀하시기를…"이라고 합니다. 일찍이 말씀했다는 것은 언제를 말하는 것이겠습니까? 출애굽기 34장과 신명기 7장을 말하는 것입니다. 여기에서도 주의 깊게 볼 것은 그들과 통혼하지 말라고 하면서, "그들이 반드시 너희의 마음을 돌려 그들의 신들을 따르게 하리라"라고 경고하셨다는 내용입니다.

실제로 천하의 솔로몬도 이방 여인 때문에 하나님을 떠나 우상을 섬기고 말았습니다. 이후 이스라엘은 북쪽 이스라엘과 남쪽 유다로 분열되고 이내 멸망합니다.

하나님의 은혜로 70년간의 포로 생활을 마치고 이스라엘 백성들이 돌아옵니다. 2차 포로 귀환의 지도자였던 학사 에스라가 이스라엘 백성들에게 말합니다.

그런즉 너희 여자들을 그들의 아들들에게 주지 말고 그들의 딸들을 너희 아들들을 위하여 데려오지 말며 그들을 위하여 평화와 행복을 영원히 구하지 말라 그리하면 너희가 왕성하여 그 땅의 아름다운 것을 먹으며 그 땅을 자손에게 물려 주어 영원한 유산으로 물려 주게 되리라 하셨나이다 우리의 악한 행실과 큰 죄로 말미암아 이 모든 일을 당하였사오나 우리 하나님이 우리 죄악보다 형벌을 가볍게 하시고 이만큼 백성을 남겨 주셨사오니 우리가 어찌 다시 주의 계명을 거역하고 이 가증한 백성들과 통혼하오리이까 그리하면 주께서 어찌 우리를 멸하시고 남아 피할 자가 없도록 진노하시지 아니하시리이까 _ 스 9:12-14

에스라만이 아닙니다. 느헤미야 13장 23-27절을 봅시다.

그때에 내가 또 본즉 유다 사람이 아스돗과 암몬과 모압 여인을 맞아 아내로 삼았는데 그들의 자녀가 아스돗 방언을 절반쯤은 하여도 유다 방언은 못하니 그 하는 말이 각 족속의 방언이므로 내가 그들을 책망하고 저주하며 그들 중 몇 사람을 때리고 그들의 머리털을 뽑고 이르되 너희는 너희 딸들을 그들의 아들들에게 주지 말고 너희 아들들이나 너희를 위하여 그들의 딸을 데려오지 아니하겠다고 하나님을 가리켜 맹세하라 하고 또 이르기를 옛적에 이스라엘 왕 솔로몬이 이 일로 범죄하지 아니하였느냐 그는 많은 나라 중에 비길 왕이 없이 하나님의 사랑을 입은 자라 하나님이 그를 왕으로 삼아 온 이스라엘을 다스리게 하셨으나 이방 여인이 그를 범죄하게 하였나니 너희가 이방 여인을 아내로 맞아 이 모든 큰 악을 행하여 우리 하나님께 범죄하는 것을 우리가 어찌 용납하겠느냐 _ 느 13:23-27

25절을 보면 "너희는 너희 딸들을 그들의 아들들에게 주지 말고 너희 아들들이나 너희를 위하여 그들의 딸을 데려오지 아니하겠다고 하나님을 가리켜 맹세하라"라고 합니다. 그리고는 26절에서 과거의 일을 이야기합니다. "옛적에 이스라엘 왕 솔로몬이 이 일로 범죄하지 아니하였느냐? 그는 많은 나라 중에 비길 왕이 없이 하나님의 사랑을 입은 자라 하나님이 그를 왕으로 삼아 온 이스라엘을 다스리게 하셨으나 이방 여인이 그를 범죄하게 하였나니"라고 말입니다. 그러면서 27절에서 이렇게 권면하지요. "너희가 이방 여인을 아내로 맞아 이 모든 큰 악을 행하여 우리 하나님께 범죄하는 것을 우리가 어찌 용납하겠느냐"

구약 교회 이스라엘이 받은 심판과 멸망의 여러 이유 중 하나는 하나님께서 세우신 결혼 제도를 바르게 사용하지 못한 것입니다. 그 제도를 통해 생육, 번성, 충만, 정복으로 이어가지 못했기 때문입니다.

믿지 않는 자와 멍에를 함께 메지 말라

출애굽기 34장 14-16절, 신명기 7장 1-4절, 열왕기상 11장 1-2절, 에스라 9장 12-14절, 느헤미야 13장 23-27절에서 경고했던 이방인과의 결혼 문제를 다루고 있는 신약의 말씀을 봅시다.

너희는 믿지 않는 자와 멍에를 함께 메지 말라 의와 불법이 어찌 함께 하며 빛과 어둠이 어찌 사귀며 그리스도와 벨리알이 어찌 조화되며 믿는 자와 믿지 않는 자가 어찌 상관하며 하나님의 성전과 우상이 어찌 일치가 되리요 우리는 살아 계신 하나님의 성전이라 이와 같이 하나님께서 이르시되 내가 그들 가운데 거하며 두루 행하여 나는 그들의 하나님이 되고 그들은 나의 백성이 되리라 _ 고후 6:14

"너희는 믿지 않는 자와 멍에를 함께 메지 말라"라고 말씀합니다. 여기에서 '멍에'라는 말은 소가 밭을 갈 때 등에 끼우는 것입니다. 소도 아닌데 왜 이런 표현을 사용하고 있을까요? 멍에를 함께 멘다는 것은 함께 밭을 간다는 말입니다. 함께 밭을 간다는 것은 함께 일을 한다는 것입니다. 그렇다면 무슨 일을 말합니까? 여기에서 일을 한다는 것은 '하나님의 영광을 위해 일한다'라는 것과 연관 지을 수 있습니다. 즉 생육, 번성, 충만, 정복, 다스림입니다.

하나님께서 '결혼'이라는 제도를 제정하신 목적은 하나님의 창조의 원리를 이루어 가는 것, 하나님의 창조 질서를 회복해 가는 것, 교회의 확장 등에 있습니다. 그런데 불신자와는 이 일을 함께할 수 없습니다. 불신자와 "생육하고 번성하고 충만하라"는 명령을 함께 수행할 수 없고, 함께 도울 수 없습니다. 불신자와는 함께 교회를 확장할 수 없습니다.

바울은 "너희는 믿지 않는 자와 멍에를 함께 메지 말라"라고 말씀한 뒤

"의와 불법이 어찌 함께하며 빛과 어둠이 어찌 사귀며 … 믿는 자와 믿지 않는 자가 어찌 상관하며"라고 말합니다. 그리고 15절에 "그리스도와 벨리알이 어찌 조화되며"라는 말씀과 "하나님의 성전과 우상이 어찌 일치가 되리요"라는 말씀을 통해 믿지 않는 자와의 결혼은 우상 숭배로 연결된다고 말합니다. 이것은 앞서 보았던 출애굽기 34장 14-16절, 신명기 7장 1-4절, 열왕기상 11장1-2절, 에스라 9장 12-14절, 느헤미야 13장 23-27절 등의 경고와 연결됩니다.

웨스트민스터 신앙고백서 제24장 3항

지금까지 살펴본 내용이 웨스트민스터 신앙고백서 24장 3항에 잘 나와 있습니다.

> **웨스트민스터 신앙고백서 제24장 결혼과 이혼에 관하여**
>
> ③ 판단력을 가지고 자기의 동의를 표할 수 있는 모든 사람이 결혼하는 것은 합법적이다(히 13:4; 딤전 4:3; 고전 7:36-38; 창 24:57, 58). 그러나 오직 주 안에서 결혼하는 것이 신자의 의무다(고전 7:39). 그러므로 참된 개혁 신앙을 고백하는 사람은 불신자, 로마 가톨릭 신자, 그 외의 우상 숭배자와 결혼해서는 안 된다. 또한 경건한 자는 그 생활에 있어서 심각하게 악한 사람이나 저주받을 만한 이단 사상을 주장하는 사람과도 결혼하여 멍에를 같이 해서는 안 된다 neither should be unequally yoked (창 34:14; 출 34:16; 신 7:3, 4; 왕상 11:4; 느 13:25-27; 말 2:11-12; 고후 6:14).

이 항의 근거 구절을 보면 앞서 우리가 살펴본 말씀이라는 것을 잘 알 수 있습니다. 중요한 핵심은 신자에게 있어서 결혼 제도는 결코 개인적인 일이 아니라 교회의 일이요, 하나님 나라의 확장과 관련이 있다는 것입니다. 그렇기에 생육, 번성, 충만, 정복, 다스림의 수단으로서의 결혼은 오직 주 안에서 이루어져야 합니다. 왕, 제사장, 선지자의 사명은 주 안에서 돕는 배필로 주신 자와 함께 이루어 갈 수 있습니다.

| 결혼, 그리스도와 교회를 드러내는 제도 |

결혼, 그리스도와 교회를 드러냄

이제 마지막으로 볼 말씀은 에베소서 5장 22-33절입니다. 이 구절은 신약에서 결혼에 대해 말하는 최고의 구절입니다. 이 구절은 이미 결혼 제도를 통해 세워진 가정이 어떻게 생활하는 것이 하나님 앞에서 바람직한지를 보여 주는 구절입니다.

제가 가진 성경의 경우 22절 위에 달아 놓은 소제목이 '아내와 남편'입니다. 그렇다면 여러분, 22-33절은 '아내와 남편'이 주제일까요? 소제목은 제가 그동안 설명하면서 매우 자주 인용했듯이 우리가 성경을 읽는 데 상당한 유익을 줍니다. 그런데 영감된 것은 아니지요? 그래서 기본적으로는 우리에게 유익이 있지만, 때로는 틀리거나 불완전할 때가 있습니다.

32절을 보십시오. "… 나는 그리스도와 교회에 대하여 말하노라" 소제목이 조금 틀린 것 같지 않습니까? 헷갈립니다. 내용을 보면 분명히 남편과 아내가 주제인 것 같습니다. 그런데 또 한편으로 그리스도와 교회가 주제 같아 보입니다.

제가 신대원 때 학우들과 대화하면서 '이 말씀의 주제가 과연 무엇인가?' 하는 토론을 한 적이 있는데, 저는 당시에 이렇게 말했습니다. "이 말씀은 그리스도와 교회에 대해 말하고 또한 남편과 아내의 관계에 대해서도 말한다." 그렇습니다. 이 말씀은 둘 다 말씀하고 있습니다. 왜냐? 이 둘

우리가 성경을 오해했다

은 서로 떼려야 뗄 수 없기 때문입니다. 결혼 제도는 철저히 그리스도와 교회의 관계를 드러내는 한 부분이기 때문입니다. 그래서 바울은 남편과 아내에 대해 다루면서도 또한 동시에 그리스도와 교회에 대해 다뤘고, 이 모든 내용을 다룬 뒤에 "나는 그리스도와 교회에 대하여 말하노라"라고 말합니다(엡 5:32).

결혼과 하나님 나라

서두에서 창세기 첫 세 장은 매우 중요한데, 그 가운데 결혼이라는 주제가 등장하는 것이 좀 어색해 보일 수 있다고 했습니다. 사실은 전혀 그렇지 않습니다. 결혼이라는 주제가 창세기 2장에 나오는 것은 전혀 어색하지 않습니다. 결혼이라는 주제는 성경 전체의 구속사에 있어 매우 중요한 주제입니다.

신자에게 있어서 결혼은 단순히 남녀의 불꽃 튀는 감정의 결과물이 아닙니다. 시대에 따라 변화하는 가치도 아닙니다. 그리스도인은 결혼을 하나님 나라의 관점에서 이해해야 합니다. 따라서 신자에게 결혼은 하나의 가정을 이루어서 남편과 아내가 서로 돕고, 하나님의 백성으로서의 경건한 자손을 이어 가며, 교회를 확장하며, 이 땅에서 하나님의 존재 방식을 드러내며 또한 하나님의 영광을 드러내고, 생육하고 번성하고 충만하여 땅을 정복하고 다스리기 위해 존재하는 것입니다.

그러므로 신자는 하나님께서 세우신 결혼 제도를 잘 활용하여 거룩한 자손들을 통한 교회의 확장은 물론이요, 하나님께서 우리에게 주신 사명을 수행하고, 하나님 나라가 이 땅 가운데 충만하도록 해야 할 것입니다.

이야기의 결론

《결혼과 복음의 신비》라는 책의 저자 레이 오틀런드(Ray Ortlund)는 그 책의 결론에서 이렇게 말합니다.

모든 교회는 혼란과 절망으로 가득한 세상에서 결혼을 적극적으로 가르치고 존중하며 진작 해야 할 복음적 의무를 가진다. 우리가 강단에서 복음이 전파 되는 것을 원한다면 결혼을 통해 복음이 드러나는 것도 원해야 할 것이다.[150]

결혼이라는 주제는 성경 전체의 밑바탕에 도도하게 깔려 있는 중요한 주제입니다. 여기에서 말하는 결혼은 '결혼 예식'을 올리는 그 순간을 말하는 것이 아닙니다. 둘이 한 몸을 이루어 부부와 가족을 이루어 평생을 살아가는 삶 전체를 말합니다. 하나님은 우리의 '삶 전체'를 사용하셔서 생육과 번성과 충만과 정복과 다스림을 이 땅 가운데 이루어 가십니다. 이 아름다운 제도를 통한 하나님 나라의 확장이 독자들의 가정과 자녀들 가운데서도 대대손손 이어지기를 바랍니다.

STORY 11

불임 이야기

창 18:11-14; 시 113:9; 히 11:11-12

불임 이야기에 대한 단순한 해석

성경에 보면 임신할 수 없어서 아이를 낳지 못하는 여인들이 종종 나옵니다. 불임(不姙) 상태의 여성들입니다. 사라와 한나가 대표적인 인물입니다. 이 여인들은 오랫동안 아이를 낳지 못하다가 결국에는 아이를 낳습니다.

이런 이야기는 난임(難姙) 여성들에게 희소식입니다. 아이를 간절히 바라는 이들이 모범으로 삼을 만합니다. 그래서 기도와 임신을 단순하게 연결합니다. "한나가 열심히 기도했더니 아이를 낳았다. 여러분도 기도를 열심히 하면 아이를 낳을 수 있다."라고 설교하고 권면하기도 합니다. 특히 '어떤 어려운 상황과 기도, 문제의 해결'이라는 단순한 도식에 익숙한 이들은 그들의 불임과 출산을 오늘날의 현실에 그대로 단순하게 적용합니다.

그런데 과연 성경의 불임 이야기를 그렇게 단순히 '기도하면 들어주신다'라는 식으로 적용해도 될까요? 물론 우리 하나님은 우리의 기도를 통해 역사하시는 분입니다. 오랫동안 임신하지 못하던 부부가 하나님께 간절히 기도하는 것은 전혀 이상한 일이 아닙니다. 불임은 물론이고 어떤 어려운 상황에 닥쳤을 때 신자는 기도해야 합니다. 하나님은 분명 우리의 기도

213

를 통해 일하십니다. 의인의 간구는 역사하는 힘이 큽니다(약 5:16). 그러나 기도를 열심히 해서 아이를 낳을 수도 있지만, 아닐 수도 있습니다. 열심히 기도해도 아이를 못 낳는 경우가 많습니다. 누군가가 임신하지 못했다 해서 한나보다 기도가 부족했다고 섣불리 말할 수 없습니다.

무엇보다 사라와 한나의 이야기 같은 성경의 불임 이야기는 오늘날 우리가 그런 식으로 적용하고 본받을 이야기가 아닙니다. 특히 사라는 지금 우리가 읽은 창세기 18장 11절에서 말하는 대로 단순한 난임이 아니었습니다. 아예 임신이 불가능한 상태에 있었습니다.[151]

성경에 나오는 불임 이야기와 오늘날의 불임이 현상적으로 같다고 해서 그 내용도 같은 것은 아닙니다. 성경에서 불임의 의미와 그 불임이 해결되는 이유는 오늘날의 그것과 같지 않습니다. 우리는 우리가 믿는 삼위(三位) 하나님을 아기를 점지해 주는 삼신(三神)할머니[152]로 만들지 말아야 할 것입니다.[153]

불임 이야기에 대한 바른 해석, 구속사적 해석

그렇다면 성경에 나오는 불임 이야기는 어떻게 보아야 할까요? '기도하면 아이를 낳는다'라는 단순한 도식으로 말할 수 없는 이야기입니다. 기복신앙의 모범을 보여 주는 말씀이 아닙니다. 불임 이야기를 통해 보여 주시는 하나님의 구속사가 있습니다. 불임 이야기는 성경 전체의 구속사를 근거로 생각해야 하며, 무엇보다 창세기 3장 15절의 관점에서 이해해야 합니다. 창세기 3장 15절이 무슨 말씀이지요?

> 내가 너로 여자와 원수가 되게 하고 네 후손도 여자의 후손과 원수가 되게 하리니 여자의 후손은 네 머리를 상하게 할 것이요 너는 그의 발꿈치를 상하게 할 것이니라 하시고 _ 창 3:15

하나님은 사람의 타락 이후 여자의 후손에 대해 약속하셨습니다. 불임 이야기는 바로 그런 관점에서 이해해야 합니다. 또 한 구절을 더 생각해야 하는데, 창세기 1장 28절입니다.

하나님이 그들에게 복을 주시며 하나님이 그들에게 이르시되 생육하고 번성하여 땅에 충만하라, 땅을 정복하라, 바다의 물고기와 하늘의 새와 땅에 움직이는 모든 생물을 다스리라 하시니라 _ 창 1:28

하나님은 첫 사람에게 생육과 번성을 명령하셨습니다. 생육과 번성은 성경 전체를 이해하는 데 있어서 매우 중요한 포인트입니다. 성경 속 불임 이야기 역시 마찬가지입니다. 불임과 생육, 이 둘의 관계를 잘 생각하면서 불임 이야기를 보아야 합니다. 그래야 우리는 불임 이야기를 통해서 하나님 께서 계시하시는 바가 무엇인지를 바르게 이해할 수 있습니다.

그래서 이번에는 성경을 오해하지 않고 바르게 이해하기 위해서 '불임 이야기'를 살펴보려고 하는데, 모두 아홉 명의 여인들의 이야기를 살펴보려 고 합니다.

| 성경에 나오는 불임 여성 이야기 |

1. 하와(여자) – 셋

첫 번째 인물은 '하와'라는 이름으로 바뀌게 되는 '여자'입니다. 사람들 이 흔히 '하와'라고 부르는 사람의 원래 이름은 '여자'였습니다. 이 여자는 생육하고 번성하여 땅에 충만하라는 명령을 받은 당사자입니다. 그런데 타 락하였습니다. 그로 인해 하나님의 심판과 형벌을 받게 되었는데요. 그 내

또 여자에게 이르시되 내가 네게 임신하는 고통을 크게 더하리니 네가 수고하고
자식을 낳을 것이며 너는 남편을 원하고 남편은 너를 다스릴 것이니라 하시고 _
창 3:16

2002 월드컵의 주인공 축구 선수 이영표 씨는 독실한 기독교입니다. 그
런데 그의 아내가 출산할 때 무통 주사를 권유받았으면서도 이 구절 때문
에 거부했던 일화가 유명합니다. 그리고 그 일화 때문에 많은 사람으로부터
비난을 받기도 했는데요. 왜 비난을 받았을까요? 그 말씀을 단순하게 무통
주사를 맞으면 안 된다는 식으로 해석했기 때문입니다.

하나님께서 여자에게 내리신 벌, "내가 네게 임신하는 고통을 크게 더
하리니 네가 수고하고 자식을 낳을 것이며"라는 말씀은 한편으로는 임신과
출산 가운데 생기는 고통을 말하는 것이 맞습니다. 그러나 근본적으로 그
저주의 내용은 생육, 번성, 충만이라는 명령을 수행하기가 어렵게 될 것임
에 관한 이야기입니다.

하나님은 아담과 하와가 범죄 하기 전 생육과 번성을 명령하실 때 그들
에게 복을 주시면서 말씀하셨습니다. 타락 이후에는 그 명령은 그대로이지
만 복이 저주(벌)로 바뀌었습니다. 그래서 타락 이전과 달리 생육과 번성은
좀처럼 수행하기 어려운 명령이 됩니다. "네가 수고하고 자식을 낳을 것이
며" 그래서 타락한 아담과 하와가 생육하는 과정에 그것이 그대로 드러납
니다. 그들은 첫 자녀로서 가인과 아벨을 낳았습니다. 그러나 생육에 실패
했습니다. 대신 셋을 통해서 생육의 명령을 수행할 수 있었습니다.

하와가 '셋'을 낳았을 때의 나이가 몇 살일까요? 우리는 보통 아브라함
과 사라가 아이를 낳은 때는 잘 알지만, 나머지는 잘 모르는데요. 창세기

5장 3절을 보면 "아담이 130세에 … 셋을" 낳았습니다. 이를 통해 하와는 "네가 수고하고 자식을 낳을 것이며"라는 하나님의 벌이 사실임을 경험했습니다. 생육하는 것이 좀처럼 쉽지 않다는 것을 깨닫게 되었습니다. 그러면서도 셋을 통해 여자의 후손을 보내시려는 하나님의 열심이 이어지고 있음을 경험했습니다.

2. 노아의 아내 – 셈(참조. 눅 3:36)

두 번째로 살펴볼 인물은 노아의 아내입니다. 노아도 아니고 노아의 아내라고 하니 이상하지 않습니까? 보통 노아 이야기는 많이 하지만 노아의 아내 이야기는 거의 안 하지요?[154] 그럼에도 불구하고 노아의 아내를 살펴보는 이유가 있습니다. 창세기 5장 32절을 보면, "노아는 500세 된 후에 셈과 함과 야벳을 낳았더라"라고 말씀합니다. 노아의 아들은 셈과 함과 야벳이지요? 이 외에 다른 이름을 들어보신 적이 있습니까? 그런데 이 세 아들을 낳은 때가 노아가 '500세가 된 후에' 일어난 일입니다. 그렇다면, 노아의 아내는 그동안 불임이었던 것입니다. 우리에게 잘 알려진 사라와 비교할 수 없을 정도로 늦게 아이를 낳았던 것입니다.

"수고하고 자식을 낳을 것이며"라는 첫 사람에게 내리신 형벌이 계속해서 영향을 미치고 있음을 보여 줍니다. 이처럼 생육은 좀처럼 쉬운 일이 아니게 되었습니다. 그러면서도 노아의 아내가 낳은 자녀를 통해 하나님의 역사가 이어지게 되니, 홍수가 끝난 후의 일을 기록하고 있는 창세기 9장 1절을 보면 "하나님이 노아와 그 아들들에게 복을 주시며 그들에게 이르시되 생육하고 번성하여 땅에 충만하라"라고 말씀합니다.

3. 사래 (사라) – 이삭

세 번째로 살펴볼 인물은 아브람의 아내 '사래'입니다. 이후에 '사라'로 이름이 바뀝니다. 이 사래는 어떤 상태였습니까? 창세기 18장 11절은 "아브라함과 사라는 나이가 많아 늙었고 사라에게는 여성의 생리가 끊겼는지라"라고 말씀합니다. 그리고 그보다 전에 사래가 성경에 처음 소개될 때인 창세기 11장 30절에서 이렇게 말씀합니다.

> 사래는 임신하지 못하므로 자식이 없었더라 _ 창 11:30

성경을 기복적으로 혹은 단순하게 이해하는 사람들은 '사라는 아이를 낳지 못했는데, 하나님께서 90세에 아이를 낳게 해주셨다.'라는 것에만 관심을 가집니다. 하지만, 우리는 사래가 임신하지 못한 상황이 왜 언급되는지, 그녀의 출산에 대해 왜 성경이 관심을 갖는지 살펴볼 필요가 있습니다.

이를 위해서 창세기 11장 30절의 이야기가 어떤 배경에서 나온 표현인지를 잘 생각해 볼 필요가 있는데요. 바로 다음에 어떤 내용이 나옵니까? 창세기 12장 1-3절이 나옵니다. 창세기 12장 2절에 "내가 너로 큰 민족을 이루고"는 하나님 나라를 세우시고자 하시는 하나님의 계획입니다.

하나님 나라를 위한 큰 민족을 이루실 것인데, 그 도구가 임신하지 못하는 사래와 아브람입니다. 왜 하필 하나님은 불임 상태에 있어서 자녀가 없는 사래와 아브람에게 '큰 민족'을 약속하셨을까요? 다른 사람을 통해서도 가능하지 않습니까? 아브람의 아버지인 데라에게는 아브람뿐만 아니라 나홀, 하란, 이 세 명의 아들이 있었습니다(창 11:27). 그렇다면 나홀이나 하란에게 약속을 주었어도 됩니다. 하란의 경우는 롯의 아버지이니(창 11:27) 하란에게 약속을 주셨다면, 그 아들 롯을 통해서 큰 민족을 이루셔도 됩니다. 그러나 하나님은 그렇게 하지 않으셨습니다. 아들이 한 명이라도 있는 하란이 아닌 불임 상태의 아내를 둔 아브람을 선택하셨습니다.

하나님은 이를 통해 불가능한 생육과 번성을 가능케 하시고자 하셨습니다. 여자의 후손이 오는 것이 도무지 불가능한 현실에 있는 사람을 통해 그 일이 가능하게 되기를 원하셨습니다. 그리하여 하나님의 구속사는 인간의 노력과 지혜를 따라 이루어지는 것이 아니라 철저히 하나님의 일하심을 통해 진행된다는 것을 보여 주시기를 원하셨습니다.

그래서 이번 장 성경 본문 창세기 18장 13절을 보면, 웃으면서 "내가 늙었거늘 어떻게 아들을 낳으리요"라고 말하는 사라에게 하나님은 "여호와께 능하지 못한 일이 있겠느냐"라고 말씀하신 것입니다. 결국 하나님은 낳지 못하는 자를 통해 '큰 민족'을 이루십니다.

4. 리브가 – 야곱

네 번째로 살펴볼 여자는 이삭의 아내이자, 야곱의 어머니인 '리브가'입니다.

이삭은 사십 세에 리브가를 맞이하여 아내를 삼았으니 리브가는 밧단 아람의 아람 족속 중 브두엘의 딸이요 아람 족속 중 라반의 누이였더라 이삭이 그의 아내가 임신하지 못하므로 그를 위하여 여호와께 간구하매 여호와께서 그의 간구를 들으셨으므로 그의 아내 리브가가 임신하였더니 _ 창 25:20-21

리브가가 불임 여성이라는 사실은 '사라'에 가려서 잘 드러나지 않지만, 창세기 25장 21절은 이렇게 말합니다. "이삭이 그의 아내가 임신하지 못하므로 …" 20절을 보면 이삭이 리브가와 결혼했을 때가 40세입니다. 26절을 보면 리브가가 야곱을 낳을 때 이삭의 나이가 60세입니다. 그렇다면 리브가는 무려 20년 만에 자녀를 낳은 것입니다.

리브가의 불임은 구속사적으로 볼 때 그의 시어머니 '사라'의 불임과 그 성격이 같습니다. 하나님은 아브라함의 아들 이삭을 통해 큰 민족을 이루

219

실 것인데, 이삭의 아내 리브가가 불임입니다. 그러나 하나님께서 그녀의 태를 여심으로 야곱이 태어나게 하셨으니, 야곱을 통해 이스라엘을 세우실 것입니다(창 26:2-4).

5. 라헬 – 요셉

다섯 번째로 살펴볼 여자는 야곱의 아내이자, 요셉의 어머니인 라헬입니다. 야곱도 자기 어머니 리브가가 불임 상태에서 하나님의 은혜로 태어났는데, 야곱의 아내 라헬 역시 불임입니다.

> 라헬이 자기가 야곱에게서 아들을 낳지 못함을 보고 그의 언니를 시기하여 야곱에게 이르되 내게 자식을 낳게 하라 그렇지 아니하면 내가 죽겠노라 야곱이 라헬에게 성을 내어 이르되 그대를 임신하지 못하게 하시는 이는 하나님이시니 내가 하나님을 대신하겠느냐 _ 창 30:1-2

리브가와 마찬가지로, 사라에 가려서 잘 드러나지 않지만 라헬도 불임이었습니다. 라헬이 얼마나 오랫동안 아이를 낳지 못했는지를 성경이 말하지는 않지만, 그의 불임은 분명 그녀를 힘들게 만들었습니다. 이삭과 리브가를 통해 하나님의 구속사가 이어지듯이, 야곱과 라헬을 통해 하나님의 구속사가 이어져야 하는데, 역시 불임이라는 큰 벽에 부딪혀 있습니다. 그러나 이어지는 22-24절을 보면, 하나님께서 그의 태를 여셨으니 그를 통해 요셉이 태어납니다.

> 하나님이 라헬을 생각하신지라 하나님이 그의 소원을 들으시고 그의 태를 여셨으므로 그가 임신하여 아들을 낳고 이르되 하나님이 내 부끄러움을 씻으셨다 하고 그 이름을 요셉이라 하니 여호와는 다시 다른 아들을 내게 더하시기를 원하노라

요셉은 어떤 인물입니까? 이스라엘이 큰 민족을 이루는데 반드시 필요한 인물입니다. 그를 통해 하나님의 구속사가 이집트(애굽)라는 거대한 땅에서 이뤄지게 될 것입니다.

중간 요약

지금까지 살펴본 5명의 여인, 아담의 아내 하와, 노아의 아내, 아브라함의 아내 사라, 이삭의 아내 리브가, 야곱의 아내 라헬. 창세기의 중요한 여인들은 한결같이 불임이었습니다. 이런 불임 상태에 있던 이들이 아들을 낳았습니다. 하나님은 의도적으로 이런 이들을 사용하셨습니다. 그리하여 셋, 셈, 이삭, 야곱, 요셉이 태어나게 하셨습니다. '큰 민족'을 이루는 기초가 되게 하셨습니다.

하나님은 왜 불임 여성들을 사용하셨을까요? 그것은 여자의 후손을 보내시겠다는 하나님의 약속이 성취되기가 도무지 어려운 현실 속에서도 하나님께서 반드시 이루신다는 것을 보여 주시기 위함이었습니다. 생육과 번성이라는 하나님의 명령이 인간의 타락으로 인하여 너무나 어려운 일이 되었음에도 불구하고 하나님께서 친히 그 일을 이루신다는 것을 보여 주시기 위함이었습니다. 하나님의 구속사가 철저히 하나님의 특별한 간섭에 따라 이루어진다는 것을 보여 주기 위함이었습니다.[155]

6. 마노아의 아내 – 삼손

여섯 번째 인물은 삼손의 어머니인 마노아의 아내입니다. 간단하게만 살펴보겠습니다.

소라 땅에 단 지파의 가족 중에 마노아라 이름하는 자가 있더라 그의 아내가 임신하지 못하므로 출산하지 못하더니 여호와의 사자가 그 여인에게 나타나서 그에게 이르시되 보라 네가 본래 임신하지 못하므로 출산하지 못하였으나 이제 임신하여 아들을 낳으리니 그러므로 너는 삼가 포도주와 독주를 마시지 말며 어떤 부정한 것도 먹지 말지니라 보라 네가 임신하여 아들을 낳으리니 그의 머리 위에 삭도를 대지 말라 이 아이는 태에서 나옴으로부터 하나님께 바쳐진 나실인이 됨이라 그가 블레셋 사람의 손에서 이스라엘을 구원하기 시작하리라 하시니 _ 삿 13:2-5

삼손은 모든 사람에게 유명한데, 그의 어머니가 삼손을 낳기 전에 불임이었다는 점에 대해서는 별로 관심이 없는 듯합니다. 하나님은 불임 상태에 있는 마노아의 아내에게 삼손을 주시고, 그를 통해 이스라엘을 블레셋 사람의 손에서 구원하십니다. 여기에서 우리는 삼손이 어떤 인물인지를 4-5절에 나오는 내용을 통해 볼 필요가 있습니다. 삼손은 나실인이었고, 그래서 그의 머리에 삭도를 대지 말라는 말이 나옵니다. 그리고 삼손은 사사였습니다.

7. 한나 – 사무엘

일곱 번째 인물은 한나입니다. 한나는 사라와 버금갈 만큼 불임 여성의 대명사입니다. 사무엘상 1장을 봅시다.

… 여호와께서 그에게 임신하지 못하게 하시니 여호와께서 그에게 임신하지 못하게 하시므로 그의 적수인 브닌나가 그를 심히 격분하게 하여 괴롭게 하더라 _ 삼상 1:5-6

이렇게 한나는 불임 상태에 있었는데요. 후에 아들을 낳게 됩니다. 무엇보다 불임과 출산, 그 사이에 한나가 간절히 기도하며 통곡하는 내용이 나옵니다(1:10). 그러다 보니 서두에서 말씀드린 대로, '한나처럼 간절히 기도하면 아들을 낳을 수 있다'라는 식의 단순한 적용이 우리 주변에 많습니다. 그러나 한나의 기도를 자세히 봅시다.

한나의 기도 (1)

한나가 마음이 괴로워서 여호와께 기도하고 통곡하며 서원하여 이르되 만군의 여호와여 만일 주의 여종의 고통을 돌보시고 나를 기억하사 주의 여종을 잊지 아니하시고 주의 여종에게 아들을 주시면 내가 그의 평생에 그를 여호와께 드리고 삭도를 그의 머리에 대지 아니하겠나이다 _ 삼상 1:10-11

사람들은 한나의 '간절함'은 보지만 정작 그 기도의 '내용'은 잘 보지 않는데요. 11절에 보면 "… 내가 그의 평생에 그를 여호와께 드리고 삭도를 그의 머리에 대지 아니하겠나이다"라는 표현이 나옵니다. 이 표현, 어디에서 본 것 같지 않습니까? 좀 전에 본 삼손의 어머니에게 주신 말씀과 비슷합니다. 또한 삼손은 사사입니다. 한나가 낳은 사무엘 역시 사사입니다. 이런 점을 볼 때 불임 상태에 있던 한나가 사무엘을 낳은 것은 구속사와 관련이 있습니다.

한나의 기도 (2)

이뿐만이 아닙니다. 한나는 사무엘을 낳고 나서도 기도를 하는데, 사무엘상 2장 1-10절에 나옵니다. 그 내용을 훑어보면 '단순히 아들을 낳은 사람의 기도'라고 보기 어렵습니다. 특히 10절에 "여호와를 대적하는 자는 산산이 깨어질 것이라 하늘에서 우레로 그들을 치시리로다 여호와께서 땅끝까지 심판을 내리시고 자기 왕에게 힘을 주시며 자기의 기름 부음을 받은 자의 뿔을 높이시리로다 하니라"라는 표현은 뭔가 의미심장합니다. 여기서 '자기의 기름 부음을 받은 자'는 1차적으로 다윗 왕을 말하며,[156] 궁극적으로는 장차 오실 그리스도를 말합니다.

불임 여성 한나가 낳은 사무엘의 역할

불임 여성 한나가 사무엘을 낳은 것은 단순한 불임 극복 이야기가 아닙니다. 구속사적 사건입니다. 사무엘은 삼손과 같은 사사입니다. 사무엘은 마지막 사사입니다. 하나님은 한나에게 주신 마지막 사사 사무엘을 통해 사사 시대를 마감하시고 이스라엘 왕국 시대를 여실 것입니다. 다윗 왕의 시대를 여실 것입니다. 다윗 왕을 통해 참된 왕 그리스도를 이 땅에 보내실 것입니다.

사무엘상 1장 5절을 보면 한나가 임신하지 못한 것은 여호와께서 그에게 임신하지 못하게 하셨기 때문이었습니다. 하나님은 의도적으로 그렇게 하셨습니다. 그녀를 통해 특별한 계획을 펼치시기 위함이었고, 여자의 후손을 보내시는 구속사를 새롭게 펼치시기 위함이었으며, 불임 여성 한나를 통해 새 시대의 구속 사역을 이어 갈 특별한 인물을 보내시기 위함이었습니다.

8. 엘리사벳 – 세례 요한

여덟 번째 인물은 세례 요한의 어머니 엘리사벳입니다.

유대 왕 헤롯 때에 아비야 반열에 제사장 한 사람이 있었으니 이름은 사가랴요 그의 아내는 아론의 자손이니 이름은 엘리사벳이라 이 두 사람이 하나님

앞에 의인이니 주의 모든 계명과 규례대로 흠이 없이 행하더라 엘리사벳이 잉
태를 못하므로 그들에게 자식이 없고 두 사람의 나이가 많더라 (중략) 주의 사
자가 그에게 나타나 향단 우편에 선지라 사가랴가 보고 놀라며 무서워하니 천
사가 그에게 이르되 사가랴여 무서워하지 말라 너의 간구함이 들린지라 네 아
내 엘리사벳이 네게 아들을 낳아 주리니 그 이름을 요한이라 하라 너도 기뻐
하고 즐거워할 것이요 많은 사람도 그의 태어남을 기뻐하리니 이는 그가 주 앞
에 큰 자가 되며 포도주나 독한 술을 마시지 아니하며 모태로부터 성령의 충만
함을 받아 이스라엘 자손을 주 곧 그들의 하나님께로 많이 돌아오게 하겠음이
라 _ 눅 1:5-16

7절을 보시면 엘리사벳 역시 불임이었습니다. 그리고 부부 둘 다 나이가
많았습니다(참조. 창 18:11). 그런데 13절에서 천사가 나타나서 말합니다. "네
아내 엘리사벳이 네게 아들을 낳아 주리니 그 이름을 요한이라 하라" 엘리
사벳이 낳은 세례 요한은 어떤 사람입니까? 구약 시대의 마지막 선지자입
니다. 예수님의 길을 준비하며 오실 길을 곧게 하는 자입니다(마 3:3; 막 1:2; 요
1:23; 사 40:3).

잉태하지 못하던 한나가 낳은 사무엘을 통해 사사 시대를 마감하시고
이스라엘 왕국 시대를 여신 하나님께서, 잉태하지 못하던 엘리사벳이 낳은
세례 요한을 통해 구약 시대를 마감하시고 신약 시대를 준비하게 하십니다.
구속사의 정점이신 그리스도를 예비하게 하십니다.

그리고 15절에 보면 "포도주나 독한 술을 마시지 아니하며"라는 표현이
나오는데요, 이 표현은 앞서 보았던 삼손이나 사무엘 같은 나실인과 관련된
내용입니다(삿 13:4; 민 6:3). 삼손, 사무엘, 세례 요한은 모두 날 때부터 나실인
된 자로서 그의 어머니들은 모두 다 불임 중에 출산하였습니다.

정리

지금까지 살펴본 8명의 여인, 하와, 노아의 아내, 사라, 리브가, 라헬, 삼손의 어머니, 한나, 엘리사벳. 이들의 공통점은 불임 가운데 잉태하였다는 것입니다. 그런데 그런 공통점만 있는 것이 아닙니다. 앞부분에서 제가 불임 이야기를 제대로 이해하기 위해서는 성경 전체의 구속사를 근거로 생각해야 한다고 했습니다. 창세기 3장 15절을 염두에 두어야 한다고 했습니다.

이 8명의 여인들이 낳은 아들들은 한결같이 구속사와 밀접한 관련이 있습니다. 셋, 셈(참조. 눅 3:36), 이삭, 야곱, 요셉, 삼손, 사무엘, 세례요한. 이들은 그리스도를 이 땅에 보내시려는 하나님의 구속사에 특별히 사용된 자들입니다. 그녀들이 낳은 이들을 통해 생육과 번성이 이어졌고, 새 시대가 임했으며, 그리스도가 오시는 데 사용되었습니다.

9. 마리아 – 예수님

불임 여성들이 낳은 이들을 통해 이어진 구속사의 흐름을 따라오신 예수님. 예수님은 마리아의 육체를 통해 이 땅에 오십니다. 그런데 마리아도 비슷합니다. 물론 마리아는 불임은 아닙니다만, 불임과 비슷합니다. 왜냐하면 마리아는 임신이 가능한 가임(可姙) 여성이지만, 아직은 임신이 이루어질 수 없는 여인이었습니다. 남자를 알지 못하는 여인으로서 '임신하지 못하는'이 아니라 '임신이 일어날 수 없는' 여인입니다.

그런데 이러한 마리아에게 천사가 나타나 말합니다. "보라 네가 잉태하여 아들을 낳으리니 그 이름을 예수라 하라"(눅 1:31). 이 말을 들은 마리아가 천사에게 말합니다. "나는 남자를 알지 못하니 어찌 이 일이 있으리이까"(34절). 그렇습니다. 어떻게 마리아가 임신을 할 수 있단 말입니까? 천사가 대답합니다. "보라 네 친족 엘리사벳도 늙어서 아들을 배었느니라 본래 임신하지 못한다고 알려진 이가 이미 여섯 달이 되었나니"(36절) "대저 하나님의 모

든 말씀은 능하지 못하심이 없느니라"(37절)

임신하지 못하던 엘리사벳이 임신하게 되었으니, 임신이 일어날 수 없는 여인의 임신도 가능하다는 것입니다. 그러면서 말씀하십니다. "대저 하나님의 모든 말씀은 능하지 못하심이 없느니라"(37절). 이 표현, 어디에서 본 것 같지 않습니까? 다시 성경 본문 창세기 18장 13-14절로 거슬러 올라가 봅시다.

> 여호와께서 아브라함에게 이르시되 사라가 왜 웃으며 이르기를 내가 늙었거늘 어떻게 아들을 낳으리요 하느냐 여호와께 능하지 못한 일이 있겠느냐 기한이 이를 때에 내가 네게로 돌아오리니 사라에게 아들이 있으리라 _ 창 18:13-14

사라가 웃으면서 "내가 늙었거늘 어떻게 아들을 낳으리요?"라고 말하니 하나님께서 말씀하십니다. "여호와께 능하지 못한 일이 있겠느냐?"(창 18:14) 사라에게 하신 말씀이 마리아에게 하신 말씀과 같습니다. 이렇게 사라-엘리사벳-마리아가 연결됩니다. 아니 더 구체적으로는 사라-리브가-라헬-한나-엘리사벳-마리아로 연결됩니다. 하나님의 구속사가 불임이라는 모티브(motive)로 연결됩니다. 지금까지 제가 말씀드린 내용을 아주 간략하게 설명한 내용이 히브리서 11장 11-12절에 나옵니다.

> 믿음으로 사라 자신도 나이가 많아 단산(斷産)하였으나 잉태할 수 있는 힘을 얻었으니 이는 약속하신 이를 미쁘신 줄 알았음이라 이러므로 죽은 자와 같은 한 사람으로 말미암아 하늘의 허다한 별과 또 해변의 무수한 모래와 같이 많은 후손이 생육하였느니라 _ 히 11:11-12

첫 사람 아담과 여자가 범죄 한 직후, 하나님은 뱀에게 여자의 후손을 보내실 것을 말씀하셨습니다. 그 말을 듣고 아담은 마음속에 담아 두어 자기 아내 이름을 '여자'에서 생명이라는 뜻의 '하와'로 바꾸어 주었습니다. 죄로 말미암아 죽은 자를 통해 오히려 생명이 나올 것이라고 믿었기 때문입니다. 반면, 사탄은 그 말을 비웃었을 것입니다. "무슨 여자의 후손이 내 머리를 상하게 해"라고 말이죠.

그러나 하나님은 죽은 자와 같은 하와, 노아의 아내, 사라, 리브가, 라헬, 삼손의 어머니, 한나, 엘리사벳 등을 통해 생명의 역사를 이어 오셨으며(참조. 롬 4:18-24), 마침내 때가 차매 동정녀 '마리아'의 몸에서 여자의 후손 예수 그리스도가 나게 하심으로(갈 4:4) 우리 모두에게 생명을 주셨습니다. 큰 민족으로서의 하나님 나라를 이루게 하셨습니다. 하나님 나라에 속한 백성들을 하늘에 별과 같이, 해변의 모래와 같이 생육하게 하셨습니다(히 11:12). 약속하신 그것을 능히 이루시고(롬 4:21), 우리를 죽은 자 가운데서 살리셨습니다(롬 4:24).

이야기의 결론

아이를 간절히 원하는 부부가 하나님께 기도하는 것은 매우 자연스러운 일입니다. 그런데 그 근거로 성경 속 불임 사건을 단순하게 적용하는 것은 하나님의 계시적 의도에서 벗어난 일입니다. 성경 속 '불임'이라는 주제는 여자의 후손을 보내시는 '하나님의 구속사'와 관련 있습니다. 이 땅 가운데 하나님 나라를 생육하고 번성케 하시려는 '하나님의 열심'과 관련 있습니다.

여자의 후손이 처음 약속되었을 때, 그 약속은 희미했습니다. 그 이후 노아, 아브라함, 이삭, 야곱, 삼손, 사무엘 시대에도 마찬가지였습니다. 아니 더 심각했습니다. 임신하지 못하는 여자들을 통해 어떻게 여자의 후손을 보내신단 말입니까? 하나님은 오히려 의도적으로 그러한 여자들을 통해 이삭, 야곱, 요셉, 삼손, 사무엘, 다윗이 오게 해 주셨고, 결국에는 임신이 절대로 불가능한 동정녀 마리아를 통해 여자의 후손이신 예수 그리스도를 오게 하셨습니다. 이를 통해 하나님의 약속은 하나님의 특별하신 구속사를 통해 가능함을 보여 주셨습니다. "여호와께 능하지 못한 일이" 없음을 보여 주셨습니다(창 18:14; 눅 1:37).

구약 교회의 성도들은 여자의 후손이 오기를 기대하며 시편 113편 9절 찬송을 불렀습니다.[157]

> 또 임신하지 못하던 여자를 집에 살게 하사
> 자녀들을 즐겁게 하는 어머니가 되게 하시는도다 할렐루야 _ 시 113:9

이제 우리는 임신하지 못하던 여자를 통해 마침내 오신 여자의 후손 예수 그리스도를 생각하며 이 노래를 부릅니다.

> 잉태치 못하던 여자 집에서 살게 하시사
> 즐거운 어미 되게 하네
> 자녀를 즐겁게 하는 어머니 되게 하시네
> 오 할렐루야 할렐루야 ♬

STORY 12
남자와 여자의 질서 이야기

창 2:15- 24; 엡 5:22-24; 딤전 2:11-15

어떤 자매가 친구 결혼식에 참석했습니다. 이쁘게 꾸미고 설레는 마음으로 참석했습니다. 주례 목사가 설교하면서 이렇게 말합니다. "아내는 남편에게 복종해야 합니다." 그 순간 자매의 표정이 어두워지면서 마음속으로 이렇게 말합니다. '아니, 요즘 시대가 어떤 시대인데 남편에게 복종하라니…' 축하하기 위해 참석한 결혼식이었지만, 마음이 상해 사진도 안 찍고 돌아왔습니다. 본인이 부케(bouquet)를 받아야 했는데도 말이죠.

어떤 자매가 다른 교회에 다니는 언니와 대화를 나눴습니다. 언니와의 대화 중에 충격을 받았습니다. 언니네 교회에는 장로님이 '여자'라는 것입니다. 심지어 목사님이 '여자'라는 것입니다. 그 자매는 이제까지 여자 목사님을 본 적도 없는 것은 물론이고 상상해 본 적도 없습니다. 그 언니와 대화하기 전에는 자기 교회의 목사님, 장로님이 모두 남자라는 사실에 대해 이상함을 느껴 본 적도 없고 아예 생각조차 해 본 적이 없습니다. 충격이었습니다. 놀라는 이 자매를 보고는 그 언니가 말했습니다. "너희 교회는 참 보수적이구나." 그 말을 듣고 집에 돌아와서 곰곰이 생각해 봤습니다. '교회에는 남자보다 여자가 훨씬 많은데,[158] 왜 남자만?' 이런 생각이 들었습니다. 그러고 보니 교회의 중요한 일을 결정하는 것은 주로 남자들이 참여한다는 것을 깨달았습니다. 교회가 시대의 변화를 따라가지 못한다고 생각했습니다.

다음 주일에 조금 친한 교회 어른에게 "우리 교회 목사 장로는 오직 남자만 해요?"라고 물어보니, 이렇게 대답하십니다. "당연히 남자만 하는 거지!" 순간 놀라면서도 평소 대화가 조금 통하던 어른이기에 왜 그렇게 생각하시는지 이유나 들어보려고 물었더니 그냥 한 마디로 대답하십니다. "어디 여자가!" 그 말을 듣고 몇 주간 곰곰이 생각하다가 결국 언니네 교회로 교회를 옮기기로 했습니다.

이 두 자매의 이야기에 대해 어떻게 생각하십니까? 자매들의 생각이 잘못되었습니까? 아니면 자매들의 생각과 비슷하십니까?

이 자매들과 같은 고민과 충격을 갖는 것은 충분히 있을 수 있는 일입니다. 하지만 이 자매들이 꼭 했어야 할 중요한 것이 있습니다. 이 자매들은 성경이 무엇을 말하는지 생각하지 않았습니다. 이상하다는 생각이 들고 자기 생각과 달라 뭔가 충격을 받았다면, 그것이 왜 그러한지 성경을 통해 답을 찾으려고 노력했어야 합니다.

이 자매들에게는 분명 잘못이 있습니다. 하지만 그냥 무턱대고 이들을 뭐라고 할 수는 없습니다. 말씀으로 바르게 가르치지 못한 교회의 책임이 있고, "어디 여자가"라는 말로 실망을 준 이들의 책임도 있습니다. 차라리 "나도 잘 모르는데, 성경적 이유, 신학적 이유가 있지 않을까?" 정도만 말했어도 나았을 것입니다.

이런 문제, 세상에서라면 조금 다르게 볼 수도 있습니다. 세상은 시대의 변화에 따라 그 가치와 윤리가 시시때때로 변하니 말입니다. 그러나 그리스도인과 교회는 다릅니다. 때로는 시대의 변화에 민감하게 반응해야 하지만, 성경이 분명하게 말하고 있는 문제에 대해서는 철저히 성경의 관점에서 생각해야 합니다. 시대가 바뀌어도 영원히 변치 말아야 할 진리가 있습니다.

이번 장에서 우리가 살필 '가정과 교회에서 남자와 여자의 질서 문제'에 대해 여러분은 어떻게 생각하고 있습니까? 우리는 계속해서 성경 전체를 바르게 이해하는 시각을 갖기 위해 이 책을 읽고 있습니다. 이 문제에 대해서도 성경 전체의 계시에 근거해서 생각해야 합니다. 왜 하나님이 아내들로 하여금 남편에게 순종하라고 하셨는지, 왜 교회 역사는 오랫동안 계속해서 남자들에게 목사와 장로의 직분을 허락해 왔는지 그 이유를 성경에서 찾아야 합니다. 그래서 우리는 지금 그 일을 함께 해 보려고 합니다.

| 창조를 통해 세워진 남녀의 질서 |

남자가 여자보다 먼저 지음받음

태초에 하나님께서 사람을 창조하셨습니다. 이때 남자와 여자, 오직 두 성별만을 창조하셨습니다(창 1:27). 자유로우신 하나님께는 여러 가지 가능성이 있었습니다. 남자 1명만 창조하시거나 여자 1명만 창조하실 수 있었지만, 그렇게 하지 않았습니다. 남자 1명과 여자 1명을 창조하셨습니다. 남자, 여자, 제3의 성을 창조하실 수도 있었지만, 그렇게 하지 않으셨습니다. 남자 2명과 여자 1명, 혹은 남자 1명과 여자 2~3명을 창조하셨어도 되지만, 그렇게 하지 않으셨습니다. 남자 1명, 여자 1명을 창조하신 뒤에 둘을 각각 두셨어도 되지만, 하나님은 그 둘을 짝지어 한 몸 되게 하셨으니, 이를 통해 생육하고 번성하여 땅에 충만하게 하셨습니다.

수많은 다양한 가능성에도 불구하고 이렇게 하신 하나님은 남자와 여자를 동시에 창조하실 수도 있었습니다. 하지만 그렇게 하지 않으셨습니다. 먼저 남자를 창조하셨고, 그리고 나서 약간의 시간이 흐른 뒤에 여자를 창조하셨습니다. 남자를 창조하신 뒤 바로 이어서 여자를 창조하실 수도 있었는데 그렇게 하지 않으셨습니다. 남자를 창조하신 뒤 어떤 일이 있고 나서 여자를 창조하셨습니다. 남자와 여자의 창조 사이에 시간적 간격을 두신 것입니다. 이렇게 함으로써 하나님은 남자와 여자의 순서(順序), 질서(秩序), 차서(次序)를 두셨습니다.

남자가 여자의 이름을 지음

창세기 2장 18절 이하를 보면 하나님은 남자를 먼저 창조하신 뒤에 바로 여자를 창조하지 않으셨습니다. 그보다 먼저 들짐승과 새를 지으셨습니다. 그리고 나서 아담으로 하여금 그들의 이름을 짓게 하셨습니다. 아담은 사자, 개, 닭, 독수리, 참새 이렇게 이름을 짓습니다. 그리고 나서 하나님은 아담을 잠들게 하시고, 그의 갈빗대를 하나 취하신 뒤에 여자를 만드신 후 여자를 남자에게 데리고 오십니다. 아담이 여자의 이름을 짓습니다. "여자"라고 말입니다. 제가 누누이 강조했지만, 하와의 '원래' 이름은 여자이고, 이 이름은 아담이 지은 것입니다.

하나님은 첫째 날에 친히 빛을 '낮'이라 부르셨고 어둠을 '밤'이라 부르셨으며, 둘째 날에 궁창을 '하늘'이라, 셋째 날에 뭍을 '땅'이라 부르셨는데, 여자를 지으신 뒤에 그녀의 이름을 하나님이 친히 짓지 않으시고 남자에게 맡기셨습니다. 성경에서 이름을 짓는다는 것은 그에 대한 권위를 상징합니다.[159] 아담은 타락 이후 아내의 허락 및 동의 여부와 상관없이 아내의 이름을 '하와'라고 바꿔 버립니다(창 3:20).

남자에게 선악과 금령을 주심

이 모든 일에 의도와 목적을 두신 하나님은 중요한 명령을 내리십니다.

선악을 알게 하는 나무의 열매는 먹지 말라 네가 먹는 날에는 반드시 죽으리라 _ 창 2:17

이 명령, 너무나 중요하기에 동산에 살던 두 사람이 모두 다 들었어야 할 명령입니다. 그런데 하나님은 이 명령을, 남자를 지으시고 나서 남자에게만 주십니다. 창세기 2장 7절에서 남자를 지으셨고, 2장 22절에서 여자를 지으셨습니다. 선악과 금지 명령은 2장 17절에서 주셨으니 남자는 듣고 여자는 듣지 못했습니다. 그렇다면 명령이 주어지고 나서 비로소 이 세상에 태어난 여자는 어떻게 그 중요한 명령을 알고 지켜야 합니까? 남자에게 들어야 합니다. 남편이 아내에게 가르쳐 주어야 합니다. 남편은 가르치며 다스리는 자의 역할을 해야 했고, 아내는 배우는 자의 역할을 해야 했습니다.[160]

범죄 직후 남자에게 찾아가시는 하나님

이후에 이 명령을 여자가 먼저 어깁니다. 그리고 나서 남자도 이 여자를 따라 명령을 어깁니다(창 3:6). 여자가 먼저 따먹었는데 하나님은 여자를 부르지 않으십니다.

여호와 하나님이 아담을 부르시며 그에게 이르시되 … _ 창 3:9

왜 남자를 부르셨을까요? 선악과를 먹지 말라는 명령을 남자에게 주셨고, 남자는 여자에게 가르쳐야 할 책임이 있었기 때문입니다. 하나님은 처음 따 먹은 여자에게 벌을 주시지만, 일단 그 책임을 먼저 남자에게 물으십니다.

| 타락 이후 더욱 강화된 남녀의 질서 |

타락 이후 여자에게 주신 벌

타락 이후 하나님께서 뱀, 여자, 남자에게 각각 벌을 내리십니다. 창세기 3장 16절에 여자에게 내리신 벌이 나오는데, 크게 두 가지입니다. 첫 번째 벌, "내가 네게 임신하는 고통을 크게 더하리니 네가 수고하고 자식을 낳을 것이며…"가 구속사에서 어떻게 나타났는지에 대해서는 이미 '불임'과 관련해서 살펴봤습니다. 지금 우리가 주목할 것은 두 번째 벌, "…너는 남편을 원하고 남편은 너를 다스릴 것이니라"입니다.

"남편을 원하고" → "남편을 지배하려고 하지만"

"너는 남편을 원하고" 이 부분은 무슨 말인지 이해가 잘 안 됩니다. 히브리어를 그대로 직역했기 때문입니다.[161] 그래서 다른 번역들은 좀 더 이해하기 쉽게 의역을 했습니다. 새번역은 "네가 남편을 지배하려고 해도 남편이 너를 다스릴 것이다."라고 했습니다. 공동번역은 "네가 남편을 마음대로 주무르고 싶겠지만 도리어 남편의 손아귀에 들리라"라고 번역했습니다. 따라서 그 외의 다른 번역들을 참고해서 이렇게 문장을 다듬을 수 있습니다. "너는 남편을 지배하려고 하지만, 남편이 너를 다스릴 것이다."

타락 이후 강화된 창조 질서

하나님은 창조의 순서, 남자가 여자의 이름을 지음, 그리고 선악과 금지 명령을 남자가 여자에게 가르치게 하는 일을 통해서 남자와 여자 사이에 질서를 세우셨습니다.[162] 남자와 여자는 분명 하나님 앞에서 동등한 존재이지만, 질서가 있으니 이 질서는 창조의 질서입니다(참조. 고전 11:3, 9).

그러나 타락 이후 사람은 죄의 본성에 따라 하나님께서 세우신 창조 질서를 어지럽히려고 합니다. 그래서 "너는 남편을 원하고"라는 말처럼, 여자는 남편을 지배하려고 합니다. 남편을 마음대로 주무르고 싶어 합니다. 하지만 하나님은 타락 이후 창조 질서를 폐기하시는 것이 아니라 오히려 더욱 강화하십니다. "너는 남편을 지배하려고 하지만, 남편이 너를 다스릴 것이니라"(창 3:16)

| 가정에서 지켜져야 할 질서 |

가정에서부터

창조를 통해 세워진 질서, 타락 이후 더욱 강화된 질서. 이 질서를 따르고 지켜 나가는 것이 구속사의 한 흐름에 서 있는 신자가 지켜 가야 할 일입니다. 우선은 그리스도인의 가정에서 지켜져야 합니다. 그리스도인은 가정에서부터 하나님의 구속을 경험해야 합니다. 에베소서 5장 22절에서 하나님은 바울의 입을 빌어 말씀하십니다.

아내들이여 자기 남편에게 복종하기를 주께 하듯 하라 _ 엡 5:22

서두에서 이야기한 자매가 들었던 주례 목사가 인용한 말씀입니다. 그 자매는 이 구절을 평소에 읽었어야 합니다. 주례 목사가 자기 개인의 의견을 말한 것이 아니라 하나님의 말씀을 그대로 말한 것임을 생각했어야 합니다. 그 자매는 '아니, 요즘 시대가 어떤 시대인데 남편에게 복종하라니.'라고 생각했지만, 에베소서 5장 22절에 나오는 "주께 하듯 하라"라는 부분을 자세히 보았어야 합니다. 주께 하는 것이 시대에 따라 변하지 않으니, 남편에게 복종하라는 말씀도 시대에 따라 변할 수 있는 말씀이 아님을 깨달았어야 합니다.

남편의 머리 됨

하나님은 에베소서 5장 23절에서 이어서 이렇게 말씀하십니다.

이는 남편이 아내의 머리 됨이 그리스도께서 교회의 머리 됨과 같음이니… _ 엡 5:23

여기 "남편이 아내의 머리 됨"이라는 표현은 1차적으로 바울의 표현이요, 궁극적으로는 하나님의 표현입니다. 바울은 왜 "남편이 아내의 머리 됨"이라는 표현을 썼을까요? 아까 그 자매가 이 말씀을 진지하게 읽고 고민했으면 어땠을까요?

"남편이 아내의 머리 됨"이라는 표현은 바울의 표현이지만(참조. 고전 11:2), 또 한편으로는 창세기에 나오는 모세의 표현이요(참조. 고전 14:34), 궁극적으로 하나님의 표현입니다. 창세기의 저자인 모세, 궁극적 저자인 하나님은 창조의 순서, 남자가 여자의 이름을 지음, 선악과 금지명령을 남자가 여자에게 가르치게 하는 일, 그리고 타락 후 "너는 남편을 지배하려고 하지만, 남편이 너를 다스릴 것이다."라고 하신 벌 등을 통해 '남편이 아내의 머리 됨'을 시사했습니다. 바울은 이 모든 내용을 하나의 용어로 정리합니다. "머리 됨" 남편이 아내를 가르치고 다스리는 일을 '머리 됨'이라는 질서의 용어로 나타냅니다.

그리스도와 교회의 관계에 비유되는 머리 됨

바울은 이 질서를 그리스도와 교회의 관계에 비유합니다. "남편이 아내의 머리 됨이 그리스도께서 교회의 머리 됨과 같음이니…"(엡 5:23). 이렇게 함으로써 남편과 아내의 질서는 구속의 질서임을 보여 주고, 또한 결단코 변하지 않는 질서임을 가르쳐 줍니다. 그리스도께서 교회의 머리 됨이 시대에 따라 변하는 질서가 아니듯, 남편과 아내의 질서도 시대에 따라 변하지 않습니다. 만약 시대에 따라 변해야 한다면, "같음이니"라는 말의 의미를 설명해 낼 수 있어야 합니다.

따라서 앞서 말씀드린 그 자매는 자신이 '아니, 요즘 시대가 어떤 시대인데 남편에게 복종하라니.'라고 한 것에 대해서, 주례 목사가 그리스도께서 교회의 머리 됨도 '요즘 시대가 어떤 시대인데 라고 말해야 하느냐'고 묻는다면 어떻게 대답해야 할지 생각해야 합니다.

창조와 타락과 구속에 근거한 남편의 머리 됨

"아내들아 자기 남편에게 복종하라"(엡 5:22; 골 3:18). 이 말씀은 그 자체만으로도 진리이기에 당연히 지켜야 하는 말씀입니다. 그런데 왜 이렇게 명령하셨는지도 생각해야 합니다. 이는 바울이 '머리 됨'이라는 용어에 담아 표현한 것처럼, 창조-타락-구속에 근거합니다. 하나님은 처음 사람을 창조하실 때 남편과 아내의 질서를 주셨습니다. 타락 후 아내에게 내린 벌을 통해 질서를 강화하셨습니다. 구속의 시대에 그리스도와 교회의 관계가 남편과 아내의 관계와 같다는 사실을 통해 이 질서가 지켜져야 하는 이유를 분명히 하셨습니다. "아내들이여 자기 남편에게 복종하라"라는 명령은 "이는 남편이 아내의 머리 됨이 그리스도께서 교회의 머리 됨과 같음이니…"(엡 5:23)라고 하신 것처럼 창조-타락-구속에 근거한 명령입니다.

| 교회에서 지켜져야 할 질서 |

교회에서부터

창조를 통해 세워진 질서, 타락 이후 더욱 강화된 질서. 이 질서는 그리스도인들이 가정에서 지킬 뿐만 아니라 그리스도인들이 모여 공동체를 형성한 교회에서도 지켜져야 합니다. 교회는 이 질서를 지킴으로 타락으로 인해 무너진 창조 질서를 회복시키는 구속의 역할을 감당해야 합니다.

여자에게 허락되지 않은 가르치는 것과 지배하는 것

그래서 바울은 디모데전서 2장 11-12절에서 말합니다.

> 여자는 일체 순종함으로 조용히 배우라 여자가 가르치는 것과 남자를 주관하는 것을 허락하지 아니하노니 오직 조용할지니라 _ 딤전 2:11-12

여기 '남자를 주관하는 것'이라는 말의 '주관'이라는 단어 때문에 이 말씀이 지금까지 말씀드린 내용과 아주 자연스럽게 연결된다는 사실을 생각하지 못하는 경우가 있는데요. 새번역과 공동번역은 '주관' 대신 '지배'라고 번역했습니다. 주관 대신 지배를 넣으면 "여자가 남자를 '지배'하는 것을 허락하지 아니하노니"가 됩니다. 이 표현을 보면 어떤 구절이 자동적으로 떠오릅니까? 창세기 3장 16절에서 여자에게 내리신 벌 "너는 남편을 지배하려고 하지만, 남편이 너를 다스릴 것이다."입니다. '주관', '지배', '다스림'은 다 같은 말입니다. 바울은 그 구절을 염두에 두고 '교회 안에서도 역시 여자가 남자를 지배할 수 없다'라고 말한 것입니다.

하나님께서 최초의 남자를 '가르치는 자, 다스리는 자'로 세우셨고 최초의 여자를 '배우는 자'로 세우셨는데, 그 일에 실패한 이후 "너는 남편을 지배하려고 하지만, 남편이 너를 다스릴 것이다."라고 하셨기에, 이 일이 가정과 더불어 교회 안에서 적용되는 것입니다. 자, 그러면 교회 안에서 어떻게 적용되어야 합니까? 교회 안에서 여자들은 아무 말도 하면 안 됩니까? 아닙니다.

교회 안에서 적용될 말씀

디모데전서는 목회서신입니다. 바울이 에베소 교회의 목회자 디모데에게 편지를 보내어 어떻게 교회를 세우고 목회를 해야 하는지를 권면한 내용입니다. 그러면서 바울은 여자에게는 가르치는 것과 지배하는 것이 허락되지 않는다고 말합니다. 그러니 이 구절은 교회 안에서의 일, 즉 직분과 관련됩니다. 여기 가르치는 것과 다스리는 것, 지배하는 것, 주관하는 것은 가르치는 장로인 '목사'와 다스리는 장로인 '장로', 이들을 가리키는 표현입니다.

가르치는 장로와 다스리는 장로의 자격

이 사실을 우리는 이어지는 말씀을 통해서 알 수 있습니다. 디모데전서 2장에서 이야기했는데, 바로 이어서 3장을 보면 '감독의 자격'에 대해 말합니다. 감독이라고 번역된 말은 장로로 바꿀 수 있고(행 20:17, 28), 장로는 가르치는 장로와 다스리는 장로로 나뉩니다(딤전 5:17).

이 장로의 자격을 말할 때 두 번째로 나오는 것은 "한 아내의 남편이 되며"입니다(딤전 3:2; 참조. 딛 1:6).[163] 가르치는 장로와 다스리는 장로의 자격 중 하나는 한 아내의 남편입니다. 가정에서 아내와 자녀들을 가르치고[164] 다스리는 일[165]을 하는 남자가 교회에서도 성도들을 가르치고 다스리는 일을 해야 한다는 말씀입니다. 이때 가르치고 다스린다는 것은 사사로운 것을 말하지 않습니다. 공적인 직분 사역을 말합니다. 가르치는 장로와 다스리는 장로에 대한 가르침입니다.

우리가 성경을 오해했다

교회에서 가르치는 장로인 목사와 다스리는(지배하는, 주관하는) 장로인 장로의 직무를 왜 남자에게만 맡기냐고 물을 때 성경의 가르침을 깊이 생각하지 못하는 사람들은 그저 "어디 여자가"라고 말하지만, 그런 말과 생각은 아주 잘못된 것입니다. 교회가 목사와 장로의 여성 임직을 계속해서 금해 온 이유는 바로 위와 같은 성경의 가르침 때문입니다.[166]

시대가 아니라 창조 – 타락 – 구속으로

그럼에도 앞서 그 자매가 생각한 것처럼, "교회가 시대의 변화를 따라가지 못한다."라고 생각하는 사람들이 있습니다. 그 자매가 만난 언니의 교회처럼 디모데전서 2장 말씀은 1세기 당시의 배경과 문화에 따라 적용해야 할 말씀이지, 오늘날에는 그대로 따를 필요가 없다고 주장하는 사람들이 있습니다. 그래서 성경의 가르침보다 시대의 가르침을 따라 장로도 여자, 목사도 여자인 교회들이 종종 있습니다.[167]

그러나 성경을 자세히 보십시오. "여자가 가르치는 것과 남자를 주관하는 것을 허락하지 아니하노니"(딤전 2:12)라고 말한 뒤에 그 근거를 뭐라고 이야기하는지 말입니다.

> 13이는 아담이 먼저 지음을 받고 하와가 그 후며 14아담이 속은 것이 아니고 여자
> 가 속아 죄에 빠졌음이라 _ 딤전 2:13-14

13절은 창조 질서입니다. 14절은 타락의 순서입니다. 바울이 디모데에게 교회를 세워 감에 있어서 가르치는 직분과 다스리는 직분을 여자에게 허락하지 않는다고 말한 이유는 1세기 당시의 배경과 문화 때문이 아닙니다. 성경은 "이는 지금 시대는 여자는 하면 안 되기 때문이다."라고 말하지 않았습니다. 지금 우리가 앞에서 살펴본 대로, 하나님께서 남자를 여자보

다 먼저 지으신 창조의 순서, 남자가 여자의 이름을 지음, 선악과 금지 명령을 남자가 여자에게 가르치게 하는 일, 타락 후 "너는 남편을 지배하려고 하지만, 남편이 너를 다스릴 것이다."라고 하신 벌에 기초합니다. 창조-타락-구속의 원리에 근거한 것입니다.[168]

이 땅에 있는 많은 교회들이 세상의 오해와 비난을 받아 가면서도 여성의 목사 장로 임직을 거부하는 이유는 시대의 변화를 읽지 못하기 때문이 아닙니다. 절대로 변치 않는 하나님의 말씀을 따라 그 말씀에 순종함으로 교회를 세워 가야 하기 때문입니다.

그리고 앞서 질문한 자매에게 "어디 여자가!"라고 말한 교회 어른은 이 구절을 차근차근 설명해 주었어야 합니다. 하지만 아마도 그 어른은 그렇게 하는 것이 이 구절에 근거한다는 사실을 몰랐을 것입니다. 어쩌면 그 어른만 모르는 게 아니었을지 모릅니다. 그 교회의 목사 장로도 심지어 그 교단의 지도자들조차 그렇게 하는 이유가 정말로 "어디 여자가!"라는 이유였을지도 모릅니다.

하지만 오늘날 여성의 목사 장로 임직을 반대하는 교단 대부분은 이러한 말씀의 원리에 기초해서 그렇게 하고 있습니다.

시대가 변했다는 반론에 대한 답

이번에 다루는 주제는 매우 중요한 주제임에도 불구하고 신학자들과 일부 목회자들만이 알고 논쟁하며, 일반 교인들에게는 괜히 가르쳐서 긁어 부스럼이 될까 염려하여 잘 가르치지 않는 주제입니다. 아니면 몰라서 가르치지 않을 수도 있고요.

그러다 보니 가정에서의 경우 어느 정도는 고개를 끄덕이면서도, 교회

우리가 성경을 오해했다

에서의 경우 고개를 끄덕이지 않고 계속해서 마음속에 의구심이 드는 경우가 많습니다. 가장 큰 의구심은 '성경의 가르침도 시대에 따라 변해야 하는 것 아닌가?', '교회가 시대의 흐름을 따라가지 못해서 그런 것 아닌가?'라는 생각입니다. 그러나 이런 생각은 옳지 않습니다.

시대의 변화와 상관없는 성경적 증거

베드로전서 3장 1절을 보면, "아내들아 이와 같이 자기 남편에게 순종하라"라고 말합니다. 그러면서 6절에서 하나의 예를 듭니다. "사라가 아브라함을 주라 칭하여 순종한 것 같이…" 베드로는 아내들에게 자기 남편에게 순종하라고 말합니다. 이 말은 에베소서 5장에서 바울이 한 말과 같습니다.

바울은 아내가 남편에게 순종해야 할 것을 교회와 그리스도의 관계에 비유함으로(엡 5:23-24) 이 명령이 시대에 따라 변하는 것이 아니라고 했습니다. 베드로는 자기보다 약 2,000년 전에 살았던 사라가 한 일을 예로 듭니다. 사라도 남편에게 주라고 부르며 순종했던 것같이…. 사라는 "아내들아 자기 남편에게 순종하라"라는 명령을 직접 받기도 전에 이미 자기 남편에게 "주"라고 불렀으니, 이는 창조의 질서, 타락 후 강화된 질서(창 2-3장)에 따라 자기 남편에게 행한 것이고, 베드로는 그것을 근거로 다시 명령하고 있으니, 이 명령은 시대 변화에 따라 바뀔 수 있는 것이 아닙니다. 고린도전서 14장 34절을 봅시다.[169]

> 여자는 교회에서 잠잠하라 그들에게는 말하는 것을 허락함이 없나니 율법에 이른 것 같이 ㄴ)오직 복종할 것이요 _ 고전 14:34
>
> ㄴ) 창 3:16

바울은 이 구절에서 근거를 하나 듭니다. "율법에 이른 것 같이" 바울의 근거는 율법입니다. 하나님의 말씀입니다. 그러면서 "오직 복종할 것이요"라고 말하는데, "율법에 이른 것 같이"라고 했으니 "오직 복종할 것이요"라는 말이 율법에 있다는 말이겠지요? 그렇다면 율법 어디에 있을까요? 성경 난외주는 이 구절이 창세기 3장 16절을 인용한 것이라고 설명합니다. 창세기 3장 16절이 무엇입니까? 첫 여자가 받은 벌, "너는 남편을 원하고 남편은 너를 다스릴 것이니라"입니다. 율법이란 모세의 율법을 말합니다. 모세오경 중 하나인 창세기에 기록된 말씀을 이야기하고 있습니다. 바울은 "율법에 이른 것 같이"라는 표현을 통해 변화하는 상황에 따라 바뀌는 명령이 아니라, 구약에서부터 이어진 하나님의 구속사의 관점에서 도출된 계시임을 분명히 하고 있습니다.

에베소서 5장 22절에서 바울은 아내들이 남편에게 복종할 것을 말했습니다. 이 명령이 시대의 변화와는 아무런 상관이 없다는 사실을 극명하게 보여 주는 구절이 있습니다. 에베소서 6장 1절입니다.

자녀들아 주 안에서 너희 부모에게 순종하라 이것이 옳으니라 _ 엡 6:1

만약 "남편에게 복종하고 존경하라는 에베소서 5장 22절 말씀이 요즘 시대에는 맞지 않다."라고 주장한다면 그 순간 자녀들이 이렇게 말할 것입니다. "엄마, 부모에게 순종하라는 말씀도 요즘 시대에 맞지 않아요. 요즘 시대가 어느 때인데 부모에게 순종해요."[170]

디모데전서 2장 12-14절도 "여자가 가르치는 것과 남자를 주관하는 것을 허락하지 아니하노니 오직 조용할지니라"라고 말한 뒤에 그 근거를 제시하기를 "이는 아담이 먼저 지음을 받고 하와가 그 후며 아담이 속은 것이 아니고 여자가 속아 죄에 빠졌음이라"라고 해서 '창조와 타락의 관점'에서 이야기하고 있으니, 특정한 시대나 문화에 제한되는 말씀이 결코 아닙니다.

문화의 상대성과 상관없다는 증거

또 다른 의구심은 '한국 교회가 보수적이라서 그런 것 아닌가?', '한국은 유교 사회라서 그런 것 아닌가?'라는 생각입니다. 그래서 이러한 말씀을 한국에서만 유독 강조한다고 생각합니다.

그러나 그렇지 않습니다. 미국에는 PRC(Protestant Reformed Church)라는 교단이 있는데, 그 교단에 속한 교회에서는 공동의회에 아내들은 참석하지 않습니다. 아내는 공동의회에 참여하지 않고 남편들이 참석하여 의견을 행사합니다. 이렇게 하는 것은 남편의 머리 됨을 실천하는 하나의 방식입니다 (고전 14:34-35). 방금 말씀드린 교회는 미국에 있습니다. 유럽에서 이민 온 사람들이 주를 이루고 있습니다. 유교와 전혀 상관없는 이들입니다. 이 교회가 여성에게 목사와 장로의 직분을 허용하지 않는 것은 물론입니다.

제가 이 교단에서 '여자들'이 공동의회에 참석하지 않는다고 표현하지 않고 '아내들'이 참석하지 않는다고 했는데요. 네. 미혼 여성은 참석합니다. 결혼한 여성들의 경우만 남편이 참석하고 결혼하지 않은 여성들은 참석합니다. 남녀 차별이 아니라 성경에 근거한 남편의 머리 됨을 적용하는 것입니다.

ICRC(International Conference of Reformed Churches, 국제개혁주의교회협의회)라는 단체가 있습니다.[171] 영국, 미국, 캐나다, 호주, 스코틀랜드, 스페인, 브라질, 남아공, 케냐, 우간다, 콩고, 한국, 인도네시아, 인도 등 전 세계에 흩어진 개혁주의를 지향하는 교단들의 협의체입니다.[172] 유교와는 아무런 상관없는 교회들이 대부분인 협의체입니다. 이 협의체가 2017년 7월 17일(오늘로부터 약 6년 전입니다) 네덜란드 개혁교회 해방파(Gereformeerde Kerken in Nederland [vrijgemaakt])의 회원권을 정지했습니다. 해방파 교회가 불과 한 달 전인 2017

년 6월 16일(금) 총회에서 항존직(목사, 장로, 집사)에 대해 여성 임직을 결정한 데 따른 것입니다.[173] 아이러니하게도 회원권 정지를 당한 해방파는 이 협의회를 설립한 주체였습니다. 해방파의 회원권 정지를 가장 강하게 주장한 교단은 미국의 OPC(Orthodox Presbyterian Church, 미국정통장로교회)입니다. 우리나라에도 박윤선 목사를 비롯해 많은 사람이 졸업한 웨스트민스터 신학교를 교단 신학교로 둔 교단입니다. ICRC는 그 교단에 대해 회원권 중지를 선포하면서 거기에서 그치지 않고, 자매 교회(姊妹敎會, sister church)였던 그 교단이 회개하고 돌아오기를 바라는 기도를 했습니다. 그들은 여성 임직이 단순히 시대나 문화의 문제가 아니라 말씀에서 벗어난 문제라고 보았기 때문입니다.

한국 교회에 《목적이 이끄는 삶》으로 많이 알려진 새들백교회(캘리포니아주 소재) 릭 워렌(Richard Warren) 목사는 2021년 5월, 3명의 여성을 목사로 임직했습니다. 이에 대해 그 교회가 속한 미국 남침례교회(SBC, Southern Baptist Convention)는 다음 총회에서 릭 워렌 목사 제명 건을 다룰 예정입니다.[174]

이러한 모습은 '한국 교회가 보수적이라서', '한국이 유교 사회라서'라는 생각과는 아무런 관련이 없다는 것을 보여 줍니다.[175] 아직도 세계의 많은 건전한 교회들은 성경의 가르침에 따라 목사와 장로에 대한 여성 임직을 금하고 있습니다.[176]

성경은 성경으로 이해해야 합니다. 성경은 시대의 변화나 문화의 관점이 아니라 창조-타락-구속의 관점에서 이해해야 합니다. 가정과 교회 안에서 남편과 아내, 남자와 여자, 그 질서의 문제 역시 마찬가지입니다. 성경에서 답을 찾아야 합니다.

웨인 그루뎀(Wayne Grudem)이라는 미국 신학자는 이렇게 말했습니다.

▌ 만일 성경의 가르침이 단지 '네 주위의 문화에서 좋게 생각되는 것을 따르라'라는

우리가 성경을 오해했다

사람들은 성경이 신앙과 삶의 유일한 법칙이라고 말하면서도, 정작 어떤 의문을 가졌을 때 성경에서 답을 찾으려고 하지 않습니다. 서두에서 말씀드린 자매처럼 말입니다. 혹시나 성경에서 답을 찾았는데, 그 답이 자기 생각과 다를 때는 이렇게 말합니다. "성경은 당시 문화적 배경에 따라 기록된 책이야." 그렇게 말해 버리면, 하나님도 예수님도 문화적 시대적 종교적 배경에서 이해되어야 하는 분이 되어 버린다는 사실을 간과하는 것입니다. 그렇게 해 버리면 우리는 1세기에 기록된 성경 이후 약 2,000년 뒤의 시대를 사는 우리가 성경에서 아무런 교훈도 얻을 수 없다고 말하는 것과 같다는 사실을 간과하는 것입니다.

지금까지 말씀드린 이유만으로도 남편의 머리 됨, 남성의 직분에 대한 성경적 근거는 충분히 설명되었다고 보지만, 여기까지 말한 뒤에도 "그런데 왜 꼭 그렇게 해야 하느냐?"라고 물으신다면 그 이상의 답은 하기 어렵습니다. 왜냐하면 성경이 그것까지 말하고 있는 것은 아니기 때문입니다.

어떤 사람들은 "하나님을 왜 아버지라고 부르느냐? 어머니라고도 부를 수 있지."라고 주장합니다. 그래서 기도할 때 "하늘에 계신 우리 어머니"라고 합니다.[178] 하나님을 'He'라고 표현한 영어 성경을 "'He'라고 한 것은 여성 차별이다. 'It'으로 바꿔야 한다."라고 주장합니다. 그런데 그 주장에 대해 우리가 뭐라고 해야 합니까? 그런 주장을 하는 이들은 이 책의 주제에 대해서도 이렇게 말합니다. "성경이 기록되던 시대의 문화가 남성 중심이었기 때문이다."[179] 그러나 우리는 이렇게 말합니다. "하나님께서 그렇게 계시하셨기 때문이다." 그들은 "성경을 문자 그대로 읽지 말고 현대에 맞게 재해석해야 한다."라고 주장합니다.[180] 우리는 이렇게 주장합니다. "성경은 성경으로 해석해야 한다."

이렇게까지 말해도, 여성 임직에 찬성하는 일부 사람들은 신실한 그리스도인으로서는 도무지 이해가 안 되는 주장을 하기도 합니다. 지금 우리가 살펴본 고린도전서 14장, 에베소서 5장, 디모데전서 2장 등이 바울의 글이 아니라 후대에 사람들이 삽입한 구절이라고 말입니다.[181] 우리나라 학자로는 아주 유명한 김세윤 교수가 그런 주장을 하는 대표적인 인물입니다.[182]

| 오해되는 실천 |

"아내들이여 남편에게 복종하라"(엡 5:22)라는 명령은 단순한 윤리가 아닙니다. 단순한 가정의례 준칙이 아닙니다. 인간의 문화적 산물이 아닙니다. 이는 창조 질서를 기억하라는 명령이며, 인간의 타락이 어디에서부터 시작되었는지를 생각하라는 명령입니다. 이 명령에 순종하는 일을 통해 창조 질서가 파괴된 타락 이후의 삶을 살고 있다는 사실을 생각하며 살아가라는 구속사적인 명령입니다.

가르치는 직분인 목사와 다스리는 직분인 장로를 남성에게만 맡기신 것역시 마찬가지입니다. 첫 사람 여자가 남자의 지도를 받아 말씀을 지키지않았고, 첫 사람 남자가 하나님께서 맡기신 가르치고 다스리는 직무에 실패한 것을 늘 기억하며, 교회 안에서 남자가 다시 그 역할을 잘 감당하여 그리스도의 구속에 동참하라는 것입니다. 타락으로 말미암아 잃어버린 창조 질서를 회복하라는 것입니다. 하나님은 창조 때에 실패한 남자에게 다시금 그 사명을 맡기셨으니 가르치는 장로인 목사와 다스리는 장로를 남자에게 맡기셨습니다. 이것은 여자를 통해 들어온 이 세상의 죄악을 잘 다스려서 첫 교회와 달리 궁극적으로 승리하는 교회가 되도록 하시기 위한 하나님의 뜻입니다.[183]

그런데 이런 의미를 제대로 이해하지 못하고 그저 '머리 됨(headship)'이라는 말, '지배하는' 혹은 '다스리는'이라는 말에만 집착하여 이 명령을 남용하는 이들이 많습니다. 그러나 여러분, 성경에서의 머리 됨, 지배, 다스림 등의 '권위(權威)'는 군림(君臨)이나 압제(壓制)가 아닙니다.[184] 그리스도께서 교회의 머리 됨처럼, 그리스도께서 교회를 가르치시고 다스리시는 것처럼, 섬기고 돌보는 일로서의 머리 됨입니다. 영적인 필요를 발견하고 돌보는 역할로서의 머리 됨입니다.[185]

그런데 이러한 현실은 없고, 성경의 원리도 모르는 이들이 그저 표면적인 단어와 문법만 가지고서 남편 혹은 남성의 우월함으로 오해하여 남편 됨과 목사와 장로의 직분을 남용하고 여성을 차별하고 있으니, 이는 창조-타락-구속의 원리에 따라 허락하신 질서를 깨뜨리는 것과 별반 다르지 않습니다.

남편 됨, 목사 됨, 장로 됨은 결코 우월해서가 아닙니다. 하나님께서 맡기셨기 때문입니다. 저도 제 아내보다 우월하기 때문에 아내의 머리가 아닙니다. 저의 목사 됨 역시 우리 교회의 다른 분들보다 우월해서가 아닙니다. 저는 정말 가르치고 다스리기에 부족한 면이 많습니다. 실력으로 보나 인품으로 보나 우리 교회의 자매들, 형제들보다 부족한 게 많습니다. 그럼에도 불구하고 창조-타락-구속의 질서를 따라서 세우신 목사의 직분을 감당하고 있습니다. 목사라는 직분, 장로라는 직분이 다른 사람에 비해 더 높은 것이 결코 아닙니다. 단지 하나님과 교회가 허락한 직분이므로 두렵고 떨리는 마음으로 그 직분을 수행해 갈 따름입니다.

성경이 가르치는 남편 됨, 목사와 장로 됨을 오해하여 우월주의에 빠지는 어리석은 남성들이 있습니다. 한없이 낮아지는 여성들이 있습니다. 그러지 마십시오. 갈라디아서 3장 28절은 이렇게 말합니다.

너희는 유대인이나 헬라인이나 종이나 자유인이나 남자나 여자나 다 그리스도 예수 안에서 하나이니라 _ 갈 3:28

고린도전서 11장 11절은 이렇게 말씀합니다.

주 안에는 남자 없이 여자만 있지 않고 여자 없이 남자만 있지 아니하니라 _ 고전 11:11

가정과 교회에서만

마지막으로 한 가지만 더 말씀드리겠습니다. 남자와 여자의 질서 문제는 성경이 직접 언급하고 있는 가정과 교회라는 영역에서만 적용되어야 합니다. 그러니 학교, 회사, 국가에서는 적용될 수 없습니다. 즉 여자가 전교 회장이 될 수 있습니다. 여자가 사장이 될 수 있습니다. 여자가 대통령이 될 수 있습니다. 창조-타락-구속의 구속사가 직접적으로 관련된 가정과 교회에서만 적용되는 것이 남편 혹은 남자의 머리 됨입니다.

이야기의 결론

이번 장의 주제는 무엇입니까? 성경을 '창조-타락-구속'의 관점으로 읽으라는 것입니다. 그 예로 남편의 머리 됨, 목사와 장로직에 대한 여성 임직 금지를 다룬 것입니다.[186] 왜 이 예를 들었을까요? 이 예는 성경을 그렇게 읽지 않고 현대의 문화적 상황으로 성경을 읽으려는(New Hermeneutics) 가장 대표적인 예이기 때문입니다.[187]

우리는 성경을 성경 저자의 의도에 따라 창조-타락-구속의 관점에서 읽어야 합니다. 구속사 관점으로 읽어야 합니다. 그래야 비로소 전체 성경을 바르게 해석하고 적용할 수 있습니다.

우리는 신앙과 삶의 모든 부분을 성경에 근거해서 생각해야 합니다. 그렇게 하지 않고 변화하는 세상의 흐름에 따라 생각할 때, 진리는 사라지고 세상의 변화에 뒤쫓아가는 모습만 남게 됩니다. 마지막으로 디모데전서 2장 13-14절을 읽겠습니다.

이는 아담이 먼저 지음을 받고 하와가 그 후며 아담이 속은 것이 아니고
여자가 속아 죄에 빠졌음이라 _ 딤전 2:13-14

STORY 13

안식일과 주일 이야기

창 2:2-3; 히 4:8-9

성경 해석과 관점

성경은 창조-타락-구속의 관점으로 읽어야 합니다. 성경이 구원의 책이기 때문이며, 성경에 나오는 여러 가지 소재(素材)와 주제(主題)들이 창조-타락-구속을 우리에게 보여 주고 있기 때문입니다.

만약 창조-타락-구속의 관점으로 읽지 않는다면, 무슨 뜻인지 이해되지 않거나 문자주의에 빠지거나 성경의 본래 의도에서 벗어날 수 있습니다. 성경을 읽는 관점은 매우 중요합니다.

성경의 날들과 관점

성경에는 수많은 날들이 나옵니다. 성경에 나오는 '날'에 관한 문제 역시 창조-타락-구속의 관점으로 읽어야 합니다. 그렇지 않으면 왜 그런 날이 있는지 이해되지 않습니다. 문자적으로 읽을 경우 지금 이 시대에도 유월절, 맥추절, 초막절을 지킨다든지, 토요일을 안식일로 지킨다든지 하는 심각한 오류에 빠질 수 있습니다. 성경 저자의 본래 의도에 따라 주일을 지키는 마음가짐과 태도, 그 정신을 생각하기보다는 율법적인 외형만을 판단하

우리가 성경을 오해했다

는 데 급급할 수 있습니다.

안식일만

성경에는 하나님께서 규범으로 주신 적이 있는 수많은 날들이 있습니다. 그러나 그 많은 날들을 모두 다 오늘날에도 지켜야 하는 것은 아닙니다. 구속사의 관점으로 볼 때 더 이상 지킬 필요도 없고, 지키면 안 되는 날들이 있습니다.

규범으로 주신 적이 있는 많은 날 중에 성경 전체에서 지속적으로 다루고 있는 날은 오직 하나입니다. 바로 안식일입니다. 나머지 날들은 다 안식일 개념에 포함되어 있습니다. 그렇기에 우리는 그 외의 날을 지키지 않습니다. 더 이상 유대인의 3대 절기(유월절, 맥추절, 초막절)를 지키지 않습니다. 나팔절이나 부림절을 지키지 않습니다. 대신 안식일로서의 주일만을 구별하여 거룩하게 지킵니다. 안식일을 계승하고 있는 '주일'이야말로 창조-타락-구속-새 창조의 모든 정신을 담고 있는 유일한 날이기 때문입니다.

안식일에 있어서 중요하게 생각해야 할 부분

그런데 교회 역사에서 많은 사람들은 '신약의 안식일인 주일을 어떻게 지킬 것이냐?' 하는 논쟁으로 많은 시간을 보냈습니다. 주일에 택시 타고 교회에 와도 되느냐 안 되느냐, 주일에 식당을 가도 되느냐 안 되느냐, 주일은 몇 시까지 지켜야 하느냐 하는 논쟁으로 보냈습니다.[188] 그러다 보니 정작 그날에 담긴 참된 정신을 간과했습니다.

안식일은 단순한 날이 아닙니다. 이날을 지키느냐 안 지키느냐로 단순화할 수 없습니다. 이날에는 창조와 구원과 복음이 담겨 있습니다. 성경 전체의 구원 역사가 담겨 있습니다. 왜냐하면 안식일은 성경 전체의 서론에 해당하는 창세기 2장에 나오고, 구속사의 중요한 순간에 언급되며, 무엇보다 예수 그리스도의 부활과 연결되는 날이기 때문입니다.

안식일은 단순히 날이 아닙니다. 이날에 담고 있는 창조와 구속의 의미가 있습니다. 성경이 구원의 책이듯, 안식일과 주일은 구원의 날입니다.

이날의 의미를 바르게 이해할 때 비로소 성경 전체를 바르게 이해할 수 있습니다. 반대로 성경 전체를 바르게 이해할 때 비로소 이날의 의미를 바르게 깨달을 수 있습니다. 그래서 이번에는 성경 전체에 나타난 안식일과 주일을 통해 창조와 구속과 새 창조에 관한 말씀을 나누려고 합니다.

│ 창조와 안식일 │

시간을 창조하신 하나님

태초에 하나님이 천지를 창조하셨습니다(창 1:1). 천지, 즉 하늘과 땅을 창조하시는 일을 통해 하나님은 '공간'을 창조하셨습니다. 그 이전에는 '공간'이라는 게 없었습니다. 하나님은 영으로 존재하시기에 공간이 필요 없었습니다. 그러나 창조에 의해 공간이 생겼습니다.

공간을 창조하실 때 동시에 시간도 창조하셨습니다. "천지"가 공간에 대한 묘사라면, "태초에"는 시간에 대한 묘사입니다. "태초에"라는 표현은 공간 창조와 동시에 시간도 창조하셨다는 뜻입니다. 하나님께서 창조를 시작하기 전에는 시간이 없었습니다. 영원(Eternal)하신 하나님께는 시간이 중요하지 않습니다(벧후 3:8). 그러나 창조에 의해 시간이 시작되었습니다.

그 이후 창조의 진행에 따라 "이는 첫째 날이니라"(창 1:5), "이는 둘째 날이니라"(창 1:8)라는 표현을 통해 단순히 시간만 창조하신 것이 아니라 시간의 경계와 구분으로서의 '날'도 창조하셨음을 알 수 있습니다.

여섯째 날이 아닌 일곱째 날

하나님은 첫째 날, 즉 일요일에 세상을 창조하셨는데, 일곱째 날, 즉 토요일에 모든 창조를 마치십니다. 여기에서 한 가지 드는 의문이 있습니다. 한번 생각해 보십시오. 첫째 날부터 여섯째 날까지는 창조를 위해서 필요했습니다. 하지만 일곱째 날은 없어도 상관없었습니다.

천지와 만물이 다 이루어지니라 _ 창 2:1

이것은 여섯째 날이 있고 나서의 말씀입니다. 그렇다면 여섯째 날 이후에 천지와 만물이 다 이루어졌으니 여섯째 날로 창조를 마치셨어도 됩니다. 다음에 이어지는 2-3절의 일곱째 날 없이, 그냥 여섯째 날로 끝나도 상관없습니다. 하지만 하나님은 그렇게 하지 않으시고, 일곱째 날을 창조하셨습니다. 그리고 "하나님이 그가 하시던 일을 일곱째 날에 마치시니…"(창 2:2)라고 말씀합니다.[189] 이미 천지와 만물을 다 이루심으로 하시던 일을 마치신 것과 다름없지만, 하나님은 하루를 더 두신 뒤에 비로소 하시던 모든 일을 마치십니다.

그리고 하나님은 일곱째 날에 "안식하셨"습니다(창 2:3). 하나님은 피곤치 않으신 분이십니다. 안식이 필요 없으신 분이십니다. 그런데 굳이 하루를 더 창조하시고 그날에 쉬셨습니다. 왜 그러셨을까요? 시간을 초월해 존재하시는 하나님 자신을 위함이 아니라 시간 안에 살아가야 할 사람들을 위함이었습니다(참조. 막 2:27).

이렇게 천지와 만물의 완성은 여섯째 날에 이뤄졌지만, 시간의 완성은 일곱째 날에 이뤄집니다. 하나님은 7일이라는 숫자를 맞춰 시간을 창조하셨으니 다분히 의도적입니다.[190] 하나님은 의도적으로 마지막 날에 안식하셨으니, 안식이야 말로 창조의 궁극적인 목표라는 사실을 보여 주셨습니다.

하나님은 6일간 일하시고 7일째에 쉬심으로 6일 노동과 하루의 쉼을 구성하셨습니다. 이는 하나님 자신을 위함이 아니요, 사람을 위함입니다. 사람으로 하여금 그렇게 살아가도록 하셨습니다. 그래서 사람은 매일 일하지 않고 하루를 쉽니다. 매일 쉬지 않고 하루를 안식합니다.

복되게 하사 거룩하게 하심

쉼이 필요 없으신 분이 쉬심으로 일곱째 날에 '안식'의 의미를 부여하셨습니다. 하나님은 이날의 의미를 더욱 부여하셨습니다.[191]

> 하나님이 그 일곱째 날을 복되게 하사 거룩하게 하셨으니… _ 창 2:3

하나님은 다른 여섯 개의 날에 대해서는 복을 주신 적도 없고 거룩하게 하신 적도 없습니다. 그런데 7일에 대해서는 복을 주셨고 거룩하게 하셨습니다. 이것은 다른 여섯 날에 비해 이날이 특별히 중요하다는 의미이고, 이날은 다른 날과 구별되어야 한다는 뜻입니다.[192] 자신의 쉼을 통해 이날의 의미를 주신 하나님은 복과 거룩함으로도 의미를 부여하셨습니다.

정리

창조 사건에 나타난 안식일의 의미는 이렇게 정리할 수 있습니다. 하나님은 태초에 7일을 창조하셨고, 그중 마지막 날을 안식의 날로 구별하셨습니다. 이는 하나님 자신의 안식을 위해서가 아니라 사람의 안식을 위함이니, 하나님의 창조의 궁극적인 목표는 사람에게 안식을 주시기 위함입니다. 이제 사람은 7일이라는 삶의 패턴을 따라 살면서 하나님의 창조와 하나님께서 주신 안식을 기억하며 살면 되었습니다.

| 타락 이후 |

타락으로 잃어버린 안식

원래의 사람은 동산에서 완전한 안식을 누리고 있었습니다. 동산은 곧 성전이요, 하나님의 임재가 가득한 곳이었기 때문입니다. 그러니 아담은 그곳에서 안식을 누리고 있었습니다.

하지만 첫 사람 아담은 하나님께서 지으신 공간인 성소로서의 동산에 죄가 들어오게 만듭니다. 이로 인해 안식이 파괴되어 범죄 한 아담은 하나님이 주시는 안식을 누리지 못하게 되었습니다.[193] 뿐만 아니라 아담의 죄로 인해 모든 인류 역시 더 이상 안식을 경험하지 못하게 되었습니다.

여자의 후손과 은혜 언약

잃어버린 안식을 회복하는 것은 사람의 힘과 노력으로 불가능합니다. 하나님만이 안식을 주실 수 있습니다. 그래서 하나님은 타락한 인간에게 구원을 약속하십니다. 여자의 후손을 약속하시고(창 3:15), 장차 임할 구원자를 기다리게 하십니다. 그분이 오시면, 사탄의 머리를 상하게 함으로써 잃어버린 안식을 되찾아 주실 것입니다. 그분을 통해 우리를 창조하신 목적이 회복될 것입니다.[194] 사람의 노력이 아니라 하나님의 노력으로. 우리가 아니라 하나님이 약속을 지키심으로 우리가 안식할 것입니다. 하나님이 보내실 구속자가 우리에게 안식을 주실 것입니다.

안식 회복과 구속사

창세기 3장 이후의 역사는 그 구속자를 기다리는 역사요, 안식이 회복되어 가는 역사입니다. 구속사(救贖史)는 우리에게 안식을 주기 위한 역사이며, 구원 역사(救援 歷史)의 다른 표현입니다. 역사는 곧 시간입니다. 시간을 초월해 존재하시는 하나님께서 안식일이라는 시간을 창조하셨는데, 인간은 안식을 깨뜨렸고, 하나님은 다시 시간 안에서 점진적으로 자신의 구원을 이루어 가시면서 우리에게 안식을 주십니다. 그것이 곧 구속사입니다.

십계명과 창조, 구속

하나님은 여자의 후손을 보내시는 역사에 이스라엘을 사용하십니다. 하나님은 아브라함-이삭-야곱을 거쳐 이스라엘 국가를 세우셨습니다. 죄를 상징하는 땅 이집트에서 압제 가운데 있던 이스라엘 백성들을 출이집트시키셨습니다.

그러면서 십계명을 주시는데, 그중에 제4계명은 "안식일을 기억하여 거룩하게 지키라"입니다. 왜 이 명령을 주셨습니까? "이는 엿새 동안에 나 여호와가 하늘과 땅과 바다와 그 가운데 모든 것을 만들고 일곱째 날에 쉬었음이라 그러므로 나 여호와가 안식일을 복되게 하여 그날을 거룩하게 하였느니라"(출 20:11) 하나님은 창세기 2장 2-3절을 그대로 인용하여 말씀하십니다. 제4계명은 창조를 회복하라는 명령이며, 안식을 회복하라는 명령이기 때문입니다.

구속 역사를 이어 갈 이스라엘은 창조 때의 안식일을 생각해야 합니다. 잃어버린 안식을 생각해야 합니다. 그 안식을 찾아가는 것이 그들의 신앙입니다. 제4계명을 지키면서 창조 때의 완전함을 생각해야 합니다.[195]

십계명은 성경에 두 번 나옵니다. 출애굽기 20장과 신명기 5장. 두 군데 나오는 내용은 거의 같습니다. 그런데 제4계명에 나오는 설명이 조금 다릅니다.[196] 신명기에 나오는 제4계명은 "네 하나님 여호와가 네게 명령한 대로 안식일을 지켜 거룩하게 하라"라고 한 뒤에, "너는 기억하라 네가 애굽 땅에서 종이 되었더니 네 하나님 여호와가 강한 손과 편 팔로 거기서 너를 인도하여 내었나니 그러므로 네 하나님 여호와가 네게 명령하여 안식일을 지키라 하느니라"(신 5:15)라고 말합니다.

신명기 5장의 십계명에서 말하는 안식일을 지키는 이유는 '출애굽'입니다. 안식일을 지키면서 출애굽을 기억하라고 하십니다. 즉 신명기에서의 안식일은 죄의 노예 상태에 있던 이스라엘을 건져 내사 안식의 장소로 이끌어 가시는 하나님의 크신 경륜을 시간으로 나타내는 상징입니다.[197]

출애굽기 20장에서 안식일 계명의 이유는 '창조'였고, 신명기 5장에서는 '구속'입니다.[198] 그러므로 제4계명은 창조는 물론 구속을 기억하라는 명령입니다. 구속을 바라보라는 명령입니다. 제4계명을 지키면서 하나님의 구속을 기억해야 합니다.[199]

제4계명은 단순한 행동 강령으로 생각해서는 안 됩니다. 그 법에 담긴 정신이 더욱 중요합니다. 제4계명은 아담의 죄로 말미암아 잃어버린 안식의 온전한 회복을 고대하라고 주신 명령입니다.[200] 그리고 안식일은 한편으로는 그 기원이 된 창조를 바라보며(출 20:11), 더 나아가 타락으로 말미암아 훼손된 창조를 회복하는 구속을 생각하게 하는 날입니다(신 5:15). 그러니 이스라엘은 안식일을 지키면서 창조와 구속을 생각해야 합니다.

다른 날과 절기들

이 글 앞부분에서 성경에는 수많은 날들이 있다고 했습니다. 그것을 요약적으로 보여 주고 있는 곳이 레위기 23장입니다. 레위기 23장은 이스라엘 백성들이 지켜야 할 여러 절기들을 언급하고 있습니다. 유월절과 무교절(4절), '첫 이삭 한 단을 바치는 절기'(9절), '두 번째 거둔 곡식을 바치는 절기'(15절), '속죄일'(26절), '초막절'(33절)이 나옵니다. 그 가운데 3절에 '안식일'이 가장 먼저 언급되고 있으며(3절), 다른 날들은 이 안식일로부터 파생되어 나옵니다.[201] 오늘날 우리는 유월절, 속죄일, 초막절을 지키지 않습니다. 이 날들은 안식일의 의미 안에 다 담겨 있습니다.

레위기 25장에는 안식년이 나오고 희년이 나오는데 오늘날 우리는 지키지 않습니다. 교수들이나 목사들이 휴가를 갈 때 '안식년'이라고 하는데, 그 안식년과 성경에 나오는 안식년은 아무런 관련이 없습니다. 안식년과 희년은 안식일의 확장에 불과합니다. 왜 그렇습니까? 안식년은 6+1=7년 주기이고, 희년은 7×7 = 49+1년 주기입니다. 안식년과 희년에는 안식일과 동일한 의미가 담겨 있습니다.[202]

| 가나안 입성과 안식 |

나라를 형성하여 십계명이라는 율법적 책임을 진 이스라엘은 약속의 땅 가나안을 향해 나아가는데요. 하나님께서 그 약속의 땅에 대해 어떻게 표현하시는가를 주목할 필요가 있습니다.

> 너희가 너희 하나님 여호와께서 주시는 안식과 기업에 아직은 이르지 못하였거니와 너희가 요단을 건너 너희 하나님 여호와께서 너희에게 기업으로 주시는 땅에 거주하게 될 때 또는 여호와께서 너희에게 너희 주위의 모든 대적을 이기게 하시고 너희에게 안식을 주사 너희를 평안히 거주하게 하실 때에 _ 신 12:9-10

이스라엘은 아직 안식을 얻지 못했습니다(9절). 그런데 요단을 건너 기업으로 주시는 땅에 거주하고, 그 땅에 있는 대적들을 이기게 되면 안식을 주신다고 말씀하십니다(10절). 한마디로 말해 가나안 땅은 약속, 즉 '안식'의 땅입니다. 그들은 가나안 땅에서 비로소 안식을 누릴 것입니다.

여기에서 우리는 안식일이 단순한 쉼에 대한 것이 아님을 알 수 있습니다. 안식이란 하나님의 구원, 하나님의 약속과 관련되며, 이것은 때로는 날로 표현되고, 때로는 땅으로 표현되기도 합니다. 그래서 이스라엘은 안식일을 지키는 일을 통해서도 하나님의 구원을 바라보지만, 그들이 향하여 나아가는 약속의 땅을 바라보면서도 하나님의 구원을 바라봅니다.[203]

여호수아 1장 13절에서 이 표현은 반복됩니다. "여호와의 종 모세가 너희에게 명령하여 이르기를 너희의 하나님 여호와께서 너희에게 안식을 주시며 이 땅을 너희에게 주시리라 하였나니 너희는 그 말을 기억하라" 이스라엘은 이집트를 떠나 가나안 땅으로 향하는데, 그 땅을 얻는 것이 그들에게 안식입니다. 그렇기에 이스라엘이 해야 할 중요한 일은 안식의 땅 가나안에 들어가는 것입니다. 나아가 가나안에 들어가는 것으로 만족하지 않고 그곳에서 거룩한 나라를 세워 가며 영원한 안식을 목표로 부단히 전진해 나가는 일에 총력을 기울여야 합니다. 그렇게 함으로써 장차 오실 영원한 안식의 표상이신 예수 그리스도를 기다려야 합니다.

이런 점에서 이스라엘에게 한편으로는 가나안 땅에 도착하는 것이 안식이었지만, 여전히 남은 안식이 있었습니다. 그래서 히브리서 4장 8-9절은 이렇게 말합니다.[204]

만일 여호수아가 그들에게 안식을 주었더라면 그 후에 다른 날을 말씀하지 아니하셨으리라 그런즉 안식할 때가 하나님의 백성에게 남아 있도다 _ 히 4:8-9

여호수아가 이스라엘을 가나안 땅에 들어가게 함으로 안식을 주었지만, 아직 안식이 남아 있었습니다. 그렇기에 안식의 땅인 가나안 땅에 들어간 이후에도 안식일은 폐지되지 않고 계속됩니다. 그들은 안식의 땅에서 안식일을 지키면서 계속해서 진전되어 가는 하나님 나라를 바라보며 궁극적으로 완성될 하나님 나라를 바라보아야 했습니다. 여자의 후손이 오시기를 기다려야 했습니다.

| 바벨론 포로와 안식 |

하지만 안타깝게도 가나안 땅에 도착하여 안식을 온전히 누려야 할 그들은 안식일을 제대로 지키지 않았습니다. 그들은 안식일의 거룩성을 유지하지 못했습니다. 그것을 어떻게 알 수 있습니까? 느헤미야 13장 17-18절을 봅시다.

> 내가 유다의 모든 귀인들을 꾸짖어 그들에게 이르기를 너희가 어찌 이 악을 행하여 안식일을 범하느냐 너희 조상들이 이같이 행하지 아니하였느냐 그래서 우리 하나님이 이 모든 재앙을 우리와 이 성읍에 내리신 것이 아니냐 그럼에도 불구하고 너희가 안식일을 범하여 진노가 이스라엘에게 더욱 심하게 임하도록 하는도다 하고 _ 느 13:17-18

바벨론 포로 시기를 마치고 돌아온 이스라엘에게 느헤미야가 말하기를 "너희가 어찌 안식일을 범하느냐?"라고 합니다(느 13:17). 그러면서 "너희 조상들이 안식일을 범해서 하나님께서 재앙을 내리셨지 않느냐?"라고 말합니다(18절). 그 조상들이 받은 재앙이 무엇입니까? 가나안 땅에서, 약속의 땅에서, 안식의 땅에서 쫓겨나는 것이죠(참조. 겔 20:12-24). 안식에서 쫓겨난 것입니다. 바벨론 포로 생활은 몇 년 동안이었습니까? 70년. 안식일의 확대 개념인 70년입니다. 하나님은 제7일 안식일을 지키지 않는 이들에게서 안식(의 땅)을 70년 동안 빼앗아 버리셨습니다. 역대하 36장 21절을 봅시다.

> 이에 토지가 황폐하여 땅이 안식년을 누림 같이 안식하여 칠십 년을 지냈으니 여호와께서 예레미야의 입으로 하신 말씀이 이루어졌더라 _ 대하 36:21

이스라엘에게서 안식을 빼앗으신 하나님은, 안식의 땅인 가나안 땅에는 안식을 주십니다. "땅이 안식년을 누림 같이 안식하여" 안식이 가득해야 할 땅에 이스라엘의 죄로 인해 안식이 없어졌습니다. 하나님께서 안식의 땅에서 죄인들을 쫓아내시니 땅이 70년 동안 안식을 누립니다(참조. 레 26:32-35).

정리

지금까지 말씀드린 타락 이후 구약 이야기는 이렇게 정리할 수 있습니다. 아담의 범죄로 안식이 파괴되었고, 그 이후 성경의 구속사는 하나님께서 안식을 회복하시는 이야기입니다. 하나님은 그러한 구속사가 이어지고 있다는 사실을 깨닫게 하시려고 율법으로 안식일 계명을 주셨으니, 이스라엘은 안식일을 지킬 때마다 그날 속에 담긴 구속사의 의미를 기억해야 했습니다. 이스라엘이 하나님께 속해 있으며 하나님께서 주시는 약속 안에서 비로소 안식을 누릴 수 있다는 사실을 기억해야 했습니다. 안식일과 가나안 땅은 그러한 도구로 사용되었습니다. 메시아를 기다리는 도구로 사용되었습니다. 아담으로 인해 잃어버린 안식이 그리스도를 통해 회복될 것을 바라보는 도구로 사용되었습니다.[205]

| 그리스도와 안식 |

우리를 쉬게 하시는 예수님

마침내 여자의 후손, 메시아이신 예수님이 오셨습니다. 예수님은 공생애 사역 가운데 여러 번 안식일 논쟁이라는 것을 벌이시면서(마 12:1-14; 막 2:23-3:6; 눅 6:1-11; 13:10-17; 14:1-6; 요 5:1-18) 안식일에 담긴 참뜻을 여러 번 가르치셨습니다. 그중 마가복음 2장 27절에서 이렇게 말씀하십니다.

안식일이 사람을 위하여 있는 것이요 사람이 안식일을 위하여 있는 것이 아니니
_ 막 2:27

안식일이 철저히 율법화되어 버린 때에 예수님은 하나님께서 안식일을 주신 궁극적인 목적이 사람을 위함이라는 사실을 가르치셨습니다. 그렇습니다. 우리가 창세기에서 살펴본 대로, 시간이 필요 없으신 하나님, 안식이 필요 없으신 하나님이 굳이 일곱째 날을 창조하시고 그날에 쉬셨음은 하나님 자신을 위함이 아니라 시간 안에서 살아가야 할 사람들을 위함이었습니다. 예수님은 또한 이런 말씀을 남기셨습니다.

수고하고 무거운 짐 진 자들아 다 내게로 오라 내가 너희를 쉬게 하리라 _ 마 11:28

안식은 예수님에게 있습니다. 예수님은 우리에게 안식을 주시려고 이 세상에 오셨습니다. 또한 예수님께서 십자가에서 죽으시고 부활하셨습니다. 십자가와 부활은 구속사의 정점입니다. 우리는 그리스도의 십자가와 부활을 통해 안식을 얻습니다.

| 안식일에서 주일로 |

부활과 일요일

구속사의 정점에 있는 두 사건, 십자가 죽음과 부활은 안식일 전날과 다음날, 즉 금요일과 일요일에 각각 일어났습니다. 예수님은 안식일 전날인 금요일에 죽으셨습니다. 안식일인 토요일에는 무덤에 계셨습니다. 안식 후

우리가 성경을 오해했다

첫날인 일요일 새벽에 부활하셨습니다.

부활 이후에 세워진 신약 교회는 더 이상 구약 교회 이스라엘이 지키던 토요일 안식일을 지키지 않습니다. 왜냐하면 토요일 안식일이 바라보던 안식은 그리스도 안에서 성취되었기 때문입니다.

그렇다고 안식일을 완전하게 폐지하지는 않았습니다. 왜냐하면 아직 완성되지 않은 안식이 있기 때문입니다. 부활을 넘어 재림 때에 완성될 새 창조가 이루어지는 새 하늘과 새 땅, 그것이 가져다줄 안식이 기다리고 있기 때문입니다.[206] 그래서 신약 교회는 창조의 마지막 날인 토요일이 아니라 그리스도께서 구속 사역을 완성하시고 부활하신 일요일을 안식일로 지킵니다.

사도행전 20장 7절에 "그 주간의 첫날에 우리가 떡을 떼려 하여 모였더니…"라고 말씀하는데, '떡을 뗀다'라는 것은 '성찬'에 대한 숙어적 표현입니다. 성찬은 예배의 핵심입니다. '그 주간의 첫날'은 '일요일'입니다. 개역한글 성경은 '안식 후 첫날'이라고 번역했습니다. 신약 교회는 토요일이 아닌 일요일에 모입니다. 창조의 마지막 날 대신 주님이 부활하신 날에 모입니다. 이제 주님이 부활하신 일요일이 영원한 안식일이 되었습니다. 그분이야말로 우리에게 안식을 주시는 분이기 때문입니다. 그리고 이 일요일에 대해 새로운 이름을 붙입니다. '주의 날'(the Lord's Day, dies Dominica; 계 1:10). 한자로 '주일(主日)'이라고 부르니, 신약의 안식일이요, 교회가 영원히 지킬 유일한 날입니다.[207]

새 창조와 재림을 바라보는 주일

요일도 바뀌었지만, 방향도 바뀌었습니다. 구약의 창조에 뿌리를 둔 안식일이 창조와 구속을 바라보았다면(출 20:11; 신 5:15), 신약의 구속에 뿌리를 둔 주일은 창조와 구속과 새 창조를 바라봅니다. 안식일이 그리스도의 초림을 바라보았다면, 주일은 그리스도의 재림과 천국을 바라봅니다. 주일은 그리스도 안에서 성취된 안식을 지금 여기에서 누리는 날이며(하이델베르크 요리문답 제103문답), 장차 주님께서 우리에게 가져다주실 안식을 소망하는 날입니다(히 10:25).[208]

| 적용 |

주일 성수가 사라진 시대에 주일을 잘 지키자

한때 한국 교회의 특징이라고 하면 '주일 성수'였던 때가 있었습니다. 그러나 사회가 급속도로 발전하고 여유로워지면서 차츰차츰 그런 분위기들이 사라졌습니다. 만 2년 이상 계속된 코로나19는 그 부분을 더욱 가속화했습니다. 이러한 때에 우리 모두는 주일의 중요성을 다시금 기억해야 합니다. 이 주일을 잘 지켜야 합니다. 이날에 창조-타락-구속-새 창조가 담겨있음을 잊지 말아야 합니다.

우리는 마음대로 어떤 날을 정해 모이는 것이 아닙니다. 예수님께서 친히 정하신 날인 일요일 주일에 함께 모입니다. 만약 성경이 정해 주지 않았다면 참으로 혼란스러웠을 것입니다. 어떤 사람은 "일요일에 모이자", 어떤 사람은 "수요일에 모이자"라고 말입니다. 그렇게 싸우지 못하도록 우리 주님께서 친히 자신의 부활로 정하셨습니다. 일요일!

우리는 월, 화, 수, 목, 금, 토, 일. 매일 모이지 않습니다. 하나님은 1주일에 하루를 예배의 날로 정하셨습니다. 만약 하나님께서 매일매일 모여 예배하라고 하셨다면, 참으로 분주했을 것입니다. 그러나 하나님은 우리에게 그렇게 명하지 않으심으로 우리를 배려하셨습니다.

주일과 6일

우리는 주님께서 친히 정하신 이날, 주일을 거룩하고도 복되게 지켜야 합니다. 그렇게 하기 위해 6일 동안은 열심히 일하고 열심히 공부해야 합니다. 그리고 나서 다시 이 주일에 그리스도 안에서 안식해야 합니다. 그리고 《예배당 중심의 기독교를 탈피하라》(송인규, IVP, 2001)라는 어느 신학자의 책 제목처럼, '모이는 교회'는 또한 '흩어지는 교회'가 되어야 합니다. "안식일을 기억하여 거룩하게 지키라"(출 20:8)라고 하신 하나님께서 "엿새 동안은 힘써 네 모든 일을 행할 것이나"(출 20:9)라고 하셨으니 말입니다. 우리가 주일을 중요하게 여기듯, 또한 동시에 나머지 날들도 하나님께서 각자에게 주신 삶의 현장에서 동일한 마음가짐으로 살아가야 할 것입니다.

안식하는 교회

주일에 안식하시는 여러분들 되시기 바랍니다. 우리 교회는 주일에 일이 많지 않습니다. 여러 가지 행사와 봉사로 성도들을 힘들게 하지 않습니다. 왜 그러하겠습니까? '안식일'이 '안쉴일'이 되는 것은 주일을 허락하신 하나님의 본래 뜻에서 거리가 멀기 때문입니다. 오늘날의 상당수 교인들은 교회에서 분주한 것에 익숙해서 오히려 분주하지 않은 주일을 보내면 뭔가 잘못된 것으로 오해합니다. 교회 안의 수많은 행사가 오히려 영혼에 편안한 쉼과 안식을 주지 못합니다.[209]

안식일이 아닌 '안쉴일'이 되는 교회가 되지 않아야 합니다. 분주하기만 하고 정작 우리에게 안식이 없다면, 그것은 주일의 본래 의도에서 벗어나는 것입니다. 우리에게 안식을 주시려고 십자가에서 죽으시고 부활하신 그리스도를 헛되게 하는 것입니다.

이야기의 결론

    하루 24시간 있었던 일을 짧은 시간에 요약해 보라고 하면 참 쉽지 않습니다. 하물며, 안식일과 주일에 대한 성경의 모든 가르침을 짧은 시간에 정리하기란 쉽지 않습니다. 그러나 우리는 이렇게 짧게 말할 수 있습니다. 창조-타락-구속-새 창조. 하나님은 이 모든 구원 역사를 '주일'이라는 날 하루에 담아 우리에게 계시해 주셨습니다.

    이제 우리는 둘째 아담이신 그리스도께서 이루신 구속 안에서 주일을 지키면서, 과거에 있었던 창조와 구속을 돌아봅시다. 미래에 있을 궁극적인 구속과 안식을 바라봅시다.

    창조의 모든 역사가 끝나는 날 하나님은 안식하셨습니다(창 2:3). 주님께서 장차 재림하심으로 하나님의 구속사가 완전히 끝나는 날 우리는 완전히 안식할 것입니다. 주일은 그날을 바라보는 날입니다.

우리가 성경을 오해했다

STORY 14

언약 이야기

히 8:6-13

성경은 구약과 신약으로 구성된 하나의 책입니다. 구약(고후 3:14)은 옛 언약입니다. 신약은 새 언약입니다(히 8:13). 그러니 구약과 신약은 결국 '언약'을 말합니다. 그래서 성경을 언약의 책이라고 부르기도 합니다.

언약의 책인 성경에는 하나님께서 당신의 백성과 맺으시는 언약으로 가득합니다.[210] 그렇기에 언약을 이해해야 성경을 이해할 수 있습니다. 언약이 어렵다는 이유로 알려고도 하지 않는다면 그것은 결국 성경도 하나님도 알려고 하지 않겠다는 것입니다. 성경을 오해할 수 밖에 없습니다.

언약이 어렵지만, 언약이라는 말은 그리스도인에게 매우 친숙한 말입니다. 앞서 말씀드렸듯이 성경은 옛 언약과 새 언약으로 구성된 '언약의 책'입니다. 우리에게 '십계명'으로 익숙한 율법은 성경에서 '언약의 10가지 말씀'이라고 부릅니다. '언약의 10가지 말씀'이 기록된 돌판을 '언약의 돌판'이라고 부릅니다(신 9:9, 11, 15; 히 9:4). 교회에 속한 이들을 '언약 백성'이라고 부르고, 신자의 자녀를 '언약의 자녀'라고 표현하며, 주일을 '언약의 날'이라고 합니다. 성찬식을 '언약 식사'라고 합니다. 예수님은 성찬 음식 중 포도주를 '언약의 피'라고 하셨습니다(마 26:28; 막 14:24). 예수님을 '언약의 중보자'라고 합니다.

우리가 속한 장로교회는 개혁주의 신학을 따릅니다. 개혁주의 신학의 중요한 특성 중 하나는 '언약 신학'입니다.[211] 이렇게 '언약'은 우리에게 매우 친숙합니다. 신자의 신앙과 생활에서 '언약'은 빼놓을 수 없는 요소입니다.

그렇기에 언약을 알아야 합니다. 언약을 통해 나타내시는 하나님의 계시를 이해해야 합니다. 하나님은 당신과 자기 백성의 관계를 언약으로 나타내셨습니다. 창조 이후 지금까지 펼치시는 구원 역사를 언약을 통해 나타내셨습니다. 그러니 언약을 알아야 성경 전체에 담긴 하나님의 경륜을 알 수 있습니다. 언약을 알 때 비로소, 성경 전체를 통해 펼쳐지는 하나님의 계획의 연속성을 알 수 있습니다.

그래서 지금 우리는 성경 전체를 바르게 이해하기 위한 이 책의 막바지에 접어들면서 '언약'이라는 주제에 관하여 살펴보고자 합니다.

| 언약의 기본 내용 |

언약의 기본 정의

먼저 '언약'(言約, covenant)이 무엇인지 알아봅시다. 언약(言約)의 약(約)은 약속(約束)입니다. 약속(約束)은 묶을 약(約), 묶을 속(束)입니다. 하나님과 사람이 관계로 묶인 것이 언약입니다. 예전에는 계약이라고도 번역했는데, 요즘에는 언약이라고만 번역합니다. 왜 계약(契約) 혹은 약속(約束)이라고 하지 않고, 성경에서만 주로 쓰이는 언약(言約)이라고 번역했을까요?

일반적으로 계약이나 약속은 두 당사자가 동등한 관계입니다. 그러나 하나님과 사람 사이는 그렇지 않습니다. 하나님과 사람은 감히 약속을 맺을 수 없는 관계입니다. 하나님과 사람은 창조주와 피조물의 관계이기 때문입니다.

그럼에도 불구하고 하나님은 친히 자기 자신을 낮추셔서 사람과 관계하기를 기뻐하셨습니다. 이렇게 해서 하나님과 사람 사이에 관계가 생겨났으니, 이러한 관계를 가리켜서 '계약' 혹은 '약속'과는 다르게 '언약'(言約, covenant)이라고 표현합니다. 언약은 그 출발에 있어서 일방적입니다. 즉 하나님께서 주도적으로 사람과 맺으시기 때문입니다. 사람이 하나님과 맺자고 요청하는 게 아닙니다. 하나님이 일방적으로 맺으십니다.[212] 언약은 일방적으로 시작되지만, 맺고 난 뒤에는 둘 다 책임과 의무를 지는 약속입니다. 어려운 말로 쌍무(雙務)적이라고 표현합니다. 쌍무(雙務)라는 말은 계약 두 당사자 쌍방이 서로 의무를 진다는 말의 한자어입니다.[213]

언약은 하나님과 사람 사이의 계약이라고 했습니다. 이 계약에는 몇 가지 요소들이 있습니다.

> 첫째, '주체'입니다. 갑과 을이 계약을 맺습니다. 약속을 합니다.
> 둘째, '내용'입니다. 무엇을 하겠다는 약속이 있어야 합니다.
> 셋째, '만약에 약속을 어기면 어떻게 할 것인가?' 하는 것입니다. 복과 저주로 나뉩니다.
> 넷째, '증거'나 '증인'입니다. 계약서를 나눠 가진다든지 아니면 약속을 보는 제3의 사람을 증인으로 두는 것입니다. 그래야만 나중에 계약을 파기했을 때 증거가 있을 수 있는 것입니다.

이런 요소들이 있을 때에 비로소 언약이라고 할 수 있습니다. 하나님의 언약 역시 마찬가지입니다. 하나님과 백성이라는 두 당사자가 있습니다. 언약의 내용이 있습니다. 약속을 지키면 복이 있고, 어기면 저주를 받습니다. 그것을 증명하는 증거가 있습니다.

행위 언약을 맺으신 하나님

자, 그러면 성경에 나오는 언약에 대해 살펴보겠습니다. 첫 번째 나오는 언약은 창세기 2장 16-17절에 있습니다.

여호와 하나님이 그 사람에게 명하여 이르시되 동산 각종 나무의 열매는 네가 임의로 먹되 선악을 알게 하는 나무의 열매는 먹지 말라 네가 먹는 날에는 반드시 죽으리라 하시니라 _ 창 2:16-17

태초에 하나님께서 사람을 창조하시고, 사람과 언약을 맺으십니다. 언약의 내용은 선악을 알게 하는 나무의 열매를 먹지 말라는 것입니다. 이것이 왜 언약입니까? '언약'이라는 단어도 없는데 말입니다. 언약에 필요한 요소들이 다 나왔으니 언약 맞습니다. 이 언약에는 주체, 내용, 약속을 어겼을 때 일어날 일, 증거 등이 다 나옵니다.

이 언약의 주체는 '하나님과 아담'입니다. 내용은 '선악을 알게 하는 나무의 열매를 먹지 말라'입니다. 약속을 어겼을 때 일어날 일은 '반드시 죽는다'입니다. 반대로 어기지 않았다면 어떻게 되었을까요? 명시적으로 나와 있지는 않지만, 아담이 언약을 어기지 않았다면 영원토록 생명을 누렸을 것입니다. 언약의 '증거'는 선악을 알게 하는 나무입니다.

이 정도로도 충분하지만, 이것이 언약임을 분명히 보여 주는 증거는 또 있습니다. 호세아 6장 7절을 봅시다.

그들은 아담처럼 언약을 어기고 거기에서 나를 반역하였느니라 _ 호 6:7

비록 창세기 2장에서는 '언약'이라는 단어가 나오지 않지만, 그 이후 호세아서에서는 아담이 범죄한 일을 설명하면서 "아담처럼 언약을 어기고"라

우리가 성경을 오해했다

고 표현합니다.[214] 우리는 이 말씀을 통해서 "선악을 알게 하는 나무의 열매를 먹지 말라"라는 명령이 곧 하나님께서 사람과 맺으신 언약이라는 사실을 알 수 있습니다.[215]

이 언약은 하나님과 사람 사이에 맺어진 첫 언약입니다. 이 언약은 그 특성이 아담의 순종이라는 '행위'를 조건으로 하기에 우리 믿음의 선배들은 이 최초의 언약을 가리켜 행위 언약(Foedus Operum, Covenant of Works)이라고 불렀습니다.[216] 때로는 생명 언약,[217] 창조 언약,[218] 아담 언약이라고도 부릅니다.[219]

행위 언약을 어긴 사람

"선악을 알게 하는 나무의 열매를 먹지 말라. 만약 먹으면 죽고, 먹지 않으면 영원토록 생명을 누리게 된다"라는 것이 하나님께서 사람에게 요구하신 언약이었습니다. 이 언약을 지키는 것이 사람이 해야 할 의무였습니다. 사람이 이 언약을 잘 지킨다면, 창조된 원래 상태보다 더 높은 상태로 올라갈 수 있었을 것입니다.

하지만 사람은 이 언약을 깨뜨렸습니다. 그래서 원래의 상태에서부터 '떨어지게' 되었으니, 한자로 '타락(墮落)'이라고 합니다. 떨어질 타(墮), 떨어질 락(落). 영어로 'Fall'(떨어지다)입니다.

은혜 언약을 맺으신 하나님

사람이 타락 상태에 그대로 머물러 있었다면, 사람에게는 아무런 소망이 없었을 것입니다. 죽음 외에 그들을 기다리는 것이 없었을 것입니다. 그러나 이때 하나님께서 언약을 맺으십니다. 창세기 3장 15절에 그 언약의 내용이 나와 있습니다.

내가 너로 여자와 원수가 되게 하고 네 후손도 여자의 후손과 원수가 되게 하리
니 여자의 후손은 네 머리를 상하게 할 것이요 너는 그의 발꿈치를 상하게 할 것
이니라 _ 창 3:15

여자의 후손을 보내셔서 사탄의 머리를 상하게 하실 것이라는 언약입니
다. 하나님께서 사람과 맺으신 두 번째 언약입니다. 이 언약은 말 그대로 하
나님의 은혜입니다. 모든 언약이 은혜지만, 이 언약은 특별한 은혜입니다.
그래서 우리의 선배들은 앞서 보았던 아담이 어긴 '행위 언약'과 구분하기
위해 '은혜 언약'(Foedus Gratiae, Covenant of Grace)이라고 불렀습니다. 창세기 3
장 15절은 '원 복음'이라고도 하지만, '은혜 언약'의 근거이기도 합니다.

그런데 행위 언약이 일방적이었듯이, 은혜 언약 역시 일방적입니다. "하
나님! 타락한 우리를 구원해 주세요."라고 한 적이 없습니다. "우리가 언약
을 깨뜨렸지만, 다시 맺어 주세요."라고 한 적이 없습니다. 그럼에도 불구하
고 하나님은 언약을 맺으셨습니다. 행위 언약을 파기한 것은 사람이지만,
하나님이 다시 사람과 언약을 맺으셨습니다.

은혜 언약이란, 하나님의 율법에 순종할 수 없는 상태가 되어 버린 우리
를 위해서 하나님께서 친히 예수 그리스도를 약속하신 것을 말합니다. 그
리고 그리스도에 대한 언약 안에서 우리로 하여금 생명과 구원을 값없이
주실 것을 약속하신 것입니다. 이에 대해 하나님은 조건을 주셨으니 곧 '믿
음'입니다. 믿어야만 생명과 구원을 주십니다. 그런데 이 믿음조차 하나님의
선물이니, 이 언약은 은혜 언약입니다.

웨스트민스터 신앙고백서 7장의 가르침
지금까지 말씀드린 내용이 장로교 신앙을 정리해 놓은 웨스트민스터 신
앙고백서가 아주 잘 정리해 놓았습니다. 제7장을 보시면, 하나의 장을 할애

해서 '언약'을 다룹니다. 이는 언약이 성경 전체에서 얼마나 중요한지를 잘 보여 줍니다. 1항은 '언약'이 무엇인지를 가르쳐 주고, 2항은 창세기 2장 17절에 나오는 행위 언약을 다루며, 3항은 창세기 3장 15절에 나오는 은혜 언약을 다룹니다. 읽어 봅시다.

웨스트민스터 신앙고백서 제7장
사람과 맺은 하나님의 언약에 관하여

① 하나님과 피조물 사이의 간격이 너무나 커서, 이성적인 피조물들은 하나님을 그들의 창조주로 순종해야 한다. 그럼에도 불구하고 하나님 편에서 자원하여 낮추지 않으면 사람은 하나님을 그들의 복과 상급으로서 결코 향유할 수 없었다. 그래서 하나님께서는 이것을 언약이라는 방식으로 나타내시기를 기뻐하셨다(삼상 2:35; 욥 9:32-33; 22:2-3; 35:7-8; 시 100:2-3; 113:5-6; 사 40:13-17; 눅 17:10; 행 17:24-25).

② 사람과 맺은 첫 언약은 행위 언약(Covenant of Works)이었다(갈 3:12). 이 언약 안에서 아담과 그의 후손에게(롬 5:12-20; 10:5) 생명이 약속되었으니, 완전하고도 인격적인 순종의 조건 위에 주어진 것이었다(창 2:17; 갈 3:10).

③ 사람은 타락으로 인해 그 언약으로는 스스로 생명을 얻을 수 없게 되었으니, 주님께서는 일반적으로 은혜 언약(Covenant of Grace)이라고 부르는 두 번째 언약을 맺으시기를 기뻐하셨다(창 3:15; 사 42:6; 롬 3:20, 21; 8:3; 갈 3:21). 이 언약 안에서 하나님은 죄인들에게 예수 그리스도로 말미암아 생명과 구원을 값없이 주셨고, 그들이 구원받을 수 있게 믿음을 요구하시고(갈 3:11; 막 16:15-16; 요 3:16; 롬 10:6, 9), 생명으로 예정된 모든 자들에게 성령을 주셔서 그들이 자발적으로 믿을 수 있게 해 주셨다(요 6:44-45; 겔 36:26-27).

은혜 언약의 진전

창세기 3장 15절, 즉 여자의 후손에 관한 은혜 언약 이후 하나님은, 이 은혜 언약을 다양한 방식으로 몇 차례 반복해서 언급하시면서 확장해 가십니다. 이후에 나오는 모든 성경의 내용(롬 16:20; 계 12:5)은 은혜 언약이 어떤 식으로 구체화되는지를 보여 주는 것이라 할 수 있습니다. 이제 살펴볼 내용인데, 다음과 같은 언약이 있습니다.

▍노아 언약 – 아브라함 언약 – 모세 언약 – 다윗 언약 – 새 언약

창세기 3장 15절에 언급된 은혜 언약이 하나의 '씨'라면, 이제는 그 씨가 점점 커져 갑니다. 창세기 3장 15절 이후에 나오는 성경 이야기는 이 언약들이 서로 관계를 맺고 이어집니다. 노아 언약 – 아브라함 언약 – 모세 언약 – 다윗 언약 – 새 언약은 배경과 내용 면에서 다르지만, 모두 다 은혜 언약의 진전(進展)을 보여 줍니다.

그렇기에 연속적으로 등장하는 각각의 언약은 이전 언약의 토대 위에 세워집니다. 예를 들어, 모세 언약은 아브라함 언약을 기초로 하고, 다윗 언약은 모세 언약을 토대로 합니다. 뒤에 세워진 언약은 앞에 세워진 언약을 폐기하지 않았고 그렇게 할 수도 없었습니다(갈 3:15-22). 더 진전될 뿐입니다. 예를 들어, 모세 언약은 아브라함 언약을 폐기하지 않았고 그렇게 할 수도 없었습니다.[220] 더 진전될 뿐입니다.

그렇기에 성경을 잘 이해하기 위해서는 이 언약들의 연관성을 알아야 합니다.[221] 이 언약들이 성경에서 하나님 나라와 관련하여 어떻게 진행되는지를 알아야 합니다.[222]

노아 언약

노아 언약을 보겠습니다. 창세기 6장 18절을 봅시다.

그러나 너와는 내가 내 언약을 세우리니 너는 네 아들들과 네 아내와 네 며느리
들과 함께 그 방주로 들어가고 _ 창 6:18

여기에는 '언약'이라는 단어가 나옵니다. 성경에서 '언약'이라는 단어가
처음으로 등장하는 곳입니다.[223] 창세기 9장 8-17절을 봅시다.

하나님이 노아와 그와 함께 한 아들들에게 말씀하여 이르시되 내가 내 언약을 너
희와 너희 후손과 너희와 함께 한 모든 생물 곧 너희와 함께 한 새와 가축과 땅의
모든 생물에게 세우리니 방주에서 나온 모든 것 곧 땅의 모든 짐승에게니라 내
가 너희와 언약을 세우리니 다시는 모든 생물을 홍수로 멸하지 아니할 것이라 땅
을 멸할 홍수가 다시 있지 아니하리라 하나님이 이르시되 내가 나와 너희 및 너
희와 함께 하는 모든 생물 사이에 대대로 영원히 세우는 언약의 증거는 이것이니
라 내가 내 무지개를 구름 속에 두었나니 이것이 나와 세상 사이의 언약의 증거니
라 내가 구름으로 땅을 덮을 때에 무지개가 구름 속에 나타나면 내가 나와 너희
와 및 육체를 가진 모든 생물 사이의 내 언약을 기억하리니 다시는 물이 모든 육
체를 멸하는 홍수가 되지 아니할지라 무지개가 구름 사이에 있으리니 내가 보고
나 하나님과 모든 육체를 가진 땅의 모든 생물 사이의 영원한 언약을 기억하리라
하나님이 노아에게 또 이르시되 내가 나와 땅에 있는 모든 생물 사이에 세운 언약
의 증거가 이것이라 하셨더라 _ 창 9:8-17

여기에는 '언약'이라는 단어가 일곱 번이나 나옵니다.[224] 이 두 말씀에
의하면 하나님은 노아와 언약을 맺으셨습니다.[225] 언약의 주체는 하나님과

노아와 그 자손들이며(9-10절), 언약의 증거는 무지개입니다(13-17절).[226] 언약의 내용은 무엇입니까?

> 내가 너희와 언약을 세우리니 다시는 모든 생물을 홍수로 멸하지 아니할 것이라 땅을 멸할 홍수가 다시 있지 아니하리라 _ 창 9:11

하나님은 노아 언약을 통해 다시는 홍수로 세상을 멸망시키지 않겠다고 약속하셨는데요. 앞서 말씀드리기를, 은혜 언약은 서로 연결된다고 했습니다. 그리고 뒤에 나오는 언약은 앞서 나온 이전 언약 위에 세워진다고 했습니다. 이런 점에서 노아 언약은 창세기 3장 15절의 은혜 언약과 연결됩니다. 하나님은 타락하여 영원한 심판을 받아 마땅한 아담과 하와에게 언약을 맺으심으로 그들에 대한 심판 보류를 약속하셨는데, 노아 시대 사람의 죄악이 세상에 가득하고 마음으로 생각하는 모든 계획이 항상 악하여서 세상을 쓸어버리시는 가운데서도(창 6:5-7), 특별히 은혜를 베푸셔서 노아와 그 가족들을 보존하시겠다는 언약을 맺으셨습니다.[227]

만약 그렇지 않고, 하나님께서 온 인류를 다 멸망시키셨다면 여자의 후손을 주실 것이라는 약속이 완성되지 못했을 것입니다. 하지만 하나님은 노아를 구원하시고 노아와 그 자손과 언약을 맺으심으로써 은혜 언약을 계속해서 이어 가십니다.[228]

하나님은 이 노아 언약을 통해, 여자의 후손에 대한 약속이 실현되기 전에는 인류가 결코 멸망하지 않을 것을 맹세하셨습니다. 사람의 죄악으로 말미암아 온 세상을 심판하시는 가운데서도 하나님의 언약은 여전히 남아 있습니다. 이런 점에서 노아 언약은 앞에 나오는 은혜 언약의 연속이며, 창세기 3장 15절의 은혜 언약의 재확인입니다.

우리가 성경을 오해했다

아브라함 언약

다시 인류가 타락하여 죄가 가득하게 되었습니다. 사람들은 바벨이라는 도시를 건설하고 그 도시의 한복판에 탑을 높이 쌓고, 하나님과 같이 되려 하였습니다. 하나님은 그들을 온 지면에 흩으셨습니다. 그리고 하나님은 아브람을 부르십니다(수 24:2-3; 느 9:7). 그리고 3가지를 약속하십니다. 땅, 큰 민족(자손), 복(창 12:1-2). 하나님은 이 약속을 분명히 하시기 위해 언약을 맺으십니다. 창세기 15장 18절을 봅시다.

> 그날에 여호와께서 아브람과 더불어 언약을 세워 이르시되 내가 이 땅을 애굽 강에서부터 그 큰 강 유브라데까지 네 자손에게 주노니 _ 창 15:18

언약이 나옵니다. 아브람과 맺은 언약입니다. 그 언약의 내용은 무엇입니까? 땅을 주겠다는 것인데, 이어지는 19-21절을 보면 그 땅들은 한마디로 '가나안 땅'입니다. 하나님은 "내가 네게 보여 줄 땅으로 가라"(창 12:1)라고 하신 약속을 좀 더 구체화하십니다.

이 언약은 아브라함 언약 중에서도 '횃불 언약'이라고 합니다. 왜 그럴까요? 17절에 나오는 "타는 횃불" 때문입니다. 9절 이하에 좀 더 자세한 내용이 나오는데 간단하게 설명하면, 아브람으로 하여금 동물들을 가져오게 하신 뒤, 그것들을 쪼개어서 마주 놓게 하십니다(9-10절). 그리고는 타는 횃불이 쪼개 놓은 동물들 사이를 지나가심으로 하나님은 아브람과 횃불 언약을 맺으셨습니다.

이 언약의 내용은 '땅에 대한 약속'입니다. 그렇다면 증거는 무엇입니까? 횃불이 동물 사이로 지나간 것입니다. 이것은 아주 중요한 의미를 갖는데요. 횃불은 하나님의 임재를 상징합니다. 그러니 만약 하나님께서 아브람에게 땅을 안 주시면, 쪼개진 고기처럼 하나님의 생명을 내어놓겠다는 것입

니다. 짐승이 반으로 쪼개져서 죽임을 당하는 것처럼 하나님도 쪼개지겠다는 것입니다.[229]

횃불 언약은 '땅에 대한 약속'입니다. 이제 '자손에 대한 약속'이 언약으로 나타나니, '할례 언약'입니다. 창세기 17장 1-11절을 봅시다.

> 아브람이 구십구 세 때에 여호와께서 아브람에게 나타나서 그에게 이르시되 나는 전능한 하나님이라 너는 내 앞에서 행하여 완전하라 내가 내 언약을 나와 너 사이에 두어 너를 크게 번성하게 하리라 하시니 아브람이 엎드렸더니 하나님이 또 그에게 말씀하여 이르시되 보라 내 언약이 너와 함께 있으니 너는 여러 민족의 아버지가 될지라 이제 후로는 네 이름을 아브람이라 하지 아니하고 아브라함이라 하리니 이는 내가 너를 여러 민족의 아버지가 되게 함이니라 내가 너로 심히 번성하게 하리니 내가 네게서 민족들이 나게 하며 왕들이 네게로부터 나오리라 내가 내 언약을 나와 너 및 네 대대 후손 사이에 세워서 영원한 언약을 삼고 너와 네 후손의 하나님이 되리라 내가 너와 네 후손에게 네가 거류하는 이 땅 곧 가나안 온 땅을 주어 영원한 기업이 되게 하고 나는 그들의 하나님이 되리라 하나님이 또 아브라함에게 이르시되 그런즉 너는 내 언약을 지키고 네 후손도 대대로 지키라 너희 중 남자는 다 할례를 받으라 이것이 나와 너희와 너희 후손 사이에 지킬 내 언약이니라 너희는 포피를 베어라 이것이 나와 너희 사이의 언약의 표징이니라 _
> 창 17:1-11

여기에 보면 '언약'이라는 단어가 아주 많이 나옵니다. 이 언약의 내용이 무엇입니까? "내가 내 언약을 나와 너 사이에 두어 너를 크게 번성하게 하리라"(2절), "보라 내 언약이 너와 함께 있으니 너는 여러 민족의 아버지가 될지라"(4절), "내가 너로 심히 번성하게 하리니 내가 네게서 민족들이 나게 하며 왕들이 네게로부터 나오리라"(6절). 바로 '큰 민족', 즉 자손에 대한 약속입니다.

아브람은 지금 자녀가 없습니다. 그런데 하나님은 자녀를 주시겠다고 하십니다. 아니 자녀를 넘어 여러 민족의 아버지가 되게 하겠다고 하십니다. 아브람을 통해 여러 민족이 나오고, 왕들이 나올 것이라고 하십니다. 이게 언약의 내용입니다. 언약의 증거는 무엇입니까? 11절, "너희 중 남자는 다 할례를 받으라 이것이 나와 너희와 너희 후손 사이에 지킬 내 언약이니라 너희는 포피를 베어라 이것이 나와 너희 사이의 언약의 표징이니라"에 나와 있는 대로, '할례'입니다.

아브람은 가나안 땅을 달라고 한 적이 없습니다. 비록 자식이 없지만 큰 민족을 달라고 한 적도 없습니다. 그런데 하나님께서 주도적으로 언약을 맺으셨습니다. 이 언약은 철저히 창세기 3장 15절의 은혜 언약에 기초합니다. 여자의 후손을 보내시기 위해 하나님은 아브람과 언약을 맺으십니다. 느헤미야 9장 7-8절을 봅시다.

> 주는 하나님 여호와시라 옛적에 아브람을 택하시고 갈대아 우르에서 인도하여 내시고 아브라함이라는 이름을 주시고 그의 마음이 주 앞에서 충성됨을 보시고 그와 더불어 언약을 세우사 가나안 족속과 헷 족속과 아모리 족속과 브리스 족속과 여부스 족속과 기르가스 족속의 땅을 그의 씨에게 주리라 하시더니 그 말씀대로 이루셨사오매 주는 의로우심이로소이다 _ 느 9:7-8

출애굽과 가나안 정복 사건이 일어난 지 약 1000년 후 느헤미야는 창세기 15장과 17장의 약속이 이루어졌다고 말씀합니다.[230] 땅도 주셨고 씨도 주셨으니, 말씀대로 이루셨습니다.

모세 언약

모세 언약을 보겠습니다. 출애굽기 19장 5절을 봅시다.

> 세계가 다 내게 속하였나니 너희가 내 말을 잘 듣고 내 언약을 지키면 너희는 모든 민족 중에서 내 소유가 되겠고 _ 출 19:5

여기에도 '언약'이라는 단어가 나옵니다. 이 언약은 모세와만 맺은 것이 아니기에 '이스라엘 언약'이라고도 부릅니다.[231] 또한 '시내산' 언약이라고도 하는데, 그 이유는 시내산에 올라가서 맺은 언약이기 때문입니다.[232] 그렇다면 모세 언약의 내용은 무엇입니까? 출애굽기 19장 5-6절을 봅시다.

> 세계가 다 내게 속하였나니 너희가 내 말을 잘 듣고 내 언약을 지키면 너희는 모든 민족 중에서 내 소유가 되겠고 너희가 내게 대하여 제사장 나라가 되며 거룩한 백성이 되리라 _ 출 19:5-6

크게 세 가지입니다. 내 소유가 되리라, 제사장 나라가 되리라, 거룩한 백성이 되리라.

앞서 말씀드리기를, 은혜 언약은 서로 연결된다고 했습니다. 뒤에 나오는 언약은 그 앞서 나온 이전 언약 위에 세워진다고 했습니다. 이런 점을 생각하면 모세 언약의 내용은 아브라함 언약과 비슷합니다. 제사장 나라, 거룩한 백성이라는 표현은 큰 민족, 복의 근원과 같은 의미입니다.[233] 아브라함 언약이 성취되어 가는 과정 중에 하나님은 모세 언약을 통해 그 언약이 반드시 성취될 것을 다시금 분명히 하십니다.

모세 언약의 증거는 무엇입니까? 십계명입니다. 앞서 말씀드리기를 십계명의 정확한 표현은 언약의 10가지 말씀이라고 했습니다. 출애굽기 34장

28절을 보면 '언약의 말씀'이라고 표현하고 있고, 신명기 9장 9절에는 '언약의 돌판들'이라고 말씀하며, 신명기 9장 11절은 '언약의 두 돌판'이라고 말씀하니, 십계명은 언약의 표징이요 언약의 증거입니다.[234]

다윗 언약

아브라함 언약, 모세 언약에 따라 이스라엘은 큰 민족, 제사장 나라를 이루게 되었습니다. 아브라함 언약에 따라(창 15:18) 약속의 땅 가나안을 얻었습니다. 하나님의 언약은 이렇게 한 치의 오차도 없이 성취되었습니다.

이어서 왕국 시대가 임하였고, 하나님은 다윗과 언약을 맺으십니다. 사무엘하 7장입니다. 그런데 사무엘하 7장에는 아무리 눈 씻고 봐도 '언약'이라는 단어가 없습니다. 언약의 증거도 없습니다. 그럼에도 왜 하나님께서 다윗과 언약을 맺으셨다고 말씀드렸을까요? 앞서 행위 언약을 살펴볼 때도 창세기 2장에는 없지만, 호세아 6장 7절에서 언약이라는 단어를 보았는데요. 마찬가지로 사무엘하 7장에는 없지만, 그 내용을 설명하는 성경의 다른 곳에서 '언약'이라고 말하기 때문입니다. 시편 89편 3-4절입니다.

> 주께서 이르시되 나는 내가 택한 자와 언약을 맺으며 내 종 다윗에게 맹세하기를
> 내가 네 자손을 영원히 견고히 하며 네 왕위를 대대에 세우리라 하셨나이다 (셀
> 라) _ 시 89:3-4

4절의 내용이 사무엘하 7장 13절, "그는 내 이름을 위하여 집을 건축할 것이요 나는 그의 나라 왕위를 영원히 견고하게 하리라" 사무엘하 7장 16절, "네 집과 네 나라가 내 앞에서 영원히 보전되고 네 왕위가 영원히 견고하리라"와 비슷합니다. 그런데 시편 89편 3절은 이와 같은 내용의 '언약'을 맺었다고 말씀합니다.[235] 그러니 사무엘하 7장은 '다윗 언약'입니다.

다윗 언약의 내용은 무엇입니까? 12절에 의하면 다윗의 몸에서 날 '씨', 즉 자손을 통해 다윗의 나라가 견고하게 될 것이라는 약속입니다. 16절에 의하면 다윗의 집과 나라가 영원히 보존되고 다윗의 왕위가 영원히 견고할 것이라는 약속입니다.

뒤에 나오는 언약은 앞에 나온 언약들 위에 세워진다고 했지요? 하나님은 최초의 은혜 언약을 통해 여자의 후손을 약속하셨는데, 그 약속은 아브라함을 통해 반복되었고, 이제 다윗을 통해 반복됩니다. 여자의 후손은 아담-아브라함-다윗의 혈통을 따라올 것입니다.

하나님은 아브라함과 맺은 은혜 언약을 통해 큰 나라를 약속하셨고(창 12:2) 아브라함을 통해 왕이 나올 것이라고 하셨는데(창 17:6), 다윗과 맺은 은혜 언약을 통해 다윗의 나라가 영원히 보존될 것이고 왕위가 영원히 견고할 것이라고 약속하십니다. 이렇게 노아 언약 – 아브라함 언약 – 모세 언약 – 다윗 언약은 진전되어 왔습니다.

새 언약

언약은 그 시작에 있어서는 일방적이지만, 의무와 책임에 있어서는 쌍무적이라고 했습니다. 그러니 하나님께서 사람과 맺으신 언약을 사람은 지켜야 했습니다. 그러나 이스라엘 백성들이 하나님과의 언약을 어기고, 하나님이 아닌 다른 신을 섬겼습니다. 결국 하나님은 언약에 순종하지 않는 이들에게 저주를 내리셨고, 그 결과 북이스라엘, 남유다 모두 멸망합니다.

그렇다면 다윗 언약은 어떻게 된 것입니까? 다윗의 나라가 견고하게 될 것이라고 했는데 말입니다. 다윗의 집과 나라가 영원히 보존되고 다윗의 왕위가 영원히 견고할 것이라고 했는데 말입니다.

하나님은 언약에 신실하십니다. 다윗 언약은 결코 파기된 것이 아닙니다. 사람은 언약을 어기지만, 하나님은 언약을 어기지 않으십니다. 예레미야

31장 31-33절을 봅시다.

여호와의 말씀이니라 보라 날이 이르리니 내가 이스라엘 집과 유다 집에 새 언약
을 맺으리라 이 언약은 내가 그들의 조상들의 손을 잡고 애굽 땅에서 인도하여
내던 날에 맺은 것과 같지 아니할 것은 내가 그들의 남편이 되었어도 그들이 내
언약을 깨뜨렸음이라 여호와의 말씀이니라 그러나 그날 후에 내가 이스라엘 집
과 맺을 언약은 이러하니 곧 내가 나의 법을 그들의 속에 두며 그들의 마음에 기
록하여 나는 그들의 하나님이 되고 그들은 내 백성이 될 것이라 여호와의 말씀이
니라 _ 렘 31:31-33

이스라엘이 멸망하는 가운데서도 하나님은 언약을 맺으시니, '새 언약'
입니다.[236] 이 새 언약에 대해 바로 다음 장 예레미야 32장 40절은 '영원한
언약'이라고도 말합니다. 그리고 이 새 언약의 내용은 33절에 있는 것처럼
"나는 그들의 하나님이 되고 그들은 내 백성이 될 것이라"입니다. 이 언약은
과거의 언약이 결코 폐기된 것이 아님을 분명히 하고 있습니다. 비록 이스
라엘이 멸망한 것처럼 보이지만 그럼에도 하나님의 약속은 이어지고 있다
는 사실을 보여 줍니다.

지금까지 우리는 은혜 언약의 진전에 대해 살펴보았습니다. 창세기 3장
15절에서 처음 체결된 은혜 언약은 노아 언약 - 아브라함 언약 - 모세 언약
- 다윗 언약 - 새 언약을 통해 진전되어 왔습니다.

│ 새 언약의 중보자로 오신 예수 그리스도 │

자 그렇다면, 새 언약은 과연 어떻게 성취될까요? 바로 예수님입니다. 예

수님은 새 언약의 중보자로 오셨습니다. 언약의 성취자로 오셨습니다. 창세기 3장 15절로부터 시작된 방대한 구속사의 드라마는 새 언약의 중보자이신 예수 그리스도 안에서 최종적으로 완성됩니다.[237] 왜 그렇습니까?

① 예수님은 아담과 맺은 은혜 언약을 성취하셨습니다. 갈라디아서 4장 4절을 봅시다.

때가 차매 하나님이 그 아들을 보내사 여자에게서 나게 하시고… _ 갈 4:4

② 예수님은 여자의 후손으로 오셨습니다. 예수님은 노아 언약을 성취하셨습니다. 요한복음 3장 16-17절을 봅시다.

하나님이 세상을 이처럼 사랑하사 독생자를 주셨으니 이는 그를 믿는 자마다 멸망하지 않고 영생을 얻게 하려 하심이라 하나님이 그 아들을 세상에 보내신 것은 세상을 심판하려 하심이 아니요 그로 말미암아 세상이 구원을 받게 하려 하심이라 _ 요 3:16-17

하나님은 노아 언약을 통해 세상의 죄악 가운데서도 더 이상 멸망시키지 않고 보존하실 것을 약속하셨는데, 예수님은 자신을 믿는 자마다 멸망하지 않고 영생을 얻게 하십니다.

③ 예수님은 아브라함 언약을 성취하셨습니다. 갈라디아서 3장 16절을 봅시다.

이 약속들은 ^시)아브라함과 그 ^4)자손에게 말씀하신 것인데 여럿을 가리켜 그 ^4)자손들이라 하지 아니하시고 오직 한 사람을 가리켜 네 ^4)자손이라 하셨으니 곧 그리스도라 _ 갈 3:16

우리가 성경을 오해했다

이 말씀에 의하면 아브라함에게 자손을 주겠다고 하신 것(창 17:8)은 1차적으로는 그의 모든 자손을 가리키지만, 궁극적으로는 오직 한 사람 예수님을 가리킵니다. 아브라함 언약은 곧 예수님을 향한 것이고, 예수님은 그 언약을 따라오셨습니다.

④ 예수님은 다윗 언약을 성취하셨습니다. 누가복음 1장 31-32절을 봅시다.

> 보라 네가 잉태하여 아들을 낳으리니 그 이름을 예수라 하라 그가 큰 자가 되고 지극히 높으신 이의 아들이라 일컬어질 것이요 주 하나님께서 그 조상 다윗의 왕위를 그에게 주시리니 _ 눅 1:31-32

예수님은 다윗의 왕위를 이어받으시는 분이시니, 다윗의 나라가 영원히 보존될 것이고, 왕위가 영원히 견고할 것이라는 다윗 언약을 성취하셨습니다.

> 이 복음은 하나님이 선지자들을 통하여 그의 아들에 관하여 성경에 미리 약속하신 것이라 그의 아들에 관하여 말하면 육신으로는 1)다윗의 혈통에서 나셨고 성결의 영으로는 죽은 자들 가운데서 부활하사 능력으로 하나님의 아들로 선포되셨으니 곧 우리 주 예수 그리스도시니라 _ 롬 1:2-4

1) 헬. 씨.

예수님은 다윗의 자손으로 오심으로 다윗의 몸에서 날 '씨', 즉 자손을 통해 다윗의 나라가 견고하게 될 것이라는 다윗 언약을 성취하셨습니다.

⑤ 예수님은 새 언약을 성취하셨습니다. 히브리서 8장 6-13절을 봅시다.

6그러나 이제 그는 더 아름다운 직분을 얻으셨으니 그는 더 좋은 약속으로 세우신 더 좋은 언약의 중보자시라 7저 첫 언약이 무흠하였더라면 둘째 것을 요구할 일이 없었으려니와 8그들의 잘못을 지적하여 말씀하시되 ㄴ)주께서 이르시되 볼지어다 날이 이르리니 내가 이스라엘 집과 유다 집과 더불어 새 언약을 맺으리라 9또 주께서 이르시기를 이 언약은 내가 그들의 열조의 손을 잡고 애굽 땅에서 인도하여 내던 날에 그들과 맺은 언약과 같지 아니하도다 그들은 내 언약 안에 머물러 있지 아니하므로 내가 그들을 돌보지 아니하였노라 10또 주께서 이르시되 그 날 후에 내가 이스라엘 집과 맺을 언약은 이것이니 내 법을 그들의 생각에 두고 그들의 마음에 이것을 기록하리라 나는 그들에게 하나님이 되고 그들은 내게 백성이 되리라 11또 각각 자기 나라 사람과 각각 자기 형제를 가르쳐 이르기를 주를 알라 하지 아니할 것은 그들이 작은 자로부터 큰 자까지 다 나를 앎이라 12내가 그들의 불의를 긍휼히 여기고 그들의 죄를 다시 기억하지 아니하리라 하셨느니라 13새 언약이라 말씀하셨으매 첫 것은 낡아지게 하신 것이니 낡아지고 쇠하는 것은 없어져 가는 것이니라 _ 히 8:6-13

ㄴ) 렘 31:31 이하

8절을 보면 예레미야 31장 31절 이하를 인용합니다. 즉 새 언약입니다. 히브리서 기자는 그 새 언약이 곧 예수님에 대한 것이라는 사실을 분명하게 말씀합니다.

| 성취된 언약과 언약의 증거 |

그리스도 안에서 성취된 새 언약

새 언약의 중보자 예수님은 참되고 온전한 아담이자, 이스라엘이시며, 아브라함의 참된 자손이시자, 참된 다윗 왕이십니다.[238] 그 예수님은 자신의 전 생애를 통해 하나님의 율법에 순종하셨고, 십자가에서 죽으시고 무덤에서 다시 살아나심으로 저와 여러분을 구원하셨습니다. 이렇게 함으로 행위 언약의 모든 필요를 채우셨습니다. 은혜 언약의 중보자가 되셨습니다.[239] 예수님은 구약에 계시된 모든 언약을 온전히 이루셨습니다. 이제 우리는 이 새 언약 안에서 그리스도를 믿는 믿음으로 말미암아 영원한 생명과 구원을 보장받았으니 이것이 바로 우리에게 약속된 복음입니다.

언약의 증거, 주님의 만찬

그 언약의 증거가 성찬식 때마다 여러분들 눈앞에 있습니다. 주님의 식탁 위에 놓인 빵과 포도주입니다. 곧 예수님의 살과 피입니다. 이 언약의 증거를 두 눈으로 바라보십시오. 예수님은 새 언약을 온전히 이루시는 십자가를 앞두고 성찬을 제정하시면서 말씀하셨습니다. "이것은 … 나의 피 곧 언약의 피니라"(마 26:28; 막 14:24). 누가복음 22장 20절에서는 더 명확하게 말씀하셨습니다. "저녁 먹은 후에 잔도 그와 같이하여 이르시되 이 잔은 내 피로 세우는 새 언약이니 곧 너희를 위하여 붓는 것이라"(참조. 고전 11:25) 예수님은 의도적으로 '언약의 피', '내 피로 세우는 새 언약'이라는 표현을 사용하셨습니다.

성찬은 언약의 증거입니다. 그래서 개혁주의 신학은 성찬을 가리켜서 '은혜 언약의 표와 인'이라고 부릅니다(롬 4:11). 성찬은 은혜 언약이 우리에게 약속한 믿음과 확신을 가져다줍니다.

그러므로 우리는 이 성찬의 요소인 빵과 포도주를 바라보면서 하나님께서 타락한 사람과 은혜 언약을 맺으셨다는 사실을 기억해야 합니다. 빵과 포도주를 먹고 마시면서 우리 주 예수 그리스도께서 은혜 언약의 중보자이심을 기억해야 합니다. 십자가에서 살이 찢기시고 피를 흘리신 예수 그리스도를 믿는 자에게는 영원한 생명과 구원이 보장되어 있음을 확신해야 합니다. 이 모든 일에 믿음으로 참여해야 합니다.

예배와 언약

우리가 드리는 예배도 언약의 증거입니다. 개신교에서는 예배를 '언약의 갱신'이라고 여깁니다. 그리스도 안에서 하나님과 우리가 맺은 언약을 재확인하는 것이 바로 예배입니다. 이 예배는 언약의 주도자이신 하나님께서 우리를 초청하심으로 시작됩니다. 예배는 언약의 중보자 예수 그리스도를 통해 드립니다. 예배는 언약의 날인 주일에 드려집니다. 예배 시간에 우리는 언약의 자녀들과 함께 앉습니다. 언약에 근거하여 어른부터 아이까지 함께 '언약의 10가지 말씀'(십계명)을 듣고, 언약의 설교를 들으며, 언약에 근거하여 세례를 베풀고, 언약에 근거하여 성찬을 나누며, 언약에 근거하여 강복 선언을 듣습니다. 이렇게 하나님의 언약의 복이 이 예배 가운데 풍성히 드러납니다. 결국 우리는 이 예배를 통해 우리가 하나님의 언약 백성임을 확인합니다. 언약에 신실하신 하나님을 높이 찬양합니다.

우리가 성경을 오해했다

이야기의 결론

　하나님은 언약의 하나님이십니다. 그 하나님은 언약을 통해 구원을 계시하셨습니다. 구속사는 언약을 따라 진행되었습니다. 하나님은 언약에 신실하십니다. 그러니 하나님의 언약은 결코 파기될 수 없습니다. 그 누구도 끊을 수 없습니다. 아무도 막을 수 없습니다. 어떠한 일이 있어도 하나님은 반드시 자신의 언약을 성취하십니다. 이 사실을 은혜 언약의 역사를 통해 우리에게 가르쳐 주셨습니다.

　언약의 하나님은 창세전에 우리를 그리스도 안에서 예정하셨습니다. 그 언약과 작정에 따라 우리에게 성령을 주셨고, 그리스도를 믿게 하셨고, 의롭다 칭하여 주셨습니다(웨스트민스터 신앙고백서 7장 3항). 그래서 이러한 우리를 언약 백성이라고 부릅니다. 이 사실을 우리는 결코 의심해서는 안 됩니다. 믿음으로 성찬에 참여하며 더욱 확신하기를 바랍니다.

STORY 15
성경의 처음과 마지막 이야기

창 1:1; 2:8-15; 사 65:17-19; 계 21:1-3

좋은 작품은 구조가 탄탄합니다. 플롯(plot)이 잘 짜여 있습니다. 서론, 본론, 결론이 있습니다. 중간중간 복선(伏線)도 있습니다. 서론 혹은 본론에 살짝 암시된 내용이 결론에서 완성됩니다. 구조만 탄탄한 게 아닙니다. 단어와 문장도 조화를 이룹니다. 단어와 문장 선택이 신중하고, 한번 사용된 단어와 문장이 다른 곳에서 연결되기도 합니다. 그냥 무심코 남긴 문장처럼 보이지만 사실은 작가의 의도가 담겨 있습니다. 좋은 작품은 그렇습니다. 소설, 드라마, 영화 등이 성공하려면 그래야 합니다. 그렇지 않은 작품은 좋은 작품이라고 말하기 어렵습니다.

그런 점에서 성경은 어떨까요? 성경은 탄탄한 구조를 갖고 있습니다. 단어와 문장이 서로 연결됩니다. 성경은 한 편의 치밀한 이야기입니다. 수많은 사건과 이야기가 긴밀하게 연결되고, 다양성과 함께 통일성을 이루고 있습니다. 그러니 성경은 좋은 작품입니다.

성경 이야기는 창조-타락-구속이라는 큰 틀로 구성되어 있습니다. 하나님의 구원 역사를 보여 주는 한 편의 드라마 같습니다. 여자의 후손을 보내시는 하나님의 치밀한 계획들이 이어집니다. 행위 언약-은혜 언약-노아 언약-아브라함 언약-모세 언약-다윗 언약-새 언약이 짜임새 있게 이어집니다. 서론-본론-결론이 있습니다. 어떤 곳에서 예언했던 내용이 다른 어떤 곳에서 그대로 성취됩니다.

더 놀라운 것은 이 책은 40여 명의 서로 다른 사람이 기록했다는 것입니다. 기록 시기도 다양합니다. 모세부터 바울까지 수많은 사람이 기록했습니다. 어떤 저자는 지금으로부터 약 3,500년 전에 살았고, 어떤 저자는 2,000년 전에 살았습니다. 그래서 기록 시기가 1,500년 정도 차이가 납니다. 그럼에도 불구하고 마치 한 사람이 쓴 것처럼 느껴집니다. 네. 맞습니다. 40여 명의 서로 다른 사람이 썼지만, 궁극적으로 성경의 저자는 한 분입니다. 오직 한 분 성령 하나님의 영감을 따라 기록되었습니다. 그러니 구조도 단어도 내용도 아주 잘 구성되어 있습니다.

그렇기에 그냥 중간에 아무 곳이나 펼쳐서 "이 말씀은 오늘 나에게 주시는 말씀", "아, 이 문장 참 좋네." 이렇게 말할 수 있는 책이 아닙니다. 성경은 구절 뽑기를 할 수 있는 대상이 아닙니다. 처음부터 끝까지가 연결된 책입니다. 앞뒤 문맥과 구성을 중요하게 여겨야 하는 책입니다.

수많은 사람의 기록을 수집해서 편집해 놓은 책이라면 아무 곳이나 펼쳐서 보아도 될지 모르겠습니다. 명언 모음집이나 사전이라면 그렇게 해도 될지 모르겠습니다. 그러나 성경은 한 권의 책입니다. 모든 내용이 조화를 이루고 있습니다. 지금까지의 설명을 통해서 여러분은 이 사실을 충분히 확인하셨을 것입니다.

이번에는 지금까지 살폈던 《우리가 성경을 오해했다》를 마무리하면서 성경 전체의 맥을 다시 짚어 보고, 지금까지의 내용을 기초로 해서 성경의 서론과 결론을 통해 성경 전체에 대한 이해를 좀 더 명확히 해보려고 합니다.

| 서론과 결론이 비슷한 성경 |

성경의 첫 부분인 창세기 1-2장과 마지막 부분인 요한계시록 21-22장은 그 내용이 비슷합니다. 마지막 두 장이 처음 두 장의 이야기를 완성시킵니다.[240] 서론과 결론이 조화를 이룹니다. 그래서 어떤 이는 창세기 1-2장과 요한계시록 21-22장은 마치 북엔드(book end)와 같다고 표현했습니다. 또는 샌드위치의 빵과 같다고 표현했습니다. 과연 그러한지, 함께 살펴봅시다.

결론의 소재

요한계시록 21장 1-3절을 봅시다. 1절에는 '새 하늘과 새 땅'이 나옵니다. "또 내가 새 하늘과 새 땅을 보니…" 2절에는 '새 예루살렘 성'이 나옵니다. "또 내가 보매 거룩한 성 새 예루살렘이 하나님께로부터 하늘에서 내려오니…" 3절에는 '하나님의 임재'가 나옵니다. "…보라 하나님의 장막이 사람들과 함께 있으매 하나님이 그들과 함께 계시리니…" 22장 1-2절을 보면, '생명수 강'이 나오고 '생명 나무'가 나옵니다. "또 그가 수정같이 맑은 생명수의 강을 내게 보이니 하나님과 및 어린 양의 보좌로부터 나와서 길 가운데로 흐르더라 강 좌우에 생명 나무가 있어 열두 가지 열매를 맺되…"

이 모습은 새 동산의 모습입니다. 요한계시록 21-22장에 나오는 새 하늘과 새 땅, 새 예루살렘 성, 하나님의 임재, 새 동산. 이것은 모두 다 창세기 1-2장의 모습을 회복하고 있는 내용입니다.

서론의 소재

창세기 1장 1절에 하늘과 땅이 나옵니다. "태초에 하나님이 천지(天地), 즉 하늘과 땅을 창조하시니라" 사람을 창조하신 뒤에 두신 동산은 성전의 이미지를 갖고 있었으니 일종의 예루살렘입니다. 창세기 3장 8절에 "동산

우리가 성경을 오해했다

에 거니시는 여호와 하나님의 소리"가 있으니, 즉 하나님의 임재가 있었습니다. 창세기 2장 10절은 동산을 묘사하기를 "강이 에덴에서 흘러 나와 동산을 적시고 거기서부터 갈라져 네 근원이 되었으니"라고 했습니다. 그리고 동산 중앙에는 생명나무가 있었습니다. 이렇게 창세기 1-2장에는 하늘과 땅, 성전(예루살렘), 하나님의 임재, 강물이 흐르고 생명나무가 있는 동산이 나옵니다. 이렇게 창세기 1-2장과 요한계시록 21-22장은 그 내용이 수미상관(首尾相關)을 이룹니다.

서론의 소재와 타락

성경의 서론인 창세기 1-2장에서 말하는 것처럼, 처음 세상에는 하늘과 땅이 있었고, 예루살렘과 같은 성전으로서의 동산이 있었고, 하나님의 영광이 가득한 하나님의 임재가 있었고, 생명의 강과 생명 나무가 있었습니다.

그런데 이곳에 죄가 들어왔습니다. 하나님의 형상을 따라 지음받았기에 왕, 제사장, 선지자로서 거룩한 성전 동산을 지켜야 할 아담은 실패했습니다. 결국 죄로 인해 땅과 만물은 저주를 받았고(창 3:17-18; 롬 8:19-22), 거룩한 성전인 동산은 더럽혀졌습니다. 사람은 땅에 충만하고 정복하라는 명령을 받았지만(창 1:28), 죄로 인해 부패해진 나머지 더 이상 땅을 올바로 다스릴 수 없게 되었습니다.[241]

이렇게 하나님께서 처음 세상을 창조하실 때의 기대는 신속하게 산산조각 났습니다.[242] 결국 타락한 사람은 하나님의 임재가 있고, 생명 나무가 있는 동산에서 쫓겨났습니다(창 3:24).

원복음과 구원 계획

이러한 상태를 하나님은 그냥 두지 않으시고 은혜를 베푸십니다. 구원 역사를 펼치십니다. 천지 만물을 회복시키시고, 성전을 세우시며, 자기 백성을 구원하셔서, "나는 그들의 하나님이 되고 그들은 내 백성이 되리라"고 약속하십니다(레 26:12; 렘 31:1, 33; 32:38; 겔 11:20; 36:28; 37:23, 27; 슥 8:8; 고후 6:16; 히 8:10; 계 21:3).

이를 위해 가장 중요한 구세주를 보내시기로 하셨으니, '여자의 후손'으로 암시됩니다. 장차 오실 여자의 후손은 사탄의 머리를 상하게 할 것입니다. 실낙원(失樂園, Paradise Lost), 즉 잃어버린 낙원을 복낙원(復樂園, Paradise Regained), 즉 회복하는 낙원으로 바꾸실 것입니다. 창세기 3장 15절의 '원복음(protoevangelium)'에 예언된 약속입니다.

구원 역사의 진행과 계시의 발전

하나님의 이러한 구원 계획은 처음에는 희미했습니다. 그러나 역사가 진행되면서 점점 구체화되고 명확해집니다. 아담과 하와에게서 셋이 태어나고, 노아, 아브라함, 이삭, 야곱, 유다, 보아스, 다윗, 이런 식으로 여자의 후손이 계속 이어집니다. 아브라함을 통해 땅, 큰 민족, 복이 약속됩니다(창 12:1-2). 여자의 후손을 보내시리라는 은혜 언약, 땅, 민족에 대한 약속은 노아 언약 – 아브라함 언약 – 모세 언약 – 다윗 언약 – 새 언약을 통해 이어집니다. 하나님은 약속대로 아브라함에게 자손을 주시고 땅을 주시고 복을 주십니다. 결국 이스라엘 나라가 세워지고 가나안 땅을 차지하며 다윗 왕국이 건설되므로 그 약속이 성취됩니다(느 9:7-8).

이렇게 여자의 후손이 오기까지 아브라함이 사용되고, 이스라엘 민족이 사용되며, 다윗 왕국이 사용되었습니다. 하나님의 구속 역사가 구약의 언약 역사 안에 가득합니다. 구약 역사의 전체 흐름은 동산에서부터 하나님의 도시, 하나님 나라를 향해 전진해 나갑니다.[243]

멸망 가운데 계속되는 언약

그러나 하나님의 언약과 구원이 성취되는 가운데 그렇지 않아 보이는 때가 있습니다. 왕국은 분열되고, 두 왕국 모두 이방 국가에 의해 멸망당하며, 백성들은 포로로 끌려갑니다. 그러한 때에 하나님은 선지자들을 통해 자신의 언약을 분명히 하십니다. 이사야 65장 17-19절(참조. 사 66:22; 벧후 3:13) 을 봅시다.[244]

> 보라 내가 새 하늘과 새 땅을 창조하나니 이전 것은 기억되거나 마음에 생각나지 아니할 것이라 너희는 내가 창조하는 것으로 말미암아 영원히 기뻐하며 즐거워할지니라 보라 내가 예루살렘을 즐거운 성으로 창조하며 그 백성을 기쁨으로 삼고 내가 예루살렘을 즐거워하며 나의 백성을 기뻐하리니 우는 소리와 부르짖는 소리가 그 가운데에서 다시는 들리지 아니할 것이며 _ 사 65:17-19

성경 이사야 65장 17절 위에 달려 있는 소제목이 '새 하늘과 새 땅 창조' 입니다. 이사야는 새 하늘과 새 땅이 창조될 것이고(17절), 새 예루살렘 성이 임할 것을 예언합니다(18절). 멸망 가운데서도 하나님의 언약은 멈추지 않을 것임이 재확인됩니다. 에스겔 37장 24-28절을 봅시다.

> 내 종 다윗이 그들의 왕이 되리니 그들 모두에게 한 목자가 있을 것이라 그들이 내 규례를 준수하고 내 율례를 지켜 행하며 내가 내 종 야곱에게 준 땅 곧 그의 조상들이 거주하던 땅에 그들이 거주하되 그들과 그들의 자자 손손이 영원히 거기에 거주할 것이요 내 종 다윗이 영원히 그들의 왕이 되리라 내가 그들과 화평의 언약을 세워서 영원한 언약이 되게 하고 또 그들을 견고하고 번성하게 하며 내 성소를 그 가운데에 세워서 영원히 이르게 하리니 내 처소가 그들 가운데에 있을 것이며 나는 그들의 하나님이 되고 그들은 내 백성이 되리라 내 성소가 영원토록 그

297

들 가운데에 있으리니 내가 이스라엘을 거룩하게 하는 여호와인 줄을 열국이 알리라 하셨다 하라 _ 겔 37:24-28

이 구절은 앞 장에서 보았던 예레미야 31장에 나오는 새 언약과 같은 주제를 다루는 말씀입니다. 예레미야 31장에는 '새 언약'이라고 표현되었고, 그것을 32장 (40절)에서 '영원한 언약'이라고 표현했는데, 여기서는 26절에 '화평의 언약'과 '영원한 언약'이라고 표현했습니다. 이 언약에 따르면 다윗이 이미 죽고 없는 시대인데, 다윗이 왕이 될 것이라고 합니다(24, 25절). 그리하여 야곱에게 준 땅, 즉 이스라엘에게 주신 약속의 땅 가나안에 거주하게 될 것이라고 합니다(25절). 하나님의 성소가 그들 가운데 세워져 영원토록 그들 가운데에 있을 것이라고 합니다(26, 28절). "나는 그들의 하나님이 되고, 그들은 내 백성이 되리라"고 하십니다(27절). 비록 이스라엘은 멸망 가운데 있고 포로 가운데 있지만, 땅, 자손, 복, 하나님의 임재와 같은 하나님의 언약은 반드시 성취될 것이라고 말입니다.

예수님의 오심과 구원의 성취

마침내 여자의 몸에서 아들이 나셨습니다(갈 4:4). 여자의 후손이 아담과 아브라함과 다윗의 자손으로 오셨습니다(마 1:1; 눅 3:23-38; 롬 1:3). 아브라함에게 약속한 씨의 성취로 오셨습니다(갈 3:16). 다윗 왕국의 왕위를 이어 오셨습니다(눅 1:31-32). 성전으로 오셨습니다(요 1:14). 새 언약을 성취하셨습니다(히 8:6-13). 그 이름이 임마누엘이시니 하나님의 임재로 오셨습니다(마 1:23).

하나님은 타락한 창조 세계를 죄로부터 구원하시려고 자신의 아들을 이 땅에 보내셨습니다. 그리스도는 우리를 구원하실 뿐만 아니라 창조를 회복하십니다. 그렇게 오신 예수님은 아담과 이스라엘과 다윗 왕가가 실패한 일들을 회복하십니다.

마침내 십자가에 달리십니다. 은혜 언약대로 여자의 후손인 예수님은 사탄의 머리를 상하게 하십니다(창 3:15; 골 2:15; 히 2:14). 십자가를 통해 사탄은 패배했고, 사람은 아담이 잃어버린 왕, 제사장, 선지자의 직분을 되찾게 되었습니다.[245]

예수님은 새 창조의 첫 사람으로 오셨습니다(고전 15:20, 23). 예수님의 구속 사역을 통해 새 창조가 시작되었습니다. 이제 우리는 새 창조, 새 하늘, 새 생명을 누립니다. 그러나 그 절정은 아직 남아 있습니다. '이미'이지만, '아직'입니다. 그리스도께서 다시 오실 그때, 시작하신 일을 완성하실 것입니다.

> 너희 안에서 착한 일을 시작하신 이가 그리스도 예수의 날까지 이루실 줄을 우리는 확신하노라 _ 빌 1:6

> 평강의 하나님께서 속히 사탄을 너희 발 아래에서 상하게 하시리라… _ 롬 16:20

고난받는 교회와 요한의 계시

1세기 중엽을 지나 로마 제국의 위세(威勢)가 심해지는 때, 요한이 음성을 듣습니다(계 1:10). 그리고 계시의 말씀을 기록하니 성경의 제일 마지막 책 요한계시록입니다. 요한은 이 계시를 통해 고난받는 교회를 위로하고 권면합니다. 신실하게 어린 양을 따른다는 이유로 고난받지만 인내하는 모든 사람에게 하나님은 새 하늘과 새 땅에서 함께하는 복을 주실 것이라고 위로합니다.

요한은 여러 가지 이야기를 한 뒤 제일 마지막 21장과 22장에서 미래에 있을 새 하늘과 새 땅, 하나님의 임재가 가득할 평화의 도시 새 예루살렘,

예수 믿는 자들이 거하게 될 새 동산을 생생하게 설명합니다.[246] 요한이 말하는 새 하늘과 새 땅(신천지), 새 예루살렘, 하나님의 임재, 새 동산은 사람이 범죄하기 전 창세기 1-2장에 있었던 것들의 회복입니다.

새 하늘과 새 땅

먼저 새 하늘과 새 땅을 이야기합니다. 요한계시록 21장 1절을 봅시다.

또 내가 새 하늘과 새 땅을 보니 처음 하늘과 처음 땅이 없어졌고… _ 계 21:1

요한이 본 환상에는 새 하늘과 새 땅이 있습니다. 이제 더 이상 처음 있었던 하늘과 땅이 없습니다. 처음 하늘과 땅은 죄로 인해 오염되었는데, 새로운 하늘과 땅이 그 자리를 대신합니다. 완전한 새 창조가 이루어집니다. 마지막 때의 일입니다.

새 예루살렘

다음으로 새 예루살렘을 이야기합니다. 요한계시록 21장 2절을 봅시다.

또 내가 보매 거룩한 성 새 예루살렘이 하나님께로부터 하늘에서 내려오니 그 준비한 것이 신부가 남편을 위하여 단장한 것 같더라 _ 계 21:2

거룩한 성 새 예루살렘이 하나님께로부터 하늘에서 내려옵니다. 새 예루살렘이 땅으로 내려왔다는 것은 완전한 하나님 나라가 도래했으며, 하나님의 뜻이 하늘에서 이루어진 것처럼 땅에서 완전히 이루어진다는 것을 생생하게 표현한 것입니다.[247]

9절 이하를 보면 새 예루살렘을 좀 더 자세하게 묘사하는데, 11절에서

우리가 성경을 오해했다

하나님의 영광이 있다고 말하고, 16절을 보면 네모가 반듯해서 길이와 너비와 높이가 같은 입방체(立方體), 즉 여섯 개의 면이 모두 합동인 정사각형으로 둘러싸인 입체 도형입니다. 이 모습은 구약에서 나오는 예루살렘 성전의 지성소와 같습니다. 이는 새 예루살렘의 중요한 기능이 하나님의 처소임을 의미합니다.[248] 마지막 때에는 새 창조 전체가 지성소입니다. 하나님의 임재와 영광이 완전하게 나타나는 곳이 됩니다. 하나님의 임재와 영광은 더 이상 동산이나 성막, 성전, 교회에만 특수하게 나타나지 않습니다. 지성소가 온 세계로 확대됩니다. 하나님께서 처음 사람을 창조하신 목적 곧 하나님의 백성인 우리를 하나님의 임재 가운데 거하게 하시는 일이 완전하게 최종적으로 실현됩니다.

12절을 보면 열두 개의 문에 이스라엘 자손 열두 지파의 이름이 있습니다. 14절을 보면 열두 기초석 위에 열두 사도의 이름이 있습니다. 열두 지파는 구약 교회 이스라엘을 의미합니다. 열두 사도는 신약 교회의 기초입니다 (엡 2:20). 그러므로 이 영화롭게 된 도시 새 예루살렘은 구약과 신약 시대의 모든 성도들이 거하는 하나님의 집입니다. 이곳에서 그들은 한 분 주님, 예수 그리스도의 통치 아래 함께 거주합니다.

새 예루살렘은 사실상 성전의 완성입니다. 이제 완성된 지성소로서, 하나님의 영광이 온전히 임하는 장소입니다. 죄, 죽음, 사탄이 최종적으로 완전히 제거되고, 하나님의 백성은 영원토록 하나님의 임재 안에 있게 될 것입니다. 그래서 요한계시록 21장 22절은 이렇게 말씀합니다.

성안에서 내가 성전을 보지 못하였으니 이는 주 하나님 곧 전능하신 이와 및 어린 양이 그 성전이심이라 _ 계 21:22

더 이상 성전이 필요 없습니다. 그곳에서는 어디서나 하나님의 임재를 완전히 경험할 수 있습니다. 아무것도 방해할 수 없는 교제 가운데서 하나님과 어린양이 자기 백성과 함께 새 창조에 거하시며, 이 새 창조를 하나님의 백성으로 가득 채웁니다.[249]

하나님의 임재

다음으로 하나님의 임재가 있습니다. 요한계시록 21장 3절 중반부를 봅시다.

> …보라 하나님의 장막이 사람들과 함께 있으매 하나님이 그들과 함께 계시리니…
>
> _ 계 21:3

하나님은 에덴의 동산에서 늘 거니셨습니다(창 3:8). 하나님의 임재가 있었다는 말입니다. 그러나 동산에서 쫓겨남으로 임재를 상실했습니다(창 3:24). 그런데 새 창조의 때에 하나님의 장막이 사람들과 함께 있습니다(계 21:3).

장막은 하나님의 임재를 상징합니다. 장막은 거슬러 올라가면 그리스도인, 교회, 예수님, 성전, 성막, 동산으로 이어집니다. 무엇보다 요한복음 1장 14절에서 말하는 대로 예수님은 말씀이 육신이 되어 우리 가운데 장막을 치셨습니다. 그런데 새 하늘과 새 땅, 새 예루살렘 성이 임한 곳에 하나님의 장막이 사람들과 함께 있습니다. 동산, 성막, 성전을 성취하신 그리스도께서 재림하실 때 하나님의 장막이 영원토록 사람들과 함께 있을 것입니다.

하나님의 언약

다음으로 바로 이어지는 구절, 요한계시록 21장 3절 하반부를 자세히 봅시다.

…하나님이 그들과 함께 계시리니 그들은 하나님의 백성이 되고 하나님은 친히 그
들과 함께 계셔서 _ 계 21:3

이 말씀은 은혜 언약의 핵심적인 약속으로서 우리에게 친숙한 말씀입니
다(창 17:7; 출 19:5-6; 렘 31:33; 32:38; 겔 34:30; 37:25-28; 히 8:10; 벧전 2:9-10). 언약에 나
오는 공식적인 문장입니다. 특별히 앞 장에서 보았던 예레미야 31장에 나온
새 언약에도 이 문장이 나옵니다(렘 31:33). 요한은 이러한 언약 공식을 말함
으로써, 이 새 창조가 하나님의 언약의 완전한 성취임을 보여 줍니다.[250]

새 동산 (계 22:1-5)
요한계시록 22장 1-2절을 봅시다.

또 그가 수정같이 맑은 생명수의 강을 내게 보이니 하나님과 및 어린 양의 보좌로
부터 나와서 길 가운데로 흐르더라 강 좌우에 생명 나무가 있어 열두 가지 열매
를 맺되 달마다 그 열매를 맺고 그 나무 잎사귀들은 만국을 치료하기 위하여 있
더라 _ 계 22:1-2

창세기 2장을 보면 본래의 동산에는 강이 에덴에서 흘러 동산을 적시
고 거기에서부터 네 개의 강이 이어지는 장면이 나옵니다(창 2:10-14). 새 창
조 때에는 수정같이 맑은 생명수 강이 하나님과 및 어린양의 보좌에서 흘
러 길 가운데로 흐릅니다. 회복된 동산의 모습입니다.[251]
창세기 2장의 동산에는 선악을 알게 하는 나무와 함께 생명나무도 있
었습니다(창 2:9; 3:22). 몇 그루가 있었는지 정확하게 밝히지는 않지만, 단수
로 표현되었으니 한 그루가 있었던 것이 분명합니다. 그런데 새 창조 때에는
강 좌우에 생명나무가 있으니 두 그루가 있습니다. 아담이 범죄 한 후 하나

님은 그가 생명나무도 따 먹고 영생할까 봐 그를 동산에서 쫓아내셨습니다 (창 3:24). 그러나 새 동산에서 하나님의 백성들은 생명나무에 제한 없이 접근할 수 있습니다.

이처럼, 새 동산에서는 하나님의 모든 구속적 목적이 완벽하고도 충만하게 실현될 것입니다(참조. 겔 47:1-13).[252] 그래서 이어지는 3절은 이렇게 말합니다. "다시 저주가 없으며…" 최초의 땅은 아담의 범죄로 인하여 저주를 받았습니다. "…먹지 말라 한 나무의 열매를 먹었은즉 땅은 너로 말미암아 저주를 받고 너는 네 평생에 수고하여야 그 소산을 먹으리라"(창 3:17). 이제 새 동산에는 다시 저주가 없습니다.

3절 마지막 부분은 이렇게 말합니다. "…그의 종들이 그를 섬기며" 여기에 "섬기며"라는 동사는 제사장으로서 성소를 섬긴다는 뜻이니, 창세기의 동산에서 "경작하며"라고 번역된 말과 같습니다(창 2:15). 하나님의 백성들은 이 새 창조의 동산에서 여호와를 섬기는 제사장들입니다. 아담이 실패한 제사장의 사역을 우리가 영원히 감당하게 될 것입니다(참조. 사 61:6).[253]

새 동산에 대한 설명은 22장 5절을 통해 마무리되는데, "…그들이 세세토록 왕 노릇 하리로다"라고 합니다. 하나님은 아담을 창조하실 때 자신의 형상과 모양대로 지으사 하나님의 대리통치자로 세우셨습니다(창 1:26-28). 그러나 아담은 그 일에 실패하였는데, 이제 마지막 때에 하나님의 백성들이 세세토록 왕 노릇 함으로써 완전히 성취하게 될 것입니다.[254]

정리

지금까지 살펴본 것처럼, 성경의 결말이라고 할 수 있는 요한계시록 21-22장은 서론에 해당하는 창세기 1-2장의 내용과 매우 비슷합니다. 아니, 창세기 1-2장에서 하나님께서 의도하셨던 것을 뛰어넘습니다.[255] 요한계시록 21-22장은 성경의 모든 내용을 성취합니다. 역사가 시작될 때 하나님은 하늘과 땅을 창조하셨습니다. 역사가 끝날 때 이전에 있던 것을 훨씬 능가하는 새 하늘과 새 땅을 주실 것입니다.[256]

① 새 하늘과 새 땅을 한자로 바꾸면 신천지(新天地)입니다. 천지(天地)에서 시작된 성경은 신천지(新天地)로 마칩니다. ② 창세기는 동산에서 시작했습니다. 요한계시록은 새 예루살렘 성으로 마칩니다. 동산에서 시작된 이야기가 거룩한 성, 즉 도시로 마치고 있습니다. 동산과 새 예루살렘이라는 역사의 시작과 끝 사이에 하나님은 아브라함과 그 자손이 사는 약속의 땅에서 하나님 나라를 세워 가십니다.[257] ③ 하나님께서는 아담을 동산에 두셨습니다. 마지막 날 우리를 새 창조의 새 예루살렘 성, 새 동산에 두실 것입니다.

첫 사람 아담은 실패했습니다. 하지만 하나님은 둘째 아담 예수 그리스도를 통해 모든 일을 이루셨습니다. 그 예수님을 통해 앞으로도 이루실 것입니다(빌 1:6). 주님께서 재림하셔서 새 하늘과 새 땅을 허락하시고, 새 예루살렘과 새 동산을 주실 것입니다. 이 모든 것들을 증언하신 이는 요한계시록 제일 마지막에 언급된 것처럼, 진실로 속히 오실 것입니다(계 22:20).

그 '새 창조의 세계'에서 우리는 그리스도 안에서 행복할 것이며, 그리스도는 우리 안에서 행복하실 것입니다.[258]

이야기의 결론

성경은 어느 페이지를 아무 곳이나 펼쳐서 '오늘 나에게 주시는 말씀이 무엇인가를 봐야지'라고 할 수 있는 책이 아닙니다. 성경은 자료집도 아니요, 생활에 도움이 되는 명언 모음집도 아니요, 삶의 지혜를 모아 둔 책도 아닙니다.

성경은 이곳저곳 다 연결된 스토리로 되어 있습니다. 성경은 처음 시작과 중간과 마지막 결말이 있는 하나의 이야기입니다. 한 편의 드라마와 같습니다. 그래서 크레이그 바르톨로뮤(Craig G. Bartholomew)와 마이클 고힌(Michael W. Goheen)이라는 사람은 *The Drama of Scripture*라는 책을 썼고, IVP는 이를 번역하여 《성경은 드라마다》라는 제목으로 출판했습니다.[259]

이 드라마와 같은 하나님의 계시의 구조와 줄거리는 간단하게 이렇게 말할 수 있습니다. '창조 - 타락 - 구속 - 새 창조' 성경은 이러한 탄탄한 구조로 이뤄진 탁월한 작품입니다. 아니 이 세상의 그 어떤 작품과 비교할 수 없는 하나님의 거룩한 말씀입니다.

그 말씀의 요점을 다시 정리해 봅니다. 하나님은 태초에 하늘과 땅을 창조하셨습니다. 자신의 형상과 모양대로 사람을 지으셨으니 사람은 원래 하나님을 대신하여 세상을 통치하는 자였습니다. 그래서 사람을 지으신 뒤 동산에 두셨고, 그곳을 섬기며 지키게 하셨습니다. 또한 생육하고 번성하여 땅에 충만하라 하셨습니다. 하나님의 임재를 동산을 넘어서 온 세상 가득하게 만들라고 하셨습니다.

그러나 사람은 동산에 죄가 들어오게 만들었고, 하나님의 임재를 상실하였습니다. 죄로 인해 사람과 모든 피조물이 타락했습니다. 하나님은 죄인들을 벌하셨고, 자신의 임재를 상징하는 동산에서 쫓아내셨습니다.

하나님은 그러한 가운데서도 은혜를 잊지 않으셨습니다. 여자의 후손을 약속하셨습니다. 사탄의 머리를 상하게 할 자를 보내실 것이라고 하셨습니다. 그리하여 하나님은 여자를 통해 생육하게 하시고 번성케 하십니다. 아이를 낳기 어려운 여인들을 통해 후손들을 보내십니다. 구속 역사 속에서 성막-성전-그리스도-성령-교회를 통해 하나님의 임재를 회복하셨고, 궁극적으로는 하나님께서 처음 지으신 세상을 온전히 회복하고자 하셨습니다.

마침내 여자의 후손이 왔습니다. 참된 하나님의 형상(골 1:15), 둘째 사람(고전 15:47), 마지막 아담(고전 15:45)이 왔습니다. 하나님의 아들이 왔습니다(마 3:17; 14:33; 16:16; 27:54; 막 1:1; 요 20:31; 행 13:33; 롬 1:4; 히 1:5). 왕, 제사장, 선지자가 왔습니다. 예수 그리스도이십니다. 그 예수님은 참성전이시니 말씀이 육신이 되어 우리 가운데 장막을 치셨습니다(요 1:14). 예수님은 우리를 위하여 십자가에 달려 죽으신 뒤 다시 살아나심으로 우리를 구속하셨습니다. 만물을 회복시키셨습니다(골 1:20).

이로 인해 이미 이루어진 구원이지만(눅 17:21; 요 19:30), 아직 완성되지 않았습니다(롬 16:20; 딛 2:11-13). 완성은 미래에 일어날 것입니다. 장차 하나님은 새 하늘과 새 땅을 창조하실 것이며(계 21:1), 새 예루살렘 성을 건설하실 것입니다(계 21:2). 우리는 그곳에서 하나님의 임재를 온전히 경험할 것입니다(계 21:3). 그곳에는 더 이상 죄도 저주도 슬픔도 눈물도 아픔도 없을 것입니다(계 7:17; 21:4; 22:3). 만물을 새롭게 하실 것입니다(계 21:5). 이 모든 일을 하나님께서 완성하실 것입니다. 이 사실을 믿는 자들에게 성경의 맨 마지막 책 마지막 장 마지막 절은 이렇게 말씀합니다.

주 예수의 은혜가 모든 자들에게 있을지어다 아멘 _ 계 22:21

미주

1 Trent Hunter, Stephen Wellum, *Christ From Beginning to End* (Nashville: Zondervan, 2015), 전광규 옮김, 『그리스도 중심적 성경 이야기』 (서울: 부흥과개혁사, 2019), 84-86.

2 신학(神學)은 '하나님'(神)을 말하는 학(學)문이지만, 사람(人)도 하나님과의 관련성 속에서 신학의 한 주제가 될 수 있다. 유해무, 『개혁교의학』 (고양: 크리스천다이제스트, 1997), 226-227.

3 장 칼뱅, 『기독교강요』, 1권 1장.

4 성경의 인간관이 지닌 가장 두드러진 특징은 인간이 하나님의 형상으로 창조되었다는 가르침이다. Anthony A. Hoekema, *Created in God's Image* (Grand Rapids: Eerdmans, 1986), 『개혁주의 인간론』, 이용중 옮김 (서울: 부흥과개혁사, 2012), 25-26.

5 종교개혁 이전에는 '형상'(צֶלֶם, image, imago)과 '모양'(דְּמוּת, likeness, similitudo)이 서로 다른 뜻이라고 생각했다. 그러나 종교개혁자들은 이 생각이 잘못되었음을 잘 지적했다. '형상과 모양'이라는 표현은 상호 교차적으로 사용되는 것임을 발견한 것이다. 이 사실은 다음의 세 부분을 통해 확인할 수 있었다. ① 창세기 1장 26절에는 형상과 모양이라는 두 개의 단어가 사용되지만, 창세기 1장 27절에는 "형상대로"만 나온다. 이러한 차이는 형상과 모양이 다르지 않다는 것을 보여 준다. 만약 형상과 모양이 다르다면 창세기 1장 27절에서도 창세기 1장 26절과 동일하게 "하나님의 형상을 따라 하나님의 모양대로"라고 했어야 한다. ② 창세기 5장 1절에는 "… 하나님이 사람을 창조하실 때에 하나님의 모양대로 지으시되"라고 되어 있다. 창세기 1장 27절에는 "형상대로"라는 말만 나와 있는데, 창세기 5장 1절은 "모양대로"라는 말만 나와 있으니, 이렇게 표현했다는 것은 형상과 모양이 의미가 다르지 않다는 것을 보여 준다. ③ 창세기 5장 3절에는 "… 자기의 모양 곧 자기의 형상 …"이라고 되어 있어서 모양이 곧 형상이라는 사실을 가르쳐 주고 있다. 이처럼 "하나님의 형상과 모양대로"라는 말은 "하나님의 형상대로"라는 말로 줄일 수 있다. 그래서 웨스트민스터 소요리문답 제10답은 "모양대로"를 아예 언급하지 않고 "하나님께서는 사람을 남자와 여자로 창조하시되, 자기 형상대로 지식과 의와 거룩함이 있게 하사, 피조물을 다스리게 하셨습니다."라고 고백한다. 이에 대한 자세한 설명은 나이젤 리, 『성경에서 본 인간』, 이승구 옮김 (서울: 토라, 2006), 65; John Murray, *Collected Writings of John Murray*, vol 2. (Edinburgh: The Banner of Truth Trust, 1976-1982), 박문재 역, 『조직신학 II』 (고양: 크리스천다이제스트, 1991), 44; Louis Berkhof, *Systematic Theology* (Grand Rapids: Eerdmans, 1941), 『조직신학』, 권수경, 이상원 옮김 (고양: 크리스천다이제스트, 2000), 413, 416; 이승구, 『기독교세계관이란 무엇인가?』 (서울: SFC, 2004), 129; 기동연, 『창조부터 바벨까지』 (서울: 생명의 양식, 2009), 71을 보라.

6 김남준, 『거룩한 삶의 실천을 위한 마음지킴』 (서울: 생명의말씀사, 2004), 26-28.

7 Robert L. Reymond, *A New Systematic Theology of the Christian Faith* (Nashville: Thomas Nelson,

1998), 416; Murray, 『조직신학 II』, 15; Gordon J. Wenham, *Genesis 1-15*, WBC 1 (Waco: Word, 1987), 박영호 역, 『창세기 1-15』(서울: 솔로몬, 2006), 126, 128; William J. Dumbrell, *Covenant and Creation: A Theology of Old Testament Covenants* (Nashville: Thomas Nelson, 1984), 최우성 역, 『언약과 창조: 구약 언약의 신학』(서울: 크리스챤서적, 2001), 53; 김의원, 『창세기 연구: 문예접근법에 따른 창세기 연구』(서울: CLC, 2004, 2013), 64.

8 John V. Fesko, *Last Thing First* (Fearn: Christian Focus Publications, 2007), 김희정 옮김, 『태초의 첫째 아담에서 종말의 둘째 아담 그리스도까지』(서울: 부흥과개혁사, 2012), 67.

9 종교개혁은 인간을 창조가 아니라 타락의 관점에서 보았다. 유해무, 『개혁교의학』, 264.

10 타락 후 하나님의 형상이 어느 정도인가에 대해서는 개혁주의 신학 안에서도 여러 입장 이 있다. 타락으로 말미암아 하나님의 형상이 상당 부분 상실되었지만, 약간은 남아 있다 는 견해로 바빙크(Bavinck), 벌코프(Berkhof), 후크마(Hoekema) 등이 있으며, 타락으로 말미 암아 하나님의 형상은 전혀 남아 있지 않게 되었다는 견해로 스킬더(Schilder), 베르까우어 (Berkouwer) 등이 있다. 더 자세한 논의로는 후크마, 『개혁주의 인간론』, 33-34를 보라. 유 해무는 하나님의 형상이 남아 있다는 견해에 대해 비판적이다. 유해무, 『개혁교의학』, 256, 260, 264.

11 유해무, 『개혁교의학』, 256.

12 reformed image를 '개혁된 형상'이 아닌 '참된 형상'으로 번역한 것은 의도적이다. 왜냐하면 타 락한 형상이 개혁된 형상으로 변하였다면 그것은 곧 참된 형상으로 변한 것이기 때문이다. 이러한 번역은 리처드 백스터(Rechard Baxter)의 유명한 저서 *Reformed pastor* 역시 국내에서 『참된 목자』혹은 『참 목자상』으로 번역된 것과 비슷한 의미다.

13 타락 전 사람의 상태와 타락 후 사람의 상태, 그 밖에 인간 본성의 상태를 설명한 탁월한 책 으로 토머스 보스턴, 『인간 본성의 4중 상태』, 스데반 황 옮김 (서울: 부흥과개혁사, 2015)을 보라.

14 톨레도트(תולדות)는 족보, 후손(창 10:32; 대상 26:31), 결과, 세대(창 25:13), 기사, 후손들 이라고 번역될 수 있는 말로서 개역 한글판에서는 대략(2:4; 36:1), 계보(5:1), 사적(6:9), 후 예(10:1; 11:10, 27; 25:12, 19), 약전(略傳, 37:1)으로 번역되었고, 개역 개정판에서는 내력 (2:4), 계보(5:1), 족보(6:9; 10:1; 11:10, 27; 25:12, 19; 36:1; 37:2)로 번역되었다. 톨레도트 에 관한 자세한 논의로 Roland K. Harrison, *Introduction to the Old Testament* (Grand Rapids: Eerdmans, 1969), 류호준, 박철현 옮김, 『구약서론 (중)』(고양: 크리스천다이제스트, 1994), 69-75; 김의원, 『창세기 연구』, 15-21를 참조하라.

15 후크마, 『개혁주의 인간론』, 40.

16 Fesko, 『태초의 첫째 아담에서 종말의 둘째 아담 그리스도까지』, 172.

17 참조. 후크마, 『개혁주의 인간론』, 43.

18 참조. 유해무, 『개혁교의학』, 277.

19 이와 관련하여 다음도 보라. Benjamin L. Gladd, *From Adam and Israel to the Church*, ESBT (Downers Grove: IVP, 2019), 전광규 옮김, 『하나님 백성 성경신학: 아담, 이스라엘, 그리스 도, 교회』(서울: 부흥과개혁사, 2021), 182-189.

20 예수님은 성경 전체 이야기의 결론이다. Hunter, Wellum, 『그리스도 중심적 성경 이야기』, 329.

21 Hunter, Wellum, 『그리스도 중심적 성경 이야기』, 90.

22 '사람이란 과연 누군가?'라는 질문은 하나님의 형상이신 참사람 예수님을 통하지 않고서는 대답할 수 없다. 유해무, 『개혁교의학』, 231 이하.

23 유해무, 『개혁교의학』, 279. 그리스도의 형상을 완벽하게 닮는다는 목표는 주님의 재림과 우

리 몸의 부활 때 가서야 비로소 이루어질 것이다(살전 3:12-13). 브루스 데머리스트, 『십자가와 구원』, 이용중 옮김 (서울: 부흥과개혁사, 2006), 611.

24 이와 관련해 다음도 보라. Gladd, 『하나님 백성 성경신학』, 172-180.

25 창세기 3장 1절에서의 뱀은 분명 뱀 자체이다. Geerhardus Vos, *Biblical Theology: Old and New Testament* (Grand Rapids: Eerdmans, 1948), 이승구 역, 『성경신학』 (서울: CLC, 1985, 1999), 55. 그런데, 성경 전체의 증거로 볼 때 분명한 것은 뱀이 유혹의 영인 악마의 도구로 사용되었다는 것이다(마 13:38-39; 눅 10:18-19; 요 8:44; 롬 16:20; 요일 3:8; 계 12:9). Meredith G. Kline, *Kingdom Prologue: Genesis Foundations for a Covenantal Worldview* (Kansas: Two age Press, 2000), 김구원 역, 『하나님 나라의 서막』 (서울: P&R, 2007), 169. 그래서 전통적인 견해에 의하면 실재의 뱀이 있고 그 배후에 이 뱀을 자신의 계획을 위한 도구로 사용하는 사탄의 세력이 있었다고 보아야 한다. Vos, 『성경신학』, 56; Berkhof, 『조직신학 (상)』, 439.

26 아담(אָדָם)이라는 단어의 근원이 되는 땅(ground, land)이라는 뜻을 갖고 있는 아다마(אֲדָמָה)는 사람이 흙으로 만들었다는 것과 관련해서 생각해 볼 필요가 있다. 원래 이 단어는 'red arable soil'이라는 뜻을 갖고 있다.

27 후크마, 『개혁주의 인간론』, 223-224.

28 '흙을 먹는다'는 표현이 주는 그의 '굴욕적인 모습'을 강조하는 것이다. 즉 수치와 저주의 상징적 표현으로 봄이 타당하다(미 7:17; 시 72:9; 사 49:23; 65:25절 참조). Wenham, 『창세기 1-15』, 200. 칼뱅도 그런 의미로 해석하고 있다. 특별히 미가 7장 17절은 열방들이 맛보게 될 굴욕을 저주받은 뱀의 경우에 견주어 "그들이 뱀처럼 티끌을 핥으며"라고 기록하고 있다.

29 요한계시록 12장 9절에서 "큰 용이 내쫓기니 옛 뱀 곧 마귀라고도 하고 사탄이라고도 하며 온 천하를 꾀는 자라 …" 여기에서 말하는 '옛 뱀'이란 바로 옛날에 있었던 뱀을 말한다. 그 옛날이란 다름 아닌 창세기 3장 때의 일이다. 그런데 이 뱀을 가리켜서 "옛 뱀 곧 마귀라고도 하고 사탄이라고도 하는"이라고 표현한다. 그러므로 아담과 여자를 유혹한 뱀은 '마귀'요 또한 사탄이다. 요한계시록 20장 2절에서도 "용을 잡으니 곧 옛 뱀이요 마귀요 사탄이라 …"라고 하니 여기에서도 역시 창세기 3장의 뱀을 마귀 또는 사탄이라고 부른다.

30 히브리어 '슈프'(שׁוּף)는 '짓밟다'라는 뜻도 있다. 그런데 윤영탁은 대부분의 영어 성경과 한글 성경의 번역대로 '상하게 하다'(bruise) 정도로 보는 것이 좋다고 말한다. 윤영탁, 『그가 네 머리를 상하게 하리라: 창세기 3장 15절에 나타난 원복음』 (수원: 합신대학원출판부, 2015), 146.

31 고재수, "적개심"(창 3:15), 『구속사적 설교의 실제』 (재판; 서울: CLC, 1987, 1991), 7-8.

32 고재수, "적개심"(창 3:15), 『구속사적 설교의 실제』, 10.

33 "그 원수 관계를 확정하신 분은 하나님 자신이셨다. 그 원수 관계는 뱀과 원수의 본성으로부터 기인한 것이 아니다." D. J. Unger, "The First Gospel: Genesis 3:15," *FIPTS* No. 3. Ed. by. E. M. Buytaert Bonaventure. (NY: Franciscan Institute, 1954), 20-21.

34 윤영탁(합신)은 일부에서는 '원수'로 번역된 '에이바'(אֵיבָה)를 단순한 적개심, 반목 정도로 가볍게 다룬다고 하면서 그런 견해에 의하면 본문에서는 뱀과 여자 사이의 관계가 단순한 원인론적 관계인 뱀과 인간의 반목 관계에 지나지 않는다는 해석이 나올 수밖에 없다고 한다. 그는 더 나아가 '쌍방이 서로 공존할 수 없는 관계'를 가리킨다고 본다. 즉 그 원수 관계는 쌍방의 한쪽이 전멸할 때까지 지속되는 것이다. 그는 창세기 3장 15절을 올바로 해석하기 위해서는 원문에서 '원수'(에이바)라는 단어가 문장 초두에 위치한 강조 형태라는 사실을 주목해야 할 필요가 있다고 한다. 그러면서 이 단어는 본 구절을 포함하여 구약에 모두 5회 사용되었는데, 민수기 35장 21, 22절은 개인과 개인의 관계를, 에스겔 25장 15절과 35장 5절은 민족과 민족의 관계를 기술하고 있는 것으로, 민수기에서는 '에이바' 때문에 사람을 고살(故殺, murder)한 일의 여부에 관한 규례가 기록되어 있는 것으로 제6계명을 어기는 죄로서 고

우리가 성경을 오해했다

살한 자는 반드시 죽이도록 모세의 율법에 정해진 것에서 알 수 있듯이 창세기 3장 15절에서의 '에이바'는 원수 관계에서 마침내 한쪽이 살해되고 마는 성격의 것이라고 하였다. 그리고 또한 에스겔에서는 블레셋 사람들이 이스라엘을 '옛날부터 미워하여' 진멸하고자 한 것에 사용되었는데, 이것은 블레셋이 이스라엘의 생존 자체에 위협을 준 민족으로서 이스라엘에 있어서 전멸적 위협을 주는 적이었기 때문에 하나님께서 블레셋의 남은 자까지 진멸하시겠다고 하신 말씀(겔 25:16; 암 1:6~8 참조)에서 '에이바'가 사용되었다고 하였다. 이렇게 블레셋과 이스라엘은 한쪽이 완전히 죽어 없어져야만 하는 원수 사이였다. 이는 에스겔 35장 5절에서 이스라엘과 에돔 간의 관계에서도 그대로 나타난다. 에서의 후손인 에돔은 옛날부터 '한'을 품고 증오심에 의해서 이스라엘을 멸하려고 하였다. "내가 내 아우 야곱을 죽이리라"(창 27:41)는 이 사실을 잘 대변해 주는데, 구약 역사가 말해 주듯이 에돔은 이스라엘 민족의 새 출발 때부터 그들을 괴롭히다가(민 20:14~21; 21:4; 삿 11:17, 18) 드디어 바벨론 왕 느부갓네살과 합세하여 예루살렘을 함락하였다. 에돔이 이 일을 기뻐하자 여러 선지자들이 에돔을 호되게 책망하였다(시 137:7; 애 4:21, 22; 옵 10~16). 이 에돔은 이스라엘과 함께 공존할 수 없는 한쪽이 멸절될 때까지 원수 관계가 지속되는 것으로 사용된 단어가 '에이바'였다. 그런데 이렇게 서로 원수가 되는 것은 "내가 놓을 것이다"라는 뜻으로서의 미완료형이 쓰였다. 이것은 하나님께서 뱀과 여자 사이에 놓은 적의와 원한이 있는 원수 관계가 영구히 계속될 것임을 나타낸다. 성경 번역본 거의 모두는 이렇게 미래로 해석하여 "내가 … 되게 할 것이다"로 번역하고 있는데, 이것은 현재로 번역하여도 무방하다. 그래서 이 미완료형은 현재로부터 작용하여 미래에로 지속한다는 사실을 나타내기도 한다. 그래서 이러한 지속적 관계는 먼저 뱀과 여자, 그리고 뱀의 후손과 여자의 후손에게로 이어지며 최종적 승패는 이들 후손에게서가 아닌 여자의 후손과 뱀 사이에서 판가름 나는 것으로 나타난다. 따라서 이 단어가 창세기 3장 15절에서 사용된 것은 뱀과 여자의 후손 사이에 원수 관계가 영속되어 갈 것이지만 마침내는 여자의 후손이 뱀을 진멸시킬 것을 선포하신 구원의 진수를 나타내는 것이다. 윤영탁, 『그가 네 머리를 상하게 하리라』, 93~113.

35 E. W. 헹스텐베르크, *Christology of the Old Testament*, 『구약의 기독론』, 원광연 옮김 (고양: 크리스천다이제스트, 1998), 56.

36 여자의 후손은 특정한 한 후손을 가리키면서 동시에 집합적 의미를 가지고 있다. 즉 여자의 후손은 메시아이면서 동시에 여자의 신앙을 이어 가는 모든 하나님의 백성을 가리킨다. 히브리어 명사 '제라'(זֶרַע)가 단수형이면서 집합적 의미를 가지는 예는 여러 성경 구절에서 볼 수 있다. 창 15:5; 16:10; 21:12; 22:17; 24:60; 28:14; 32:12; 48:19; 민 14:24; 사 14:20; 렘 49:10; 시 22:30; 잠 11:21 등.

37 헹스텐베르크, 『구약의 기독론』, 53; 김의원, 『창세기 연구』, 128.

38 헹스텐베르크, 『구약의 기독론』, 54.

39 이어서 이삭에게도 약속을 주신다. "네 자손을 하늘의 별과 같이 번성하게 하며 이 모든 땅을 네 자손에게 주리니 네 자손으로 말미암아 천하 만민이 복을 받으리라"(창 26:4).

40 사무엘하 7장에 대한 해석이라고 할 수 있는 시편 89편을 보면, "내가 네 자손을 영원히 견고히 하며 네 왕위를 대대에 세우리라 하셨나이다"(시 89:4), "또 그의 후손을 영구하게 하여 그의 왕위를 하늘의 날과 같게 하리로다"(시 89:29), "그의 후손이 장구하고 그의 왕위는 해 같이 내 앞에 항상 있으며"(시 89:36)라고 해서 사무엘하 7장 12절의 의미를 또 다른 방식으로 드러낸다.

41 "아브라함과 다윗의 자손 예수 그리스도의 계보라"라는 표현과 관련해 다음을 보라. Oren R. Martin, *Bound for the Promised Land*, NSBT (London: IVP, 2015), 전광규 옮김, 『약속의 땅 성경신학』(서울: 부흥과개혁사, 2021), 155~157.

42 '머리'는 신체상의 머리뿐만 아니라(창 48:14; 신 21:12) 지위나 장소에 있어 '최고 높은 것'(대하 13:12; 애 1:5)이라는 뜻을 내포하고 있으며, '발꿈치'는 신체 기능 면이나 지위 면에

서 그다지 중요치 않은 것을 가리키는 말이다. 따라서 뱀은 도저히 회복될 수 없는 치명적인 손상을 입게 될 것이며, 여자의 후손은 비록 해(害)를 당하지만 그것이 치명적이지 못할 것임을 의미한다. 김의원, 『창세기 연구』, 128.

43 찰스 스펄전은 창세기 3장 15절을 본문으로 한 "사탄의 정복자이신 그리스도"라는 설교에서 이렇게 시작한다. "이것이 이 지구상에 전해진 가장 첫 복음적 설교이다. 여호와 자신이 설교자이시고 인류 전체를 기울여 들을 가치가 틀림없이 있다. 이처럼 위대한 이 복음의 약속이 이렇게도 죄를 범하는 즉시 전해졌다는 것이 놀랄 만한 일이 아닌가." C. H. Spurgeon, Christ the Conqueror of Satan, No. 126. A Sermon Delivered on Lord's-Day Morning, November 26th 1876, At the Metropolitan Tabernacle, Newington.

44 라틴어로는 프로토에반젤리움(protoevangelium)이다. 헬라어에서 라틴어로 변화된 것인데, '첫째'라는 뜻의 '프로토스'(πρωτος) 와 '복음'을 뜻하는 유앙겔리온(εὐαγγέλιον)을 합성한 헬라어에서 라틴어로 바뀐 말이다.

45 이와 관련해 다음도 참고하라. Anthony A. Hoekema, *The Bible and the Future* (Grand Rapids: Eerdmans, 1979), 이용중 옮김, 『개혁주의 종말론』 (서울: 부흥과개혁사, 2012), 13-16.

46 루터는 창세기 3장 15절의 약속이 '교회의 기초'라고 했다.

47 H. M. Morris, *The Beginning of the World* (Colorado: Accent Books, 1977), 66.

48 유해무, 『개혁교의학』 (서울: 크리스천다이제스트, 1998), 147-148, 227.

49 에덴동산은 '하나님의 동산'이라고 칭한다(창 13:10; 사 51:3; 겔 28:13; 31:9). Vos, 『성경신학』, 49; Victor P. Hamilton, *The Book of Genesis: Chapters 1-17*, NICOT (Grand Rapids: Eerdmans, 1990), 161; 기동연, 『창조부터 바벨까지』, 92; Kenneth Mathews, *Genesis 1-11:26*, NAC (Nashville: Broadman & Holman Pub., 1996), 200.

50 이와 관련해서는 성경신학을 다루는 대부분의 책들이 동일하게 진술하는 부분이다. Wenham, 『창세기 1-15』, 175, 211; Dumbrell, 『언약과 창조』, 55; Tremper Longman Ⅲ, *Immanuel in our place: Seeing Christ in Israel's worship* (Phillipsburg: P&R, 2001), 권대영 역, 『우리 안에 거하시는 하나님』 (서울: CLC, 2003), 15, 20; Meredith G. Kline, *The Structure of Biblical Authority* (Grand Rapids: Eerdmans, 1981), 김의원 옮김, 『성경의 권위의 구조』 (고양: 크리스천다이제스트, 1994), 79; 기동연, 『창조부터 바벨까지』, 92; 기동연, 『성전과 제사에서 그리스도를 만나다』 (서울: UCN, 2006), 12; Meredith G. Kline, *Kingdom Prologue: Genesis Foundations for a Covenantal Worldview* (Kansas: Two age Press, 2000), 김구원 역, 『하나님 나라의 서막』 (서울: P&R, 2007), 81; 김의원, 『창세기 연구』, 109; J. Daniel Hays, *The Temple and the Tabernacle: A Study of God's Dwelling Places from Genesis to Revelation* (Grand Rapids: Baker, 2016), 홍수연 옮김, 『하나님의 임재와 구원: 구속사로 본 성막과 성전』 (서울: 새물결플러스, 2020), 32-35; Fesko, 『태초의 첫째 아담에서 종말의 둘째 아담 그리스도까지』, 72-81; 오광만, "창조와 구속: 구속과 새창조의 패러다임으로서 '에덴'", 『진리와 학문의 세계』, 17호 (대구: 달구벌기독학술연구회, 2007), 211-287.

51 Wenham, 『창세기 1-15』, 180; Kline, 『하나님 나라의 서막』, 81; 기동연, 『창조부터 바벨까지』, 94; Mathews, *Genesis 1-11:26*, 208.

52 그룹들이 동산 동쪽을 지키기 시작했다는 말은 에덴의 입구가 동쪽이라는 의미이다. Peter J. Leithart, *A House For My Name: A Survey of the Old Testament* (Moscow: Canon, 2000), 53. 그리고 야곱의 해골이 묻힐 때 동쪽으로 들어갔다(창 50:13). 출애굽 한 이스라엘 백성이 가나안으로 입성할 때에도 동쪽의 여리고성에서 서쪽 방향으로 들어간다.

53 성경에 나타난 그룹들을 도표화 한 것으로 다음을 보라. Hays, 『하나님의 임재와 구원』, 159-161.

54 Wenham은 베델리엄을 민수기 11장 7절에서 언급하는 만나와 비교한다. Wenham, 『창세기 1-15』, 180.

55 성경에서 '나무'는 하나님의 생명을 상징하는 것으로 간주된다(시 1:3; 렘 17:8). Wenham, 『창세기 1-15』, 176.

56 이 단어는 '일하다, 경작하다, 섬기다'라는 뜻을 갖고 있다. BDB, 712.

57 Wenham, 『창세기 1-15』, 183; 기동연, 『창조부터 바벨까지』, 97; Mathews, *Genesis 1-11:26*, 209. 이 외에도 민수기 8장 26절과 18장 5-6절 등에 같은 표현이 나온다.

58 T. Desmond Alexander, *From Eden to the New Jerusalem* (Nottingham: IVP, 2008), 배용덕 옮김, 『에덴에서 새 예루살렘까지』(서울: 부흥과개혁사, 2012), 16; Hays, 『하나님의 임재와 구원』, 31, 35; Gladd, 『하나님 백성 성경신학』, 22; J. Richard Middleton, *The Liberating Image: The Imago Dei in Genesis 1* (Grand Rapids: Brazos, 2005), 81-82(이 책은 『해방의 형상』(성기문 역, SFC 출판부)라는 제목으로 번역되어 있다).

59 Gladd, 『하나님 백성 성경신학』, 36, 41; 기동연, 『창조부터 바벨까지』, 99; Kline, 『하나님 나라의 서막』, 125, 128.

60 기동연, 『창조부터 바벨까지』, 98; Leithart, *A House For My Name*, 54; Kline, 『하나님 나라의 서막』, 127.

61 한글 성경은 히브리어 케룹(כְּרוּב)을 '그룹'이라고 번역했다. 그들은 주로 성막(출 25:8-22; 26:1, 31; 37:7-9), 성전(왕상 6:23-35; 7:29-36; 8:6-7; 대하 3:7-14), 하나님의 이동하시는 임재(겔 10:1-20; 시 18:10)과 연관된다. Hays, 『하나님의 임재와 구원』, 33.

62 Kline, 『하나님 나라의 서막』, 126. 특히 아담의 타락 이후에 에덴동산을 '그룹들'이 지키게 되었다는 사실은 다시금 에덴이 성소임을 분명하게 해 준다. Wenham, 『창세기 1-15』, 211.

63 Hays, 『하나님의 임재와 구원』, 165. 또한 증거궤 안에는 하나님이 이스라엘 가운데 거하시고 그들에게 복을 주시기 위한 조건, 즉 십계명 두 돌판이 들어 있다. 예배와 봉사의 개념을 비롯해서 하나님께 나아가고 그 앞에서 출입하는 방법과 관련된 것이 들어 있다. Hays, 『하나님의 임재와 구원』, 56.

64 성경에서 '여호와의 영광'은 하나님의 임재의 다른 표현이다(참고. 사 60:2). 한정건, 『이사야의 메시아 예언 II』(서울: CLC, 2012), 288.

65 성막은 제사장 나라로서 이스라엘의 출범을 상징한다면, 성전은 완성된 제사장 나라로서 왕정 제도의 확립과 정착에 성공한 이스라엘 왕국의 출범을 상징한다. 송영찬, 『다윗 왕국과 언약: 역대기의 메시지』(서울: 깔뱅, 2006), 230.

66 역대서가 학개와 스가랴 이후 시대에 쓰여진 것이라고 볼 때에 '영광'이라는 표현에 대한 언급은 학개서 2:9의 말씀을 의도적으로 반영한 것은 아닐까? Raymond B. Dillard, *2 Chronicles*, WBC 15, (Waco: Word, 1987), 정일오 역, 『역대하』(서울: 솔로몬, 2005), 74-75.

67 Hays, 『하나님의 임재와 구원』, 18.

68 Hays, 『하나님의 임재와 구원』, 181.

69 이 동사는 σκηνόω (to dwell, to spread a tent)의 아오리스트 3인칭 단수다. σκηνόω라는 동사는 σκηνη (장막)라는 명사에서 왔다.

70 Sidney Greidanus, *Preaching Christ from the Old Testament: A Contemporary Hermeneutical Method* (Grand Rapids: Eerdmans, 1999), 김진섭 외 2인 공역, 『구약의 그리스도, 어떻게 설교할 것인가: 하나의 현대적 해석학 방법론』(서울: 이레서원, 2002), 326; Longman III, 『우리 안에 거하시는 하나님』, 69; O. Palmer Robertson, *The Israel of God: Yesterday, Today and Tomorrow* (Phillipsburg: P&R, 2000), 오광만 역, 『하나님의 이스라엘: 이스라엘의 어제, 오늘 그리고 내일』(서울: CLC, 2003), 13.

71 Longman Ⅲ, 『우리 안에 거하시는 하나님』, 48.

72 Gladd, 『하나님 백성 성경신학』, 215.

73 Hunter, Wellum, 『그리스도 중심적 성경 이야기』, 318-319.

74 좀 더 구체적으로 다음을 보라. Hunter, Wellum, 『그리스도 중심적 성경 이야기』, 296-297.

75 기동연, 『창조부터 바벨까지』, 133-134; Meredith G. Kline, *Kingdom Prologue: Genesis Foundations for a Covenantal Worldview* (Kansas: Two age Press, 2000), 김구원 역, 『하나님 나라의 서막』(서울: P&R, 2007), 173; Dumbrell, 『언약과 창조』, 53; Hunter, Wellum, 『그리스도 중심적 성경 이야기』, 89, 92-93; Fesko, 『태초의 첫째 아담에서 종말의 둘째 아담 그리스도까지』, 185.

76 아담이 왕, 제사장, 선지자였다는 사실은 신학자들의 공통된 주장이다. Fesko, 『태초의 첫째 아담에서 종말의 둘째 아담 그리스도까지』, 68, 171, 173-175; Hunter, Wellum, 『그리스도 중심적 성경 이야기』, 92; Gladd, 『하나님 백성 성경신학』, 31-46; Mark Jones, *Knowing Christ* (Edinburgh: The Banner of Truth Trust, 2015), 오현미 옮김, 『그리스도를 아는 지식』(서울: 복 있는 사람, 2017), 354-355, 364; Stephen Wellum, *Christ Alone* (Nashville: Zondervan, 2017), 김찬영 옮김, 『오직 그리스도: 구원자로서 예수의 유일성』(서울: 부흥과개혁사, 2018), 175; Berkhof, 『조직신학 (하)』, 594.

77 Wenham, 『창세기 1-15』, 185; Murray, 『조직신학 Ⅱ』, 19; 기동연, 『창조부터 바벨까지』, 58.

78 Fesko, 『태초의 첫째 아담에서 종말의 둘째 아담 그리스도까지』, 85-86; Gladd, 『하나님 백성 성경신학』, 37.

79 Gladd, 『하나님 백성 성경신학』, 155.

80 Fesko, 『태초의 첫째 아담에서 종말의 둘째 아담 그리스도까지』, 121, 133, 171.

81 Gladd, 『하나님 백성 성경신학』, 35.

82 Gladd, 『하나님 백성 성경신학』, 58; Hunter, Wellum, 『그리스도 중심적 성경 이야기』, 107.

83 Gladd, 『하나님 백성 성경신학』, 115.

84 Gladd, 『하나님 백성 성경신학』, 72.

85 Gladd, 『하나님 백성 성경신학』, 73.

86 Jones, 『그리스도를 아는 지식』, 365.

87 손재익, 『사도신경, 12문장에 담긴 기독교 신앙』(서울: 디다스코, 2017), 103-106. 그리스도의 사역을 삼중직 (왕, 제사장, 선지자)의 견지에서 보는 것은 초대 교회까지 거슬러 올라간다. 특별히 이 일의 중요성을 인식한 사람은 칼뱅과 그의 후예들이었다. Wellum, 『오직 그리스도』, 173-174; Louis Berkhof, *Systematic Theology* (Grand Rapids: Eerdmans, 1941), 356.

88 Jones, 『그리스도를 아는 지식』, 357.

89 Berkhof, 『조직신학(하)』, 595.

90 Gladd, 『하나님 백성 성경신학』, 192.

91 손재익, 『사도신경, 12문장에 담긴 기독교 신앙』, 113-114.

92 Graeme Goldsworthy, *The Son of God and the New Creation* (Wheaton: Crossway, 2015), 강대훈 옮김, 『하나님의 아들과 새 창조』(서울: 부흥과개혁사, 2016), 79, 82, 84, 118, 170; Hunter, Wellum, 『그리스도 중심적 성경 이야기』, 90, 93, 174, 201; Fesko, 『태초의 첫째 아담에서 종말의 둘째 아담 그리스도까지』, 173.

93 Goldsworthy, 『하나님의 아들과 새 창조』, 120.

94 Hunter, Wellum, 『그리스도 중심적 성경 이야기』, 174.

95 김진수, 『다윗 언약』 (서울: 부흥과개혁사, 2017), 123, 136.

96 Hunter, Wellum, 『그리스도 중심적 성경 이야기』, 201.

97 Goldsworthy, 『하나님의 아들과 새 창조』, 122.

98 Goldsworthy, 『하나님의 아들과 새 창조』, 64.

99 Goldsworthy, 『하나님의 아들과 새 창조』, 54.

100 Goldsworthy, 『하나님의 아들과 새 창조』, 155.

101 "예수님께서 자신의 생애와 죽음과 부활과 승천을 통해 이루신 공로와 성취로 말미암아 우리는 아들 신분을 전가 받습니다. 하나님이 하나님의 아들이신 예수님의 부활에 근거해 우리를 하나님의 자녀 삼아 주십니다." Goldsworthy, 『하나님의 아들과 새 창조』, 142.

102 이와 관련해 다음을 보라. 조일준, 『이주하는 인간, 호모 미그란스: 인류의 이주 역사와 국제 이주의 흐름』 (서울: 푸른역사, 2016); 소니아 샤, 『인류, 이주, 생존: 더 나은 환경을 찾아 인류는 끊임없이 이동한다』, 성원 옮김 (서울: 메디치미디어, 2021); 다마키 도시아키, 『이주, 이동, 식민, 이민의 세계사』, 서수지 옮김 (서울: 사람in, 2021).

103 "놀랍게도 땅 주제는 성경신학 전체 측면에서 크게 주목받지 못했다. 신학의 주제로 땅에 관심을 기울이게 된 것은 교회사에서 비교적 최근의 일이다." Martin, 『약속의 땅 성경신학』, 17.

104 David E. Holwerda, *Jesus and Israel: One Covenant or Two?* (Grand Rapids: Eerdmans, 1995), 류호영 옮김, 『예수와 이스라엘』 (서울: CLC, 1995), 121.

105 Martin, 『약속의 땅 성경신학』, 34.

106 동산은 단순한 땅이 아니다. 사람이 거처하는 곳이며, 하나님께서 그들과 교제하는 장소다. 그래서 에스겔은 에덴을 '하나님의 동산'이라고 표현한다(겔 28:13; 참조. 사 51:3). Martin, 『약속의 땅 성경신학』, 43. 구약 전체에 흐르는 핵심 주제인 약속의 땅은 가나안이 아니라 에덴의 동산에 신학적 근거를 두고 있다. William R. Osborne, *Divine Blessing and the Fullness of Life in the Presence of God*, SSBT (Wheaton: Crossway, 2020), 강대훈 옮김, 『하나님의 복 성경신학: 하나님의 복과 하나님의 임재 안에서의 충만한 삶』 (서울: 부흥과개혁사, 2022), 74.

107 Martin, 『약속의 땅 성경신학』, 46.

108 "아담이 땅에서 쫓겨나는 것은 후속하는 모든 추방의 전형이다." Martin, 『약속의 땅 성경신학』, 122.

109 아담이 상실한 땅과 씨와 복은 하나님이 아브라함에게 하시는 땅과 씨와 복에 대한 약속이 해답이 된다(창 1:28; 9:1; 17:2, 6). Martin, 『약속의 땅 성경신학』, 90.

110 Walter Brueggemann, *The Land: Place as Gift, Promise and Challenge in Biblical Faith* (Philladelphia: Fortress, 2002), 정진원 옮김, 『성경이 말하는 땅: 선물, 약속, 도전의 장소』 (서울: CLC, 2005), 106, 114.

111 Martin, 『약속의 땅 성경신학』, 111.

112 Brueggemann, 『성경이 말하는 땅』, 139.

113 Robertson, 『하나님의 이스라엘』, 20; Holwerda, 『예수와 이스라엘』, 132.

114 Gary M. Burge, *Jesus and the Land: The New Testament Challenge to Holy Land Theology* (Grand Rapids: Baker Academic, 2010), 이선숙 옮김, 『예수와 땅의 신학』 (서울: 새물결플러스, 2020), 43.

115 Holwerda, 『예수와 이스라엘』, 132.

116 Burge, 『예수와 땅의 신학』, 31.

117 Brueggemann, 『성경이 말하는 땅』, 52.

118 그러나 포로 귀환 이후 차지한 땅은 선지자들의 약속에 못 미쳤다. Holwerda, 『예수와 이스라엘』, 140-141.

119 Holwerda, 『예수와 이스라엘』, 124.

120 Martin, 『약속의 땅 성경신학』, 80, 82, 84-85; Holwerda, 『예수와 이스라엘』, 126, 128; Brueggemann, 『성경이 말하는 땅』, 348.

121 Holwerda, 『예수와 이스라엘』, 142.

122 Naim Ateek, 'Zionism and the Land: A Palestinian Christian Perspective,' in Philip Johnston and Peter Walker (eds.), *The Land of Promis: Biblical, Theological and Contemporary Perspectives* (Leicester: IVP, 2000), 209.

123 Burge, 『예수와 땅의 신학』, 79.

124 Burge, 『예수와 땅의 신학』, 161. ㅎ

125 Martin, 『약속의 땅 성경신학』, 209.

126 Robertson, 『하나님의 이스라엘』, 18, 35, 40; Martin, 『약속의 땅 성경신학』, 177; Holwerda, 『예수와 이스라엘』, 145.

127 1세기에 존재했던 파르티아(바대, Parthia) 제국, 메대, 엘람, 메소포타미아, 갑바도기아(터키), 본도와 아시아, (10)브루기아와 밤빌리아, 이집트, 구레네에 가까운 리비야, 로마, 그레데, 아라비아까지 당시 로마 전역에 흩어져 있던 유대인들이 몰려들었다. 사도행전 2:8-12 "우리가 우리 각 사람이 난 곳 방언으로 듣게 되는 것이 어찌 됨이냐 우리는 바대인과 메대인과 엘람인과 또 메소보다미아, 유대와 갑바도기아, 본도와 아시아, 브루기아와 밤빌리아, 애굽과 및 구레네에 가까운 리비야 여러 지방에 사는 사람들과 로마로부터 온 나그네 곧 유대인과 유대교에 들어온 사람들과 그레데인과 아라비아인들이라 우리가 다 우리의 각 언어로 하나님의 큰 일을 말함을 듣는도다 하고 다 놀라며 당황하여 서로 이르되 이 어찌 된 일이냐 하며"

128 후크마, 『개혁주의 종말론』, 387.

129 Brueggemann, 『성경이 말하는 땅』, 58.

130 Bruce K. Waltke with Charles Yu, *An Old Testament Theology: An Exegetical, Canonical, and Thematic Approach* (Grand Rapids: Zondervan, 2007), 560.

131 "아브라함에게 약속된 땅은 에덴에서 잃어버린 하나님 나라의 장소를 진척시키며, 이스라엘 역사 전체에 걸쳐 모형으로서 예수 그리스도의 인격과 사역의 결과로 임할 더 위대한 땅, 즉 하나님의 백성에게 예비된 땅을 예기(豫期)하는 역할을 한다. 다시 말해, 약속의 땅과 그로 말미암는 복은 그리스도가 이루시는 새 하늘과 새 땅에서 성취된다." Martin, 『약속의 땅 성경신학』, 211.

132 권수경은 '번영복음의 문제점'을 지적하는 책에서 '번영의 하나님'을 다루는 것으로 시작한다. 역설적인 접근이다. 권수경, 『번영복음의 속임수: 번영복음에 대한 성경적, 철학적 비판』 (서울: SFC, 2019), 45-48.

133 이보다 이전에 창세기 1장 22절에서 다섯째 날에 처음으로 하나님의 복에 대한 내용이 나온다. "하나님이 그들에게 복을 주시며 이르시되 생육하고 번성하여 여러 바닷물에 충만하라 새들도 땅에 번성하라 하시니라" 그리고 사람을 다 지으신 뒤 일곱째 날에도 복을 주시니 안식일'에게' 복을 주신다. "하나님이 그 일곱째 날을 복되게 하사 거룩하게 하셨으니 이는 하나님이 그 창조하시며 만드시던 모든 일을 마치시고 그날에 안식하셨음이니라"(창

2:3)

134 Osborne, 『하나님의 복 성경신학』, 25.

135 매튜스에 따르면 창세기 12장 1~3절에 '복을 주다'는 다섯 번 나오는데, 이는 창세기 3~11
     장에서 타락한 피조물과 인류에 대한 다섯 번의 저주를 하나님의 은혜로 교정하는 역할
     을 하게 될 것을 상징한다(창 3:14, 17; 4:11; 8:21; 9:25). Kenneth A. Mathews, 'Genesis', in
     New Dictionary of Biblical Theology: Exploring the Unity Diversity of Scripture (IVP, 2000), 141을
     Martin, 『약속의 땅 성경신학』, 72-73에서 재인용; Mathews, *Genesis 1-11:26*, 105. 매튜스의
     이러한 해석은 조금은 지나친 해석이지만, 그렇다고 무시할 만한 이야기도 아니다.

136 Osborne, 『하나님의 복 성경신학』, 59.

137 이삭에게도 이 약속은 반복된다(창 26:23-24).

138 Osborne, 『하나님의 복 성경신학』, 118.

139 구약은 신약의 빛에 비춰서 읽을 때 바르게 보인다. 번영복음은 구약의 복을 신약의 빛에서
     읽지 않을 때 생기는 속임수다. 이 사실을 권수경은 다음에서 지적한다. 권수경, 『번영복음
     의 속임수』, 105-110.

140 Berkhof, 『조직신학(상)』, 521.

141 이 주제와 관련해 철저히 분석한 저서로는 다음을 보라. 권수경, 『번영복음의 속임수』, 115.

142 Osborne, 『하나님의 복 성경신학』, 141.

143 권수경, 『번영복음의 속임수』, 97; Osborne, 『하나님의 복 성경신학』, 165.

144 Osborne, 『하나님의 복 성경신학』, 133.

145 권수경, 『번영복음의 속임수』, 97.

146 Osborne, 『하나님의 복 성경신학』, 179.

147 "하나님의 백성은 하나님의 임재 안에 살며, 하나님의 주권적 통치를 인정하고 하나님의
     복을 경험하는 사람들입니다." Osborne, 『하나님의 복 성경신학』, 141.

148 '복'이라는 단어는 하나님께서 우리에게로 향할 때는 '복'이 되고, 우리로부터 하나님께로
     향할 때는 '찬송'이 된다. 이와 관련해 자세한 논의로 다음을 보라. Osborne, 『하나님의 복
     성경신학』, 20-24, 31-32. 이 사실을 가장 잘 드러내는 구절로 에베소서 1장 3절이 있다.
     "찬송하리로다 하나님 곧 우리 주 예수 그리스도의 아버지께서 그리스도 안에서 하늘에 속
     한 모든 신령한 복을 우리에게 주시되"

149 이 본문에 대해서 전통적으로 크게 3가지 해석이 있다. 그 가운데 가장 납득할 만한 견해
     는 하나님의 아들들은 '셋 계열의 사람들'이고, 사람들의 딸들은 '가인 계열의 사람들'이
     라는 해석이다. 이 해석은 기독교 역사에서 가장 오래되고 가장 전통적인 해석이다. 루터
     (Luther)와 칼뱅(Calvin), 존 머레이(John Murray)가 이 견해를 지지하고, 대부분의 경건한 복
     음주의자들이 지지하는 해석이다. 보수적 계통의 거의 대부분이 이 견해를 동의한다. John
     Murray, *Principles of Conduct* (Grand Rapids: Eerdmans, 1957), 243-249; Vos, 『성경신학』,
     73-75; 김영철, 『성경신학의 입장에서 본 노아홍수』, 119; 김의원, 『창세기 연구』, 163-
     164; 이광호, 『창세기』 (서울: 칼뱅, 2007), 78.

150 레이 오틀런드(Ray Ortlund), 『결혼과 복음의 신비』, 황의무 옮김 (서울: 부흥과개혁사,
     2017), 143.

151 "아브라함과 사라는 나이가 많아 늙었고 사라에게는 여성의 생리가 끊어졌는지라"(창
     18:11).

152 과거 한국 사회에서 태(胎)를 보호하는 신을 삼신(三神)이라 했다. 아기를 낳을 때 '삼신할
     매의 점지'로 낳는다는 말이 나올 정도로 출산과 관계가 깊다.

153 설교자가 "삼위 하나님"과 "삼신 할머니"를 연결시킨 것은 "삼위(三位)"와 "삼신(三神)"이라는 표현의 언어 유사성을 염두에 둔 것이다.

154 노아의 아내는 성경에 명시적으로 언급되지 않는다. 창세기 7장 7절에 "노아는 아들들과 아내와 며느리들과 함께 홍수를 피하여 방주에 들어갔고"라는 구절처럼 열거되는 사람 중 한 명으로 나올 뿐이다(참조. 창 7:13; 8:18).

155 김의원, 『창세기 연구』, 215, 221, 252, 259, 440-441.

156 사무엘서의 초두인 사무엘상 2장에는 '한나의 노래'가 기록되어 있다. 한편 사무엘서의 말미인 사무엘하 22, 23장에는 '다윗의 노래'가 기록되어 있다. 사무엘서의 처음과 끝에 '한나의 노래'와 '다윗의 노래'로 연결되어 있는 것은 중요한 구속사적 의미를 지닌다. 한나를 통해 사무엘이 오고, 사무엘을 통해 다윗 왕이 세워진다.

157 그 위에 나오는 시편 113편 7-8절, "가난한 자를 먼지 더미에서 일으키시며 궁핍한 자를 거름 더미에서 들어 세워 지도자들 곧 그의 백성의 지도자들과 함께 세우시며"라는 말씀은 한나가 사무엘상 2장 8절에서 했던 기도 "가난한 자를 진토에서 일으키시며 빈궁한 자를 거름 더미에서 올리사 귀족들과 함께 앉게 하시며 영광의 자리를 차지하게 하시는도다 땅의 기둥들은 여호와의 것이라 여호와께서 세계를 그것들 위에 세우셨도다"와 내용이 같다.

158 2015년 통계청 자료에 따르면 전체 기독교인 9,675,761명 중 남성은 4,317,696명이고, 여성은 5,358,065명이었다. 여성이 55.4%를 차지했다. 이민지, 『언니네 교회도 그래요?』(파주: 들녘, 2020), 128에서 인용.

159 Wenham, 『창세기 1-15』, 185; Murray, 『조직신학 II』, 19; 기동연, 『창조부터 바벨까지』, 58.

160 김홍전, 『혼인, 가정과 교회』(서울: 성약, 1994), 28, 112, 214-216, 243.

161 '원하다'(개역개정), '사모하다'(개역한글), '바람'(desire)이라고 번역된 말이 영어로는 desire이다. "너의 욕구가 네 남편에게 향할 것이며"라고 할 수 있다. 김의원, 『창세기 연구』, 130.

162 최낙재, 『혼인의 신성함』(전주: 성약, 1989), 78.

163 참고로 교부들은 '한 아내의 남편'(딤전 3:2; 딛 1:6)을 한 번만 결혼한 사람으로 주로 이해하여, 재혼한 사람(digamist)을 감독으로 안수하지 말라고 이해했다(참고. NRSV: "married only once").

164 교회에서의 가르침은 신약성경의 용례에 비추어 볼 때 교회 안에서 공식적으로 가르치는 것과 연관된다(딤전 1:3; 3:2, 4, 5; 4:11, 13, 16; 5:17; 6:3; 딤후 2:2, 24; 4:2). 성경에서 '가르침 혹은 교훈'이라는 말은 공적인 설교를 뜻한다. 사사롭게 성경을 가르치거나 교회 안에서 주일학교 교사가 아이들에게 성경을 가르치는 그런 소소한 부분을 말하는 것이 아니라 교회가 함께 공예배로 모여서 설교하는 일을 가리켜서 성경에서는 '가르침'이라고 말한다.

165 '주관하다', '다스리다'는 말은 '치리(治理)한다'로 번역할 수 있으니 장로의 역할을 말한다. 장로는 성도들이 하나님의 말씀에 따라 잘 살고 있는지를 감독하고 다스리는 일을 하기 위해 부름받은 사람이다.

166 Wayne Grudem, Systematic Theology: An Introduction to Biblical Doctrine (Grand Rapids: Zondervan, 1994), 노진준 옮김, 『조직신학 (하)』(서울: 은성, 1997), 144; Lawrence R. Eyres, The Elders of the Church (Phillipsburg: P&R, 1975), 홍치모 역, 『하나님이 세우신 장로』(서울: 총신대학 출판부, 1985), 63; Cormelis Van Dam, The Elder: Today's Ministry Rooted in All of Scripture (Phillipsburg: P&R, 2009), 209.

167 한국의 경우 1929년 조선예수교 장로회 함북노회는 여전도사에게 강도권을 허락해 달라고 총회에 헌의했다가 거절당했다. 1932년 경안노회는 미합중국 장로교회의 전신인 미 북장

우리가 성경을 오해했다

로교회가 여장로를 임직한 것에 대해 질의했고, 이에 대해 총회는 정치부를 통해 "우리 조선장로교는 본 정치에 의하여" 장로를 세울 수 없다고 단순한 답변을 하였다. 1935년에 열린 조선예수교 장로회 제24회 총회 시에는 "여자는 장로가 될 수 없음이 만고불변의 진리이다."라며 차후에 다시 여자 장로 문제를 들고나오는 사람은 엄중히 처리한다고 결의하였다. 반면, 감리교(1931), 기장(1974), 예장 통합(1994), 예수교성결교(2003), 침례교(2013), 성공회, 루터교, 예장 백석(2009), 기하성(교단 설립 때부터), 하나님의 성회(순복음; 교단 설립 때부터), 구세군, 브니엘교회, 독립교회 등이 여성 안수를 시행 중이다.

168 "바울의 신학은 예수 그리스도를 통한 하나님의 언약의 성취, 곧 구속사의 완성을 중심으로 한다. 그는 남자, 여자, 교회 질서에 관한 그의 가르침들을 뒷받침하기 위해 이러한 틀에 호소한다. 그는 창조 질서, 저주와 그로 말미암아 타락한 세상을 위한 하나님의 법령 그리고 그리스도 안에서 이루어진 회복과 갱신에 호소한다." Edmund Clowney, *The Church* (Leicester: IVP, 1995), 황영철 역, "교회에서의 여성의 사역," 『교회』 (서울: IVP, 1998), 243.

169 상당수 사람들이 고린도전서 14장 34-36절을 여성 임직 논의의 근거로 삼는다. 그러면서 김세윤 교수는 이 구절이 후대에 추가된 것이라고 하면서 여성 임직을 찬성한다. 김세윤 외에도 고든 피(Gordon D. Fee)도 동일한 주장을 한다. 하지만, 이 구절은 여성의 교회 안에서의 사역에 대한 이야기를 다루고 있는 본문이라고 보기 어렵다. 신약 성경에서 여성의 임직과 관련한 직접적인 연관성을 가진 본문은 디모데전서 2장 9-14절이다. 이승구, "교회에서의 여성 사역의 문제에 대한 한 고찰," 『기독교 세계관으로 바라보는 21세기 한국사회와 교회』 (서울: SFC, 2005), 240-241; 참조. Wayne Grudem(웨인 그루뎀), *Evangelical Feminism* (Wheaton: Crossway, 2006), 조계광 옮김, 『복음주의 페미니즘』 (파주: CH북스, 2020), 62-67.

170 참고로 성경에서는 '복종'(obey)라는 단어를 부모-자녀, 남편-아내, 주인-종, 위정자-시민 등 모든 관계에 대해서 동일하게 사용하고 있다. 손재익, 『십계명, 언약의 10가지 말씀』 (서울: 디다스코, 2016), 200.

171 www.icrconline.com

172 https://en.wikipedia.org/wiki/International_Conference_of_Reformed_Churches

173 http://reformedjr.com/5806 네덜란드 교회들의 여성 임직의 역사와 관련해서는 임경근 박사의 학위논문에서 잘 다루고 있다. Koen Kyungkeun Lim, *Het spoor van de vrouw in het ambt* (Diss; Kampen: Kok, 2001). 귀국 후 이를 요약하여 정리한 논문으로 다음을 보라. 임경근, "네덜란드 개혁교회의 여자 직분 문제와 한국 교회의 과제," 『진리와 학문의 세계』, 제11권, (경산: 달구벌기독학술연구회, 2004).

174 https://www.christiantoday.co.kr/news/340741
https://www.christiantoday.co.kr/news/348245

175 여성 안수를 허용하지 않는 이유에 대해, 유교문화의 양존음비(陽尊陰卑)에 근거하여 가부장적 기득권을 고수하려는 성향이 근본주의 교회에 자리 잡고 있다는 분석이 있다. U. Rosenhäger and S. Stephens, *Walk, My Sister-The Ordination of Women: Reformed Perspective*, 장상 옮김, 『함께 걷자, 나의 자매여: 여성 목사 안수에 대한 개혁신학의 이해』 (서울: 이화여대 출판부, 1995), 28, 67; 최종호, "여성들의 목회 참여를 위한 성경적-신학적 고찰", 『인문학논총』 15 (2010, 1), 176; 조윤희, "한국 교회의 여성 안수에 관한 역사적 고찰", 『한국여성신학』 19 (1994), 36, 39, 44,

176 http://reformedjr.com/6046 반면 스위스 개혁교회(1918), 프랑스 개혁교회(1949), 미국 장로교회(PCUSA, 1956), 화란 개혁교회(NHK[국가개혁교회], 1966; GKN[개혁교회], 1969; 해방파, 2017), 남아공 화란개혁교회(NHKA, 1976; NGK, 1990), 미국 기독개혁교회(CRC, 1995) 등은 여성 임직을 허용한다. 전 세계 교회들의 여성 안수 현황은 에큐메니칼적 단체

인 세계 개혁주의 교회 연맹(WARC) 소속의 U. Rosenhäger and S. Stephens, 『함께 걷자, 나의 자매여』, 199-205를 참고하라. CRC는 1984년에 여집사를 허용했으며, 1997년에 북미 장로교회-개혁교회 연합회(NAPARC)는 여성 목사 안수를 허용한 CRC의 회원자격을 박탈했고 그 결정은 현재도 유효하다. 또한 NAPARC는 CRC가 1973년에 공포한 성경관이 역사적 개혁주의 견해와 다르다고 지적했다. 이것은 성경관이 여성 안수와 직결됨을 보여 준다. T. J. Van Dyken, "Reformed Orthodoxy and Gendered Authority: The Christian Reformed Church 1945-1984", *CTJ* 51 (2016), 77. 1973년에 PCA가 남부장로교회(SPC)에서 분리할 때 비성경적 결혼과 이혼 및 여성 안수 반대가 중요 명분이었다. 역시 성경관의 차이가 교회 분열을 낳았다. 참고. WTS 출신인 F. J. Smith, "Petticoat Presbyterianism: A Century of Debate in American Presbyterianism on the Issue of the Ordination of Women", *WTJ* 51 (1989, 1), 67, 72-73. Contra 성경관에 있어 보수적인 오순절 교회가 여성 안수를 쉽게 허용한 것을 예로 들면서, 성경관의 차이는 중요하지 않다고 보는 노스 파크 신학교의 K. Snodgrass, "A Case for the Unrestricted Ministry of Women", *Covenant Quarterly* 67 (2009, 2), 27.

177 Grudem, 『복음주의 페미니즘』, 79.

178 Grudem, 『복음주의 페미니즘』, 18. 하버드 대학의 Krister Stendahl 등이 대표적이다. Clowney, "교회에서의 여성의 사역", 『교회』, 241.

179 이민지, 『언니네 교회도 그래요?』, 10.

180 이민지, 『언니네 교회도 그래요?』, 66, 68.

181 Clowney, "교회에서의 여성의 사역", 『교회』, 241.

182 국외에는 고든 피(Gordon D. Fee)가 대표적이다. Gordon D. Fee, *The First Epistle to the Corinthians* (Grand Rapids: Eerdmans, 1987).

183 이광호, "여자 목사 제도는 성경적인가: 김세윤 교수의 주장을 우려하며", 『진리와 학문의 세계』, 제11권 (대구: 달구벌기독학술연구회, 2004), 15.

184 Bryan Chapell, *Each for the Other: Marriage As It's Meant to Be* (Grand Rapids: Baker, 1998), 윤혜경 역, 『피차 복종하라』(서울: 그리심, 2003), 43-44, 46.

185 ESV Study Bible (Wheaton: Crossway, 2008), 2206.

186 이 주제가 성경관과 관련된다는 사실은 여성임직을 반대하는 이들의 보편적인 주장이다. 이광호, "여자 목사 제도는 성경적인가," 7-17; Van Dam, *The Elder*, 217; Grudem, 『복음주의 페미니즘』, 18, 21, 23, 28, 32, 37, 42, 55.

187 http://reformedjr.com/8079

188 참고. 손재익, 『십계명, 언약의 10가지 말씀』, 194-195.

189 김희석 교수(총신대학교 신학대학원)에 의하면 "마치시니"라고 번역된 단어는 틀린 번역은 아니지만, 히브리어 '카라'(כָּלָה)의 뜻을 제대로 살리려면 "완성하시니"라고 하는 것이 낫다. 김희석, "개혁주의 관점에서 본 안식 개념과 주일성수", 『신학지남』, 2015년 여름호, 제82권 2집 (통권 323호) (서울: 신학지남사, 2015), 13.

190 엄밀한 의미에서 하나님의 창조는 7일보다 더 길다. 왜냐하면 하나님의 창조는 첫째 날인 창세기 1장 3절에서부터 시작하는 것이 아니라 창세기 1장 1-2절에서 이미 시작되었기 때문이다. 그렇기에 우리가 7일 창조라고 말하지만, 엄밀하게는 7일보다 더 길다고 보아야 한다. 창세기 1장 2절을 가리켜서 '원 창조'(primordial creation)라고 부르고, 창세기 1장 3절부터 창세기 1장 31절까지의 6일을 형성 주간(formation week)이라고 부른다. 이승구, 『기독교 세계관이란 무엇인가?』(서울: SFC, 2004), 107-108.

191 안식일의 기원은 창세기 2장에 있다. 그러나 교회 역사에서 19세기 이후 안식일의 기원을 성경에 두기를 거부하는 사람들이 나타나기 시작한다. 그들의 주장에 대해서는 다음을 참

우리가 성경을 오해했다

고하라. 박희석, 『안식일과 주일』 (고양: 크리스천다이제스트, 2002), 16-30, 48-51; 김의원, "성경신학적 관점에서 본 안식일 개념", 『신학지남』, 2003년 가을호, 제70권 3집 (통권 276호) (서울: 신학지남사, 2003), 10-13.

192 이와 관련한 자세한 논의로 다음을 보라. W.A. 밴게메렌, 『구원계시의 발전사 I』, 안병호, 김의원 옮김 (서울: ESP, 1993, 2004), 51-53.

193 박희석, 『안식일과 주일』, 104.

194 Hunter, Wellum, 『그리스도 중심적 성경 이야기』, 108.

195 손재익, 『십계명, 언약의 10가지 말씀』, 163.

196 출애굽기 20:2-17과 신명기 5:6-21에 기록된 십계명의 차이점을 잘 비교한 것으로 다음을 참조하라. Victor P. Hamilton, *Exodus: An Exegetical Commentary* (Grand Rapids: Baker, 2011), 314-315.

197 김홍전, 『십계명 강해』 (서울: 성약, 1996), 117.

198 출애굽기와 신명기에서 언급하는 제4계명을 지키는 이유가 다르다는 것을 이유로 신명기 이후의 백성들은 창조의 하나님과 무관하다고 생각할 필요가 없다. 신명기에서는 출애굽기에서 강조된 '창조 모티브'가 폐지된 것은 아니다. 창조와 구속은 성경에서 서로 적대적인 개념이 아니다. 구속은 창조자의 사역이다. John M. Frame, *The Doctrine of the Christian Life* (Phillipsburg: P&R, 2008), 514; 송영찬, 『시내산 언약과 십계명』 (서울: 깔뱅, 2006), 234; 김홍전, 『십계명 강해』, 115-117; Murray, 『조직신학 I』, 221.

199 손재익, 『십계명, 언약의 10가지 말씀』, 164.

200 헌터 웰럼(Hunter Wellum), 『그리스도 중심적 성경 이야기』, 167; 존 페스코(John Fesko), 『태초의 첫째 아담에서 종말의 둘째 아담 그리스도까지』, 156.

201 Longman III, 『우리 안에 거하시는 하나님』, 162.

202 "안식년과 희년은 이스라엘 백성들이 살아가게 될 가나안 땅이 마치 동산과 같이 하나님의 안식이 충만하게 누려지는 땅이 되게 하라는 의미가 숨어있다." 김희석, "개혁주의 관점에서 본 안식 개념과 주일성수", 22.

203 김의원, "성경신학적 관점에서 본 안식일 개념", 24.

204 "히브리서 기자에 의하면 창조 기사에 나타난 안식은 계시의 점진적이고 유기적인 발전을 통해 영원한 안식의 예표가 되었습니다. 하나님은 역사의 종말에 영원한 안식의 기쁨을 주시기로 예정하시고 그렇게 준비하시며 백성들을 가나안 땅에 들여보내기로 약속한 것입니다. 그래서 히브리서 기자는 안식할 때가 하나님의 백성들에게 아직 남아 있다고 말했습니다." 김의원, "성경신학적 관점에서 본 안식일 개념", 18.

205 헌터 웰럼(Hunter Wellum), 『그리스도 중심적 성경 이야기』, 178; 김의원, 『창세기 연구』, 66.

206 김희석, "개혁주의 관점에서 본 안식 개념과 주일성수", 24.

207 손재익, 『십계명, 언약의 10가지 말씀』, 167-168.

208 손재익, 『십계명, 언약의 10가지 말씀』, 172-173; Fesko, 『태초의 첫째 아담에서 종말의 둘째 아담 그리스도까지』, 224.

209 박희석, 『안식일과 주일』, 619.

210 발터 아이히로트(Walter Eichrodt) 같은 현대 신학자들은 언약을 구약 신학의 중요 주제로 강조한다. Walther Eichrodt, *Theology of the Old Testament* (Philadelphia: Westminster Press, 1961-1962). 그러나 언약으로 구약 전체를 이해하는 것의 문제는 이미 '발터 아이히로트'(Walter Eichrodt, 1890-1978년) 때 한계가 드러났다. 왜냐하면 언약 사상은 구약 전반을 통해 다 드

러나는 것은 아니라 기본 체계이기 때문이다. John Goldingay, *Approaches to Old Testament Interpretation* (Downers Grove: IVP, 1981), 김의원, 정용성 공역, 『구약 해석의 접근 방법』(서울: 크리스천다이제스트, 1992), 29. 그럼에도 불구하고, '언약'은 성경 전체를 이해하는데 있어서 매우 중요한 접근 방식 중 하나 임은 틀림없다.

211 Michael Horton, *God of Promise: Introducing Covenant Theology* (Grand Rapids: Baker, 2006), 11; John Hesselink, *On Being Reformed: Distinctive Characteristics and Common Misunderstandings* (Grand Rapids: The Reformed Church Press, 1983), 최덕성 역, 『개혁주의 전통』(서울: 본문과 현장사이, 1997, 2003), 93.

212 하나님의 언약은 하나님께서 주도하시기에 '종주권 언약'(Suzerainty Covenants)이라고도 부른다.

213 쌍무(雙務): 계약 당사자 쌍방이 서로 의무를 짐. 쌍무(雙務)의 반대말은 편무(偏務).

214 어떤 학자는 "아담처럼"(כְּאָדָם)이라는 말을 "케아담"(כְּאָדָם)이 아닌 "베아담"(בְּאָדָם)으로 수정해서 "아담에서"(at Adam)라고 보아야 문맥상 더 타당하다고 보았다. 왜냐하면 곧이어 등장하는 "샴"(שָׁם)이라는 단어가 구체적인 장소를 가리키기 때문이라는 것이다. 그리고 여기에서의 '아담'은 여리고로부터 북쪽으로 12마일 되는 요르단에 있는 어떤 장소를 말한다고 보았다. Paul R. Williamson, *Sealed with and Oath: Covenant in God's Unfolding Purpose*, NSBT 23 (Downers Grove: IVP, 2007), 55-56. NRSV는 이러한 입장을 반영하여 "But at Adam they transgressed the covenant; there they dealt faithlessly with me"라고 번역했다. 70인경과 흠정역(AV), NKJV은 "아담"(אָדָם)이라는 말을 '아담'이라고 하는 특정한 사람을 의미하는 것이 아니라 '사람'을 의미한다는 사실과 함께 이 구절을 복수로 해석하여 "사람들처럼"(like men)이라는 해석을 제시하고 있는데, 즉 "인간적인 방법으로"라는 뜻이다. 그러나 원어에는 복수형이 없기에 이 해석은 별 의미가 없는 것이라는 반론이 제기될 수 있다. 왜냐하면 인간이 인간적이 아닌 방법으로 범죄하는 일은 있을 수 없기 때문이다. NIV의 경우 본문에서는 "Like Adam, they have broken the covenant—they were unfaithful to me there"라고 번역하면서도 난외주에 "Or As at Adam; or Like men"이라고 해서 위의 두 입장들을 함께 소개하고 있다. 또 다른 자세한 내용에 대해서는 윤영탁, 『그가 네 머리를 상하게 하리라』, 159-176을 참고하라.

215 존 머레이(John Murray)는 언약은 항상 구속적이며 죄를 지은 인간에게 주어졌기에, 아담과 하와의 언약을 말하는 것은 적합하지 않다고 한다. Murray, 『조직신학 II』, 60-61. 벌코프는 "'언약'이라는 용어가 창세기의 처음 세 장에 등장하지 않는 것은 사실이지만, 이 부분에 대한 언약 교리의 구성을 위해 필요한 자료들이 없는 것은 아니다. 그것은 곧 '삼위일체'라는 용어가 없다고 해서 성경에 삼위일체 교리가 없다고 추론할 수 없는 것과도 같다. 언약에 필요한 모든 요소들이 성경에 언급되어 있다. 그 요소들이 있다면, 이 교리를 체계적으로 연구하여 상호 연관성을 밝히고 적절한 이름을 부여하는 것은 정당한 시도라고 할 수 있다."라고 말한다. Berkhof, 『조직신학 (상)』, 424.

216 고신의 신학자들은 '행위 언약'이라는 용어 자체에 대해서 지나치게 경계하는 경향이 있다. 한정건(구약학 은퇴)은 개혁주의자들의 행위 언약과 은혜 언약의 구분을 비판하면서 '생명과 사망의 언약'이라고 붙이자고 주장하며(한정건, 『모세오경』, 미간행 강의안, 고려신학대학원, 27-28), 유해무(교의학 은퇴)도 웨스트민스터 신앙고백서가 행위 언약과 은혜 언약으로 양분하고 있음을 지적하며 모든 언약은 은혜 언약임을 주장한다(유해무, 『개혁교의학』, (고양: 크리스천다이제스트, 1997), 238-239; 유해무, 『헌법해설: 웨스트민스터 신앙고백서/대소교리문답서』(서울: 고신총회, 2015), 114-115). 그러나 웨스트민스터 신앙고백서가 행위 언약과 은혜 언약을 구분한 것은 행위 언약이 갖고 있는 '은혜적'인 요소를 몰라서가 아니다. 웨스트민스터 신앙고백서는 행위 언약으로는 아담의 타락으로 인하여 생명을 얻을 수 없다는 것을 강조하기 위해서 그러한 구분을 하는 것이다. 이 사실은 웨스트민스터

우리가 성경을 오해했다

신앙고백서 제7장의 제3항에 잘 표현되어 있다. 필자는 고신의 목사요, 두 분에게서 배웠지만, 웨스트민스터 신앙고백서의 입장을 지지한다.

217 웨스트민스터 소요리문답 제12문답은 '생명 언약'(a covenant of life)이라고 부른다.

218 우르시누스와 함께 하이델베르크 요리문답의 작성에 관여한 캐스퍼 올레비아누스(Caspar Olevianus, 1536–1587)는 '창조 언약'(foedus creationis, covenant of creation)이라고 불렀다.

219 Brandon D. Crowe, *The Path of Faith*, ESBT, (Downers Grove: IVP, 2021), 윤석인 옮김, 『언약과 율법 성경신학: 믿음의 길』(서울: 부흥과개혁사, 2022), 33.

220 Robert Letham, *The Work of Christ* (Leicester: IVP, 1993), 황영철 옮김, 『그리스도의 사역 (서울: IVP, 2000), 38–40.

221 성경에서 '언약'은 성경 전체를 꿰뚫는 중요한 주제일 뿐만 아니라 '언약의 통일성'이라는 관점에서 이해해야 할 필요가 있다. 성경에 나오는 언약들은 각각이 독립된 것이 아니라 거대한 흐름 속에서 이어지는 것이고 궁극적으로는 언약의 중보자이신 예수 그리스도에게로 향하는 것이기 때문이다.

222 Thomas R. Schreiner, *Covenant and God's Purpose for the World* (Wheaton: Crossway, 2017), 임요한 옮김, 『언약으로 성경 읽기: 세상을 향한 하나님의 목적』(서울: CLC, 2020), 17.

223 그렇다고 해서 '언약'이라는 개념이 노아 시대에 처음 나타났다고 볼 필요는 없다.

224 이 단어는 구약 성경에서 약 290회 정도 나온다.

225 이 두 본문에 따르면 하나님께서는 홍수 전, 홍수 후 방주에서 나온 뒤에 노아와 각각 '언약'을 맺으셨다. 이와 관련해 홍수 전과 후의 언약을 별개로 볼 것이냐 아니면 동일한 것으로 볼 것이냐 하는 문제가 있다. 대표적인 언약 신학자 팔머 로벗슨(O. Palmer Robertson)은 별개로 볼 필요가 없다는 입장이다. O. Palmer. Robertson, *The Christ of the Covenants* (Grand Rapids: Baker, 1980), 김의원 역, 『계약신학과 그리스도』(서울: CLC, 1983, 19958), 113, n. 2.

226 '무지개'라고 하는 자연 현상이 이때부터 처음 나타나기 시작했는지, 아니면 원래부터 무지개가 있었는데, 이미 있는 무지개를 언약의 증거로 사용하셨는지는 우리가 정확하게 알 수 없고 굳이 알아야만 하는 이유도 없다.

227 노아 언약은 하나님께서 인류를 멸망에서 보존하고자 제정하신 것이기에 '보존 언약'이라고도 부른다.

228 Crowe, 『언약과 율법 성경신학』, 49.

229 김의원, 『창세기 연구』, 306.

230 기동연, 『아브라함아! 너는 내 앞에 행하여 완전하라: 창세기 주석 시리즈 II』(서울: 생명의 양식, 2013), 158.

231 Schreiner, 『언약으로 성경 읽기』, 92.

232 이후에 '모압 언약'도 나온다(신 29장). 모압 언약은 시내산 언약과 내용상 동일하기에 통틀어서 '모세 언약'이라고 부른다.

233 Dumbrell, 『언약과 창조』, 145.

234 이와 관련해 자세한 논의로는 손재익, 『십계명, 언약의 10가지 말씀』, 26–35를 보라.

235 시편 132편 11–12절에도 사무엘하 7장이 언약이라는 증거가 나온다.

236 새 언약은 '영원한 언약'(사 55:3; 61:8; 렘 32:40; 50:4–5; 겔 37:26)과 '화평의 언약'(사 54:10; 겔 34:25; 37:26)으로도 표현된다. 하지만, 설교의 분량상 다 언급할 수 없다. 그런데 왜 예레미야 31장의 것만 다룰까? 이것이 가장 두드러지기 때문이다. 히브리서 8장 8–13절은 예레미야 31장 31–34절을 길게 인용하면서, '새 언약'이라는 말을 사용한다. 이

어지는 설교문에서 히브리서 8장 8-13절을 인용하게 될 것이다.

237 Jeong Koo Jeon, *Biblical Theology* (Eugene: Wipf and Stock, 2017), 『하나님 나라와 언약적 관점으로 보는 성경신학』, 김태형 옮김 (서울: 부흥과개혁사, 2019), 340.

238 Schreiner, 『언약으로 성경 읽기』, 134.

239 Berkhof, 『조직신학 (상)』, 499, 500.

240 Matthew S. Harmon, *Rebels and Exiles*, ESBT (Downers Grove: IVP, 2020), 백금산 옮김, 『유배와 회복 성경신학: 반역과 유배, 구속과 회복』 (서울: 부흥과개혁사, 2022), 211; Alexander, 『에덴에서 새 예루살렘까지』, 6, 13, 16.

241 후크마, 『개혁주의 종말론』, 382, 385.

242 Alexander, 『에덴에서 새 예루살렘까지』, 17.

243 Peter J. Leithart, *Blessed are the Hungry: Meditations on the Lord's Supper* (Moscow: Canon Press, 2000), 안정진 옮김, 『주린 자는 복이 있나니』 (서울: SFC, 2008), 130.

244 "요한계시록 21:1의 예언적 배경은 이사야 65:17-25다." William J. Dumbrell, *The End of the Beginning: Revelation 21-22 and the Old Testament* (Homebush West: Lancer Books, 1985), 장세훈 옮김, 『새 언약과 새 창조』 (서울: CLC, 2003), 208.

245 Alexander, 『에덴에서 새 예루살렘까지』, 157.

246 Frank Thielman, *The New Creation and the Storyline of Scripture*, SSBT (Wheaton: Crossway, 2021), 강대훈 옮김, 『새 창조 성경신학: 새 창조와 성경의 이야기 구조』 (서울: 부흥과개혁사, 2022), 139-141.

247 Craig G. Bartholomew and Michael W. Goheen, *The Drama of Scripture: Finding Our Place in the Biblical Story* (Grand Rapids: Baker Academic, 2004), 김명희 옮김, 『성경은 드라마다』 (서울: IVP, 2009), 298.

248 Alexander, 『에덴에서 새 예루살렘까지』, 158, 195.

249 Hunter, Wellum, 『그리스도 중심적 성경 이야기』, 318-319; Harmon, 『유배와 회복 성경신학: 반역과 유배, 구속과 회복』, 220-223.

250 Harmon, 『유배와 회복 성경신학: 반역과 유배, 구속과 회복』, 216.

251 이러한 모습은 에스겔 47장 1-12절에도 예언되었던 내용이다.

252 Harmon, 『유배와 회복 성경신학: 반역과 유배, 구속과 회복』, 226.

253 Harmon, 『유배와 회복 성경신학: 반역과 유배, 구속과 회복』, 227.

254 Harmon, 『유배와 회복 성경신학: 반역과 유배, 구속과 회복』, 228.

255 Martin, 『약속의 땅 성경신학』, 205.

256 Hoekema, 『개혁주의 종말론』, 399; Martin, 『약속의 땅 성경신학』, 207.

257 Martin, 『약속의 땅 성경신학』, 16.

258 Hunter, Wellum, 『그리스도 중심적 성경 이야기』, 326.

259 Bartholomew and Goheen, 『성경은 드라마다』.